岩波講座　日本歴史　第4巻

古代4

岩波講座

日本歴史

第4巻◆古代4

編集委員
大津透　桜井英治　藤井譲治
吉田裕　李成市

岩波書店

刊行にあたって

二一世紀を迎えて十年余がたち、9・11同時多発テロや金融危機等をへて国際環境も世界認識も大きく変わり、学問の世界でも従来のパラダイムが崩壊して方向性を失いつつある。また二〇一一年の東日本大震災と福島原発事故によって自然科学への信頼も大きく揺らぎ、さらにはヨーロッパの信用不安、アラブの春、そして中国の台頭など、めまぐるしい変化のもとで、我々はどこにいてどこへ行くのか、不安な状況におかれている。

こうした中で、今こそ歴史的考察が求められているのではないだろうか。人文科学・社会科学の思考の場は、過去にしかありえない。そして、そこではまず、今日の我々の住む日本という国、そして日本の社会や文化はどのようにして築かれたのか、それはまた世界の中でどのような特質を持っているのかを考える必要がある。

近年、日本史学は大きな進歩をとげた。隣接科学からの刺激を受け、国際環境の中で日本の歴史を考えるようになっている。アジア史や世界史の中で日本史を考えることも、研究の国際連携の進展ともあいまって実質化し、多くの成果も生みだされてきた。しかし研究が精緻化する一方で、研究分野の細分化が進み、問題意識が拡散し、何を目指して研究をしているのか明確でない場合も見られ、まとまった時代像を描くことが困難な状況にある。

前回の『岩波講座　日本通史』(全二五巻)の刊行からほぼ二〇年が過ぎ、新しい岩波講座を構想するにあたり、我々編集委員は、『通史』の問題意識をふまえつつも時代を見渡したオーソドックスなテーマをたてて、現在の研究を振り返り、今後の歴史研究の進展に役立つような講座を作りたいという意見に、期せずして一致した。日本の歴史を考えるためには、政治体制を中心に、それを支えた経済・社会構造やさらに宗教・文化について、これまでの研究の蓄積を受け止めて考察し、それぞれの時代の特色を明らかにする努力が必要なのである。

ほぼ二年、一五回に及ぶ編集会議では、講座の性格、巻構成等について議論を重ね、二〇〇を超える論文題目の検討を行なった。それぞれの時代の研究状況に応じて、最新のテーマも掲げた一方、近年は言及される機会が少ないテーマであっても、本来欠くことのできないものについては設定した。また、全体を通してアジアの中での日本という視点が強く意識されている。

本講座が、今後の研究の進展のいしずえとなること、そして読者の方々には、世界の中での日本の位置を考える手がかりとなり、日本史へのすぐれた、かつ信頼性の高い道案内となることを願っている。

二〇一三年一〇月

『岩波講座　日本歴史』編集委員

大津　透
桜井英治
藤井譲治
吉田　裕
李　成市

目次

第4巻

平安前期の王権と政治

吉江　崇

はじめに

本稿が課題とするところは、桓武天皇践祚《せんそ》から宇多天皇譲位に至るまでの政治過程を、天皇とそれを取り巻く宮廷社会の変容という観点から描出することにある。七世紀後葉に花開いた律令政治は八世紀後葉より変質を始め、長い過渡期を経て一〇世紀後葉に摂関政治へと転成した。本稿が対象とする九世紀代の政治とは、そうした律令政治から摂関政治へ至る過渡的な時期の政治であり、ゆえに多くの政争が生起し、様々な政治改革が実施された。かつてこの時期は、藤原北家が他氏を排斥し、権力を掌握する過程として論じられるのを通例とした。しかし、後続する摂関政治においても、天皇が政治権力の中核に位置し続けたことは明らかで、この時期を分析するに際しては、藤原北家の権力掌握という視角を止揚し、天皇を頂点とする政治構造の質的変化を問う必要がある。すなわち、藤原北家の権力掌握として語られてきた政争や政治改革を、天皇と宮廷社会の変化という側面から読み直すことが必要で、律令政治から摂関政治への変遷を、天皇を主軸に据えて素描することが課題となる。

ところで、日本古代の政治史を語るには、在地首長の権力に依存する地方の支配構造の把握が不可欠である。しかし、右のごとき視座からする本稿では、地方政治や中央と地方との関係に関する検討は捨象せざるを得なかった。また、この時期に特徴的な政治改革や周知の政争の読み直しに紙数を割いたため、触れるべくして触れ得なかった事象も多い。これらは偏に筆者の能力不足に起因するもので、矮小化された政治史叙述との批判は甘んじて受けねばならないが、本稿が、これまで蓄積されてきた先学の成果に多くを依拠し、同時に、それらの存在を前提としたものであることを、あらかじめお断りしておきたい。

一　平安時代の幕開け

1　桓武天皇の登場

天応《てんおう》元年(七八一)四月三日、風病を患っていた光仁天皇は、親王以下百官・公民に向けて譲位の宣命《せんみょう》を発し、皇太子山部親王が「受禅即位」した。桓武天皇の誕生である。他戸《おさべ》親王に代わり皇太子に立ってから八年。山部は四五歳となっていた。この年は革命が起こるとされた辛酉《しんゆう》の年にあたっており、正月一日に、伊勢斎宮に現れた美雲が大瑞に適うとして宝亀から天応に改元された。光仁は、改元の時点で譲位を決めていたと思われ、天応改元は、聖武の神亀改元と同様、桓武の治世の始まりを彩るものだったのだろう。天皇位に即いた桓武は、翌四日に同母弟の早良《さわら》親王を皇太弟とし、一五日に大極殿に出御して即位宣命を宣読、母高野新笠《たかののにいがさ》を皇太夫人とし、官人に対する叙位を行なった。譲位を無事に成し遂げた光仁は、一二月二三日に七三歳の生涯を閉じることとなる。

この皇位継承では譲位と即位の宣命宣読が日を別にしてなされたが、奈良時代の皇位継承では譲位宣命と即位宣命とが同日に出されるのが通例で、聖武から孝謙への継承のように、即位宣命と譲位宣命とが一体であることもあった。これは、退位してもなお天皇は依然として政治に深く携わり、先帝と新天皇とが共同して政治にあたったことを象徴する。譲位宣命と即位宣命とが分離した背景には光仁の不予という変則的な状況があるが(1)、後に一般化する譲位儀の中心が宣命宣読にあり、宣読の後に皇太子から「新帝」へ変化することを想起すると(2)、即位宣命から切り離された譲位宣命の登場は、その後の譲位儀の先蹤となった可能性が高い(3)。即位宣命はこれ以降定式化され、無味乾燥なものへと変化する(4)。これは、それ以前に宣読された譲位宣命によって、新天皇の正統性がすでに担保されていたがゆえであり、皇位継承儀礼は、譲位によって先帝から剣璽《けんじ》を受け継ぐ践祚儀と、列立する臣下を前に即位を表明する即位儀とに分離し、践祚儀の方が皇位継承における実質的な意味を有することとなる。

即位宣命と分離された譲位宣命では、長年にわたり光仁に仕えてきた仁孝厚き性格に桓武の正統性を求め、その状を悟って清き直《なお》き心で天皇を輔け導き、天下の百姓《ひゃくせい》を撫育するよう臣下に対して令している。高年の王という理由によって、称徳の「遺宣」で擁立された光仁にとっては、橘奈良麻呂の変や恵美押勝《えみのおしかつ》の乱で配流《はいる》された逆党を放還するなど、臣下の再構築を行なう必要があった。そして、そうした臣下をいかに次代の天皇に継承するかが大きな課題となったであろう。桓武が卑賤ともいえる渡来系氏族出身の高野新笠を母とし、聖武とは繫がらないことも不安だったのかもしれない。譲位宣命が臣下の奉仕を強調せねばならない理由はここに存するのであり、桓武の側からいえば、父に対する仁孝を声高に主張することが、自らのもとに臣下を結集させることになったと考える。

桓武が異例の諒闇(服喪)三年を主張したのは、こうしたことを背景とする。群卿の進言により六カ月へと短縮するが、すぐに撤回して一年に延長し、翌年正月には、光仁に対して天宗高紹《あめむねたかつがす》天皇との尊諡《そんし》を贈り、広崗山陵への埋葬を行なった。「天下縞素《こうそ》、吉凶混雑」のため伊勢大神や諸神社が祟りを起こしているとの奏上を容れ、八月一日に天下に釈服(除服)を命じたが、一二月には「哀感なほ深し」として翌年の元日朝賀を取りやめにした。この間の天応二年閏《うるう》正月には、かつて押勝が擁立を企てた塩焼王《しおやきおう》(天武天皇の孫)の子氷上川継《ひかみのかわつぐ》が、逆乱を謀ったかどで捕縛されるという事件が発生し、川継の義父藤原浜成が参議と侍従の職を剝奪された。浜成は山部が立太子する際、卑母の所生との理由で反対したとされる人物である。六月には筆頭公卿であった左大臣藤原魚名《ふじわらのうおな》も罷免されており、光仁に対する手厚い服喪の期間は、同時に桓武が臣下を掌握していく期間となったのである。

光仁への服喪が終了すると、早速、改葬地の選定を開始し、あわせて天応から延暦への改元を行なった。光仁が最初に埋葬された広崗山陵は、後佐保山陵とも呼ばれ聖武や光明皇后が眠る佐保山中に位置したが、延暦五年(七八六)一〇月、光仁の父施基《しき》親王の墓がある田原へ改葬された。服喪を終えた桓武は、奈良時代の〈天武－聖武〉の要素を排除し、〈天智－施基－光仁〉といういわゆる天智系皇統を志向したのである。[5] 延暦改元も奈良時代型の皇統からの離脱を示していよう。延暦二年一〇月には交野《かたの》へ行幸して遊獵《ゆうりょう》を行なった。交野は百済王《くだらのこにきし》氏の本拠で、供奉した百済王氏に対して昇叙を行なうとともに、百済寺へ正税《しょうぜい》一万束を施入した。母の出身氏族の嫡流ともいえる百済王氏を厚遇することで母の出自に尊貴性を持たせ、ひいては自らの出自を高める狙いがあったと思われる。そして、この行幸は長岡京遷都の起点ともなる。延暦三年五月、藤原小黒麻呂《ふじわらのおぐろまろ》らを遣わして乙訓郡《おとくにぐん》長岡村の地を実見させ、六月には造長岡宮使を任命、半年後の一一月一一日には早くも長岡宮へ「移幸」した。遷都の理由は複合的であろうが、光仁即位で新王朝となったと解した桓武が、天武系の皇都である平城京を捨て新たな王都の建設を行なったとする説が有力である。[6] 新都の選定は、後に郊祀《こうし》を催すこととなる交野を意識し、その北方に四神相応の地を求めたともされる。[7] 長岡宮への移幸を行なった延暦三年は、讖緯説《しんいせつ》でいう甲子《かっし》遷都の年にあたっていた。

新都造営を担った造長岡宮使が、中納言藤原種継《ふじわらのたねつぐ》を筆頭とする五位以上一〇名、六位以下八名の極めて大規模な組織であった点にも着目したい。天応二年四月には、勅旨省・造法華寺司・鋳銭司とともに「宮室居《す》むに堪ふ」として造宮省を停め、平城宮造営に終止符を打ったが、造宮省が常置の「省」であったのと異なり、造長岡宮使は柔軟な運営を目指して臨時の兼官体制がとられた。[8] 人数の多さからも四等官制《しとうかんせい》に則った明確な官司体系を有したとは認め難く、『日本高僧伝要文抄』所引「延暦僧録」によると、彼らは「別当」と認識されたらしい。移幸を終えた一二月二日に造宮に労ある者二一名が昇叙に与ったが、ここには造宮使以外の者も含まれており、造営には多くの官人が携わっていた。光仁が譲位宣命で述べた天皇を輔け導き、天下の百姓を撫育するというあり方が、長岡宮造営の中で顕現したと見ることができる。長岡京は、そうした桓武と臣下・公民との「公私草創」(『続日本紀』延暦五年五月辛卯条)の地となることを期待されたのだろう。移幸の済んだ翌年正月には元日朝賀が長岡宮大極殿で催されたが、素早い造営の進行は難波宮《なにわのみや》の移建を基本になされたことに由来する。[9] また、副都としての難波京を停止し、それまでの複都制を廃して都を一つにまとめる役割も長岡京遷都には存在した[10]。

造営は移幸のなった延暦三年のうちに一段落したと推測されるが、その後も事業は継続した。その最中の四年九月に、造営の中心にいた藤原種継が賊のために射られ死亡するという事件が勃発する。桓武は伊勢斎宮発遣のため、早良親王・藤原是公《ふじわらのこれきみ》・種継を「留守」と定めて前月末より平城宮へ入っており、事件はその隙を狙ったものであった。種継暗殺は、前月に多賀城で薨じた春宮大夫《とうぐうたいふ》大伴家持が、生前に大伴・佐伯両氏に唱えて種継の排除を謀り、これを早良が承諾したことで起きたとされ、大伴・佐伯両氏や多くの春宮坊関係者が処罰された。「式部卿藤原朝臣を殺し、朝庭を傾けまつり、早良王を君とせむと謀りけり」との宣命からすると、皇位継承問題に端を発すると見るのがよい。桓武が最も信を置く人物が「公私草創」事業を主導する種継だったことは推測し易いが、造営を通じて種継の発言力が増す一方、早良の周囲にいた人々は、家持薨去によって求心力を失っていったのであり、それがために形勢の挽回を図って種継の排除を企てたのかもしれない。早良が「留守」であったことも有利に働くと予想されたのだろうか。しかし、報を受けた桓武はその翌日には長岡へ戻り、自ら処断に乗り出すこととなる。桓武の迅速かつ厳しい対応によって事件は収束し、早良は皇太子の地位から外され、飲食を絶たれて淡路へ配流される途中に薨去した[11]。一一月二五日には桓武の長子安殿《あて》親王が皇太子に立てられ、皇位継承以来の課題であった臣下の掌握は、この事件を通じて概ね達成する。

さて、長岡京遷都によって「公私草創」を目指した桓武であったが、長岡京は平城京からの離脱を第一に考えて急速に建設されたため、時間の経過とともに様々な構造的矛盾が露呈することとなった[12]。「長岡の新都、十歳を経るも未だ功成らず。費《つい》え勝《あ》げて計《かぞ》ふべからず」との理由から和気清麻呂が遷都を勧めたとされるが、長岡京が完成を見なかったのは、内在する構造上の限界に由来するのだろう。延暦一二年正月には、「遷都のため」藤原小黒麻呂・紀古佐美《きのこさみ》を遣わして葛野《かどの》郡《ぐん》宇太村の地を見させ、「宮を壊さむとするにより」東院への遷御を行なった。長岡京遷都が土地の実見から移幸までわずか半年だったのに対し、今時の行幸は翌年一〇月五日のことで、一年半以上の準備期間が設けられた。造宮使の規模は長岡宮に比して小さなものとなったが、これは議政官が造宮使に入らないまま総力で取り組んだことによるとされる(13)。そして、長岡から遷った桓武は一〇月二八日に遷都の詔を発し、一一月八日に山背国を山城国、新都を平安京、近江国滋賀郡の古津《こづ》を大津と号する旨の詔を出す。

三善清行《みよしのきよゆき》は『意見十二箇条』の中で、平安宮の豪奢さを大極殿再建と豊楽院《ぶらくいん》新造に象徴させた。長岡宮大極殿は難波宮より移建したものと考えられ、臣下が天皇への忠誠・服属を誓う大極殿は平城宮の後期大極殿以来、実に半世紀ぶりの再建であった。また、平城宮では大極殿閤門《こうもん》に天皇が出御し、朝堂に座す臣下と共同飲食を行なったが、平安宮では専用の饗宴施設として豊楽院が設けられた(14)。平安宮造営では、天皇と臣下との関係を表現する儀礼空間の整備が大きな意味を持ったのである。京域に目を転じると、平城京が宅地面積の不均一という欠点を内包したのに対し、宮城をもとにする基準線から一定の法則で条坊の道路幅を割り付けることで、平安京では宅地面積を均一化することに成功した(15)。また、その南半に個々の天皇権威を超越する東寺・西寺の二寺が設けられ、そこで国忌《こき》が開催されるようになることも見逃すことはできない(16)。平安京は、臣下の掌握を果たした桓武が、永続的な都となるべく造営した完成された都だったのであり、翌年正月に催された踏歌《とうか》の宴では、平安京を寿ぐ歌が高らかに歌われ祝祭を彩ることとなる。

2 太上天皇制の変質

平安京遷都の祝祭ムードは桓武の専制実現を象徴したが、その晩年は華やかさばかりではなかった。延暦八年(七八九)一二月に母高野新笠、翌年閏三月に妻藤原乙牟漏《ふじわらのおとむろ》が相次いで薨じ、一一年に皇太子安殿親王が病に罹ると、早良親王による祟りが卜占《ぼくせん》される。祟りは一端は鎮静化したが数年後には再び活発となり、延暦一九年七月には早良を崇道《すどう》天皇、他戸親王の母井上《いのえ》内親王を皇后とし、両者の墓を陵へ格上げした。延暦二三年の暮れから桓武が不予に陥ると、翌年正月には崇道の葬地である淡路に寺を建て、四月には「怨霊に謝す」として小倉を造って正税を納め、国忌・奉幣の例に入れるとともに改葬を命じた。しかし、一〇月の一切経書写の開始も空しく、藤原種継暗殺事件での配流者を本位に復し、諸国国分寺での金剛般若経転読を定めた延暦二五年三月一七日に、桓武は七〇歳で崩じた。藤原緒嗣《ふじわらのおつぐ》と菅野真道《すがののまみち》を召して天下の徳政を論じさせ、「方《まさ》に今、天下の苦しむところ、軍事と造作なり。此の両事を停むれば、百姓安むぜむ」と述べた緒嗣の意見を桓武が善しとしたのは崩御前年の一二月であり、皇位継承を目前にした桓武は、征夷と造都という自らが重視した政策を次代に引き継がないことに決めたのである。

桓武崩御と同日、皇太子安殿親王は剣璽の奉献を受け平城《へいぜい》天皇となった。桓武への諡号の奉上、柏原山陵への埋葬、七七御斎《しちしちごさい》を済ませた平城は、五月一八日に大極殿で即位儀を行なった。それと同時に、二五年に及んだ延暦の年号を大同へと改めたが、この改元について『日本後紀』は、「今、未だ年を踰《こ》ゑざるに、先帝の残年を分かちて当身の嘉号を成す。終を慎み改むなきの義を失ひ、孝子の心に違《たが》ふなり。これを旧典に稽《かんが》ふるに、失と謂ふべきなり」と記す。こうした批判が薬子《くすこ》の変を経た『日本後紀』成立時の叙述だったとしても、異例との認識が当時から存在した可能性はある。四半世紀もの間、皇太子の地位にあった平城は、偉大な父の残影を一日も早く払拭しようとしたと思われ、ここに光仁の服喪期間を利用して臣下掌握を図った桓武との大きな差を見出すことができる。

天皇権威の確立に執心した桓武に対し、平城は支配機構の根幹たる官司制度改革に力を注いだ。即位一〇日後になされた帯刀舎人《たちはきのとねり》の増員を手始めに、大宰府官員の増置、内記の改変、大蔵省品官の内蔵寮《くらりょう》移管、春宮坊職員の併省と続き、大同三年(八〇八)正月二〇日には、「司を省き吏を合はせ、牧を少なくして羊を多くし、人務を清閑に致して、官僚を簡要に期さむと思ひ欲す」として、一一に及ぶ寮司《りょうし》の既存官司への併合、内舎人《うどねり》の減員、主醬《しゅしょう》・主《しゅ》菓餅《かべい》・刑部解部《ときべ》の廃止という大規模な統廃合を実施した。その後も官司再編は続き、結果、劇官(激務の官司)と閑官の別がなくなったとして、大同三年九月には劇官のみに与えられていた要劇銭を「普《あまね》く衆司に給ふ」こととし、翌年閏二月に日別二升の米へ変更した(17)。律令制では、政務終了後に全職事官《しきじかん》へ食が給され共同飲食がなされていたが、全職事官への要劇料支給により、こうした常食制度は上日《じょうじつ》（勤務日数）に基づく個人的俸給へと姿を変える(18)。

後代への影響という点でとりわけ重要なのは衛府《えふ》制度の再編と観察使の設置であろう。律令制の五衛府制度は、門部を持つ衛門府を筆頭とすることに端的なように、門の守衛を基本とするもので、中でも最外の宮城門の警衛が重視された。しかし、神亀五年（七二八）の中衛府の設置、天平宝字三年（七五九）の授刀衛の設置、天平神護元年（七六五）の授刀衛の近衛府への改称を通じて、天皇への近侍に重きを置くものへと変化する。そして、大同二年四月、歴史的背景を異にする近衛府と中衛府とが左右近衛府として並立することとなり、その後、近衛府官人は、勅使・祭使・出居侍従《でいのじじゅう》など、天皇側近として宮廷社会の中核を担うこととなった。一方の衛門府は、所掌が衛士府に違わないとして、大同三年七月に左右衛士府へ併合された。弘仁二年（八一一）に衛士の号を衛門に改めたものの、九年の唐風門号の成立によって、門部の負名《おいな》氏族と密接な関係にあった宮城十二門号は、負名氏族のウジ名と直接的には結び付かなくなる。こうして左右近衛府・左右兵衛府・左右衛門府からなる六衛府制度が完成した(19)。

大同元年五月二四日に設けられた観察使は、民政把握を目的に六道に各一人を配したもので、参議がこれを兼帯し判官《じょう》・主典《さかん》が置かれた（『日本紀略』大同四年四月乙未条では六月一〇日を設置日とする）。六月には印が付与されたが、これは〈天皇－観察使－諸国〉という命令系統で案件が処理されるようになったことを意味し(20)、翌年四月には食封《じきふ》を二〇〇戸と定めて参議の号を廃した。議政官は、諸司・諸国からの申請を受け、必要に応じて天皇へ奏上したが、それを諸司と諸国とに二分し、地方行政の監察を観察使に任じた参議に専従させたのである。しかし、観察使による地方改革は次第に成果を上げなくなり、大同三年六月には観察使印を停止、嵯峨朝となった翌年四月には観察使に国司を兼ねさせ、食封を兼国の公廨《くげ》へ変更した。そして、五年六月、平城上皇の詔で停められ参議が復活する。

観察使制度は結果的には失敗に終わったが、一時的にせよ個々の参議が天皇に直結したことを軽視してはならず、参議が復活しても天皇への近侍的性格は引き継がれ、議政官は天皇個人へ奉仕する性格を強くした(21)。

官司制度改革を矢継ぎ早に行なった平城であったが、大同四年春より病を患い、四月一日、一二歳年下の同母弟、皇太子神野《かみの》親王へ譲位するにいたった。践祚した嵯峨天皇は一三日に即位儀を遂げ、その翌日に平城の三男高岳《たかおか》親王を皇太子と定めた。平城は、その後居所を転々とし、一一月には摂津国豊島《てしま》・為奈《いな》などの野と平城旧都を太上天皇の宮地に占定、一二月に水路をとって平城宮へ入った。これ以前の太上天皇宮は、宮城内にあって天皇の内裏と並存したが、ここに至って宮域を離れることとなり(22)、その結果、平安宮とは別に平城宮に直《ちょく》する官人が現れた。上日を把握する外記《げき》や警衛を行なう衛府などは、平安宮と平城宮とに分局せざるを得なくなったのである。

平城の病が回復へと向かう一方、今度は嵯峨が不予に陥り、大同五年七月には川原寺《かわらでら》・長岡寺での誦経、母藤原乙牟漏の高畠陵の鎮祭がなされ、内裏を離れて東宮へ遷御するにいたった。嵯峨の病は重篤で退位の様相を呈し始めたのであり、九月六日になって平城が平城京遷都を指示したのは、こうした嵯峨の病に起因するものだったのだろう。しかし、遷都の詔から四日後の九月一〇日、突如として嵯峨は、遷都で人心が騒動したとして故関《こせき》の鎮固を命じ、藤原仲成を右兵衛府へ拘禁、仲成の妹の薬子を罰する詔を出して、同時に桓武の柏原山陵へ告使を派遣した。翌日、藤原真夏《ふじわらのまなつ》・文室綿麻呂《ふんやのわたまろ》が平城宮より平安宮へ召されると、平城は薬子を伴い川口《かわぐち》道をとって東国に入る。嵯峨は坂上田村麻呂に命じて美濃道から進軍させ、それとともに仲成を射殺。翌一二日、添上郡《そえかみぐん》越田村で遮られた平城は平城宮に還って剃髪入道し、薬子は服毒自殺を遂げた。以上が薬子の変と呼ばれる事件の概略であり、平城が関与していることを重視して、平城太上天皇の変とも称される。一三日には高岳が皇太子を廃され、嵯峨と同年の異母弟、大伴親王が皇太弟に立てられた。

九月一〇日に出された薬子に対する断罪の宣命によると、①桓武の意志に反してなお平城に近付いたこと、②譲国した平城の大慈や深志を知らず褒貶《ほうへん》を恣《ほしいまま》にしたこと、③二所朝庭、すなわち平城と嵯峨との間を険悪にさせたこと、④桓武が万代の宮と定めた平安京を棄てて平城京遷都を奏し勧めたこと、を罪として掲げ、兄仲成を妹の勢いを恃んで桓武の親王・夫人を辛苦させたと糾弾する。ここでいう親王・夫人とは、大同二年に謀反の罪をかけられ薬を仰いで死んだ伊予親王とその母藤原吉子や、仲成が「麁言《そげん》逆行」を行なった佐味《さみ》親王母子などを指しており、①④をも考え併せると、桓武に対する罪が断罪の中核にあったことに疑いはない。桓武の柏原山陵に対して告使《こうし》が立てられたのもこのためで、告文《こうもん》では他に、桓武が破却した『続日本紀』の種継暗殺事件関連記事をもとの如くした点を挙げ、「これもまた無礼のことなり」と述べる。つまるところ、桓武との決別を図った平城の政治姿勢こそが批判の根底にあったといえ、対する嵯峨は、この後、桓武の継承者としての立場を明確にしていく。②で非難される薬子の恣意的な褒貶が平城の譲位後である点も看過してはならない。賀陽豊年《かやのとよとし》の卒伝(『日本後紀』弘仁六年六月丙寅条)が「既にして女謁《じょえつ》しばしば進み、英賢排せらる。独り素懐を抱き、運に任せて玄黙す。その後天皇不予となり、位を上嗣に伝ふ」と記すように、薬子の恣意的褒貶は平城在位中からあったと思われるが、断罪の対象となったのはあくまで譲位後の行為に対してであった。

奈良時代においては、退位した天皇が依然として権力を保持し、先帝と新天皇とが共同して政治を行なうのを通例とした。しかし、淳仁が廃され称徳が重祚して以来、半世紀以上もの間、太上天皇は存在せず、平城は久々に登場した政治に関与し得る上皇だったのであり、そうした平城をいかに処遇するかという点も事件の背景に存したであろう。嵯峨の病を契機に平城は権力を掌握し、それが薬子による恣意的な褒貶の再開を可能にしたのである。しかし、嵯峨を取り巻く人々は、太上天皇と天皇とが権力者として並存し、時に太上天皇が天皇権力を代行し得るようなあり方よりも、天皇がいかなる時も唯一の最高権力者であることを選んだ。これが桓武が確立しようとした天皇権威を継承することだったのだろう。一二年後の弘仁一四年四月に大伴親王に譲位した嵯峨は、自らが在位中に造営した冷然院《れいぜいいん》へ退去し、平城も平城宮に直す諸司の停止を申請した。太上天皇号を辞退した嵯峨に対しては、淳和天皇から改めて太上天皇号が与えられ、太上天皇は天皇の任命権下に位置するようになる。[23] こうして太上天皇はその政治的地位を大きく後退させ、父子の義を前面に押し出した〈院〉へと姿を変えることになる。

3　分水嶺としての仁明朝

大同五年（八一〇）三月一〇日、蔵人所《くろうどどころ》と殿上侍臣《てんじょうじしん》とが設置された。[24] 近世の有職故実書では、「始めて蔵人所を置く。殿上に侍らしめ、機密文書及び諸訴を掌《つかさど》らしむ」や「始めて殿上侍臣を置く」という『類聚国史』逸文を見出すことができ、この記事を現行本で確認できないことから疑う向きも強いが、信憑性がないと否定するだけの明確な根拠はない。[25] ここでいう機密文書とは天皇の身近にある書物・文書を意味し、諸訴も殿上における訴訟と見るのがよい。平城上皇が平城宮に居を移すことで諸司は平城宮と平安宮とに分局したが、天皇の財（＝物と人）も二分されたことは推測し易く、このうち嵯峨の個人的所有にかかる財を確定し、それを管理する機関として設けられたのが蔵人所だったのだろう。同時に置かれた殿上侍臣は蔵人所が把握する財のうちの〈人〉に相当する。殿上侍臣と同じく侍臣とされた存在としてはすでに次侍従《じじじゅう》があった。[26] 神護景雲三年（七六九）に設置されたと思しい次侍従は、五位以上官人のうち一〇〇人を日常的に内裏に侍候させる制度で、[27]「年労有る者」を宴に与らせることが主たる設置目的であったが、弘仁四年（八一三）には荷前別貢幣《のさきべつこうへい》での派遣が制度化されるなど、天皇への奉仕者としての意味が付加される。ここにおいて天皇の近侍者は、〈次侍従－蔵人－殿上侍臣〉という構成を持つこととなる。

公卿の内裏侍候が確立するのもこの時期である。天皇が暮らす内裏は、本来、天皇と宮人《くにん》（女官）だけの空間であったが八世紀後半より男官が入り込むようになり、[28] 延暦一一年（七九二）には五位以上に関して朝座の上日に内裏の上日を通計することが定められた。官司制度を重視した平城朝では、大同元年、参議以上の内裏上日の通計を認めないこととしたが、これはすぐに遵守されなくなり、天長九年(八三二)、現状と大同元年制とを折衷する形で、行事のため内裏に侍候する場合には上日を与え、以外は通計しないこととした。内裏に近い外記庁(＝太政官候庁)での公卿聴政(＝外記政)が制度化されるのもこの時期で、天長九年の規定は内裏上日を認めた上で公卿聴政を励行したとされる。(29) また、天皇の専制化と貴族勢力の大幅な後退のために、光仁・桓武朝で低く抑えられた公卿数が上昇に転じ、これまで目立った活躍のなかった氏族(＝新興氏族)が、文人官僚出身者として公卿を輩出するようになるのもこの時期の特徴といえる。(30) 文人たちの幅広い人材登用が、格式や宮廷儀礼の整備に結実することとなる。

氏族制度としては、『新撰姓氏録《しんせんしょうじろく》』三帙《ちつ》三〇巻の編纂が注目される。氏族の序列を示す「三体」、すなわち皇別・神別・諸蕃の区別と、氏族の相互関係を示す「三例」とを基本に据えて一一八二の氏族系譜を表す『新撰姓氏録』は、嵯峨朝の弘仁五年六月に成立し、同年五月になされた源氏賜姓を反映するため、改訂の上翌年七月に再上奏された。混乱した氏姓を正す目的で始まった桓武朝の本系帳編纂を引き継ぐ事業であったが、本系帳が全国を対象としたのに対し、対象を京畿《けいき》に限定したという相違も存在した。これは、長岡・平安遷都を通じて畿内と畿外の差別化が進み、有力氏族の把握が畿内だけで事足りるようになったことに由来する。(31) また、「凡庸の徒」と「冠蓋《かんがい》の族」とに分けて成巻するとした本系帳に対し、皇別・神別・諸蕃の「三体」で区別をし、これを一帙ごとに編んだことや、過去の遺産となりつつあった真人姓を「皇別の上氏」として京畿を併せて第一巻に纏めたことも重要である。その結果、第二帙から始まる神別の冒頭に藤原朝臣を置き、実質上の皇別の始まりである第一帙第二巻を源朝臣から記すことが可能となった。嵯峨は、皇別の代表たる源氏と神別の長たる藤原氏とが氏族の頂点に位置するという姿を、『新撰姓氏録』の編纂を通じて明示したのである。藤原北家に代表される天皇の近臣が政権の中枢を担い、有能な新興氏族の官人層がそれを支える体制を形成したとされる。(32)

弘仁一四年四月一〇日、嵯峨は譲位の「宿心を果たさむとして」冷然院に退去した。藤原冬嗣が時期尚早と反対するも、嵯峨がこれを容れることはなく、一六日には皇太弟大伴親王への譲位が実施された。践祚した淳和天皇は、一旦は長子恒世王を皇太子とするが、恒世が固辞したことによって、一八日に嵯峨の長子正良《まさら》親王を皇太子とする宣命を発した。直ちに立太子を実現したことからすると、淳和は当初より正良擁立を企図していた可能性が高く、皇位継承の第一候補たる恒世の辞退は、それを正当化する演出なのだろう。恒世の処遇に関して父淳和の考えが強く反映されたことを示唆する。父の影響力の大きさは正良も同じで、立太子宣命のあった翌日に辞退の上表を出したのは、すでに一四歳となっていた正良ではなく父の嵯峨であった。嵯峨の上表は許されず、中納言藤原三守《ふじわらのみもり》の宅へ移っていた正良は三守の宅から宮内の東宮へと入る。三守は、嵯峨の皇太子時代から仕える「藩邸の旧臣」で、嵯峨の在位中は「殊に栄寵を賜」った人物である。

淳和の治世下では、伊勢国員弁《いなべ》郡《ぐん》の空閑地一〇〇町を勅旨田としたのを皮切りに、天皇個人の所領としての色彩が強い勅旨田の開発が頻繁に行なわれた(33)。そうした勅旨田設定の動きと不可分なものとして、天皇の個人的性格の強い財を管理し、その生活や儀礼を支える後院《ごいん》の制が始まり、勅旨田を管理する主体は次第に内蔵寮から後院へと移行する(34)。嵯峨もまた財の集積を行ない、確認できるだけでも嵯峨太上天皇の勅旨田は約一八〇〇町、淳和天皇は約二二〇〇町、次の仁明天皇は約一一〇〇町の勅旨田を有したと推計される(35)。嵯峨朝以降の宮廷社会の再編は、天皇個人との関係重視を基軸とするものであったといえるが、それと相俟って、天皇個人の生活を支える財が天皇個人に集まり、嵯峨と淳和のそれぞれは、集積した財をもとに〈家〉を形成していくこととなる。嵯峨と淳和は各々の家長としての意味合いを強くするのであり、淳和朝などに顕著な藩邸の旧臣、すなわち即位以前からの従者の躍進は、こうした〈家〉の形成がもたらしたものといえる。

即位から一〇年を経た天長一〇年二月、淳和は「位を譲らむがため」に西院（＝淳和院）へ遷り、四日後、皇太子正良は仁明天皇として践祚した。仁明は淳和の皇子恒貞親王を「正嗣と有るべき」として皇太子に立て、これに対して恒貞の父淳和は立太子を辞退する上書を奉った。あたかも嵯峨譲位→淳和践祚→正良立太子の再現を見るかのようである。『恒貞親王伝』によると、皇太子となった恒貞は、「身、家嫡に非ずして儲宮《ちょきゅう》に居るを得たり。若《も》し嵯峨・淳和の天皇安駕せば、この後、禍機測り難し」と考え「辞譲の表」を作ったが、仁明はこれを許さず、嵯峨も「深く以て慰喩し、兼ねて教督を加」えたとされる。恒貞の即位は嵯峨・淳和の両者によって約束されたものであった。恒貞が、嵯峨と橘嘉智子《たちばなのかちこ》の女で仁明の妹にあたる正子内親王を母としたことも重要だろう。一方、仁明によって「正嗣」とされた恒貞が「家嫡に非ず」と自認した点も看過してはならない[36]。「家嫡」ではない彼が「正嗣」となり得たのは、〈嵯峨―仁明〉と〈淳和―恒貞〉という〈家〉の分立があったがゆえであり、分立を解消し「正嗣」と「家嫡」とを一つにしようという動きが出てくれば、地位が脅かされる危険性を秘めていた。恒貞の皇位継承資格者としての妥当性は、〈家〉の分立を推し進めた嵯峨・淳和の存在と不可分だったのである。

承和七年(八四〇)五月に淳和、承和九年七月に嵯峨が相次いで崩じると、こうした危惧は現実のものとなる。嵯峨の崩御から二日後の七月一七日、謀反が発覚したとして伴健岑《とものこわみね》と橘逸勢《たちばなのはやなり》が捕らえられ、伴氏三人とともに禁ぜられた。承和の変の勃発である。これは、阿保《あぼ》親王が太皇太后橘嘉智子に緘書《かんしょ》を上呈し、嘉智子が藤原良房を通じて子の仁明に伝奏したことに端を発するもので、緘書には「今月十日、伴健岑来たりて云はく、嵯峨太上皇、今将に登遐《とうか》せむとす。国家の乱れ、在りて待つべきなり。請ふらくは皇子を奉じて東国に入らむことを、てへり」と記されていた。翌日より健岑・逸勢への推勘・拷問が始まり、二三日には近衛四〇名が皇太子直曹《じきそう》を囲んで帯刀らに兵仗を解かせ、恒貞を皇太子から廃し、恒貞と関係の深かった大納言藤原愛発《ふじわらのちかなり》と中納言藤原吉野・文室秋津《ふんやのあきつ》らを解官・左遷する旨の宣命が発せられた。宣命では、恒貞の関与を否定しつつも近侍者が罪を犯したことによって廃位すると述べられる。翌二四日には嵯峨山陵に恒貞廃太子を告げ、健岑・逸勢を始めとする人々の左遷・配流を実施。八月四日に、公卿たちの上表を容れる形で仁明の長子道康親王を皇太子に立て、桓武の柏原山陵に皇太子の交替を告げる使を発遣した。そして八月一三日には、皇太子を外された恒貞が、母正子のいる淳和院へ送られる。

まず挙げねばならないこの事件の特徴は、死罪がなかったにもかかわらず、名前が明記される者二八名、名前の記されない「殿上雑色《ぞうしき》及び帯刀・品官《ほんかん》六位已下」六十余名の、合計九十有余の大規模な左遷・配流がなされた点である。恒貞は、内裏修造のため（『恒貞親王伝』では避暑のため）仁明とともに四月から冷然院にいたが、捕らえられた彼らの多くもまた冷然院の皇太子直曹に直《ちょく》していたと思われる。そして、同じく冷然院にあって仁明の身辺警備を行なっていた近衛四〇名によって囲まれることになる。大規模な左遷・配流からは恒貞の近侍組織の大きさを看取することが可能で、こうした恒貞の近侍組織が父淳和から引き継いだものだったことも推測してよかろう。

また、これが阿保親王の緘書によって発覚したことや、緘書が仁明ではなく嘉智子へ上呈されたことも見逃せない。平城の長子である阿保は、薬子の変で大宰権帥《だざいのごんのそち》に左遷されるが、平城が崩じたことで入京を許され、承和の変から三カ月後の一〇月二二日に五一歳で薨去する。彼は平城の〈家〉の後継者だったと思われ、阿保の子孫は高岳親王の子孫同様、在原姓を名乗ることとなる。健岑の勧誘は、阿保個人というよりも平城系の人々を取り込む意図があったといえよう。嘉智子については、『続日本後紀』が「嵯峨太皇太后」と「嵯峨」を付すように、崩じた嵯峨とともに嵯峨院に住しており、嵯峨亡き後、嵯峨に代わって嵯峨系の家長的役割を果たした可能性が高い。つまり、この事件は、嵯峨・淳和の連携で保たれていた皇統の並立状態が、嵯峨・淳和の相次ぐ崩御によって不安定となり、恒貞の地位の危うさを感じた健岑らが、平城系を味方に付けようとしたものと推測される。しかし、健岑の誘いを拒絶し、嵯峨系の〈家〉に付くことを阿保が選択したことで健岑らは捕縛された。嵯峨と淳和の〈家〉の分立は解消されて仁明の長子道康が皇太子に立てられると、「家嫡」と「正嗣」は一致し、直系継承原理が確立する。そして、道康の叔父たる良房が外戚の地位を獲得し、良房の兄弟や橘氏、源氏を始めとする皇親勢力が伸長する一方、桓武朝以来重んじられてきた文人勢力の後退が目立つこととなった。(37)

淳和が崩じる前年の承和六年八月、三〇年ぶりの遣唐使が帰朝し、翌月仁明に謁した。この時期の大陸では、唐・ウイグル・吐蕃《とばん》の勢力均衡によって比較的安定していた内陸世界が、ウイグル・吐蕃が急激な衰退期に入ったことで混乱状態に陥り、海域世界においても、海上貿易で強い影響力を持っていた新羅の張保皐(張宝高)が遣唐使帰朝の二年後に敗死して、新羅人・唐人の貿易網が崩壊する。(38) 遣唐使は、こうした大陸の混乱ぶりを伝えたと思われ、その情報が承和の変を誘発した可能性も想定するに値する。(39) 九世紀前半においては、偉大な桓武の跡を襲う形で平城・嵯峨・淳和という桓武の子たちが相次いで即位したが、そのことは〈家〉の分立をもたらし天皇権威の相対的な低下へと繋がった。桓武から比較的疎遠となった仁明朝においては、天皇家内部の〈家〉の分立は、桓武の偉大さがもたらした負の遺産となっていたのだろう。承和の変の結果、直系継承原理が確立し、王権の安定化が図られたことで、幼帝の出現が不可避的なものとなる。また、太上天皇の政治的影響力がさらに後退したことで、母后および天皇の外戚の重要性が高まることになる。(40)

二　幼帝の時代

1　幼帝清和の即位

承和の変から八年後の嘉祥三年(八五〇)三月二一日、仁明天皇は四一歳という若さで崩御した。崩御に伴い皇太子道康親王は践祚して文徳天皇となり、仁明の深草山陵への葬送を二五日に行なった後、四月一七日に大極殿で即位儀を催行した。それから七カ月後の一一月二五日、惟仁《これひと》親王を皇太子に立てることとなる。惟仁は、仁明葬送の日に誕生した生後八カ月の乳飲み子で、生まれて間もない立太子は、聖武天皇の皇子某王が生後一カ月余りで皇太子となった神亀四年(七二七)以来のことであった。また、惟喬《これたか》と惟条《これえだ》(紀静子所生)、惟彦《これひこ》(滋野奥子所生)の三人の兄を超越しての立太子であり、こうした惟仁への厚遇は、偏に文徳の叔父である右大臣藤原良房と嵯峨天皇皇女である源潔姫《みなもとのきよひめ》との間の女《むすめ》、藤原明子を母としていたことに由来する。

奈良時代においては皇太子不在の期間も多くあったが、桓武が受禅翌日に早良を皇太弟に定めて以降、皇太子は常置のものとなった。神野(=嵯峨)と高岳はそれぞれ平城・嵯峨の即位翌日、正良(=仁明)は淳和践祚の二日後、恒貞は仁明践祚一二日後というように、即位後または践祚後すぐの立太子が通例化し、廃太子後の樹立も速やかに実施された。光仁から桓武への継承に際して譲位儀と即位儀とが分離し、太上天皇制の変質へと繋がっていくが、皇太子制度も機を同じくして変化したと思われ、皇太子の空位は避けられるようになっていた。こうした状況を踏まえれば、立太子が文徳即位から七カ月も空いたことは、当時の通例から外れるものだったに違いない。これは、践祚時に明子の出産が目前に迫っていたからで、翻って考えると、仁明崩御と惟仁誕生の間隔があと少し広ければ、長子惟喬が立太子した可能性は十分に存在し、その場合は幼帝の登場には至らなかっただろう。直系継承原理が確立することで、幼帝の登場が長期的には不可避となったとしても、短期的に見れば幼帝出現は偶然性の高い産物であった。幼帝の登場は、幼皇太子の擁立が実現したことに直接的な契機がある(41)。

『吏部王記』承平元年(九三一)九月四日条(逸文)が伝える藤原実頼が語った「古事」にも着目したい。これによると、長子惟喬を「最愛」した文徳は、先に惟喬を即位させ、惟仁の成長後、天皇位を交代させようと考えたが、この趣を命じられた左大臣源信《みなもとのまこと》が、皇太子に罪がなければ他人を立てるべきではないと反対。このことで惟仁の即位が実現したとされる。『江談抄』においても、文徳は「宝位を惟喬親王に譲る志」を持ち、それを祈請する真済《しんぜい》と東宮護持僧の真雅《しんが》とが争ったとされ、「大漸の夕、時論嗷嗷《ごうごう》。真済志を失ひ隠居す」という真済卒伝(『日本三代実録』貞観二年〈八六〇〉二月二五日条)をも参照すると、文徳の惟喬推挙は事実と考えてよかろう。文徳の認識では幼帝は回避されるべきものであったが、結果的には皇太子の地位を重んじる信の意見が採用されるのである。桓武朝以来の皇太子常置の慣行と承和の変による直系継承原理の確立とによって、皇太子を経た者が皇位を継承すべきとの理解が強くなり、それが幼帝回避よりも優先されることになったのである。

天安二年(八五八)八月二七日、四日前に発した「倉卒」の不予のため文徳は三二歳で崩御し、九歳の皇太子惟仁が清和天皇として践祚した。崩御から一年半前の斉衡四年(八五七)二月、すでに二年半にわたり廟堂の首班にあった右大臣良房が、左大臣を経ずに太政大臣に就任した。太政大臣に任じた理由を文徳は、外舅である点と幼少より奉仕してきた点に求め、また、今ある官は仁明が与えたもので自分はまだ功績に酬いていないと説明する。当時、太政大臣は天皇の外戚に対して死後に与えられる贈官となっていたが[42]、良房の任官もこれと同じく褒賞的な意味合いが強く存したといえよう[43]。また、同じ宣命で大納言の源信と藤原良相《ふじわらのよしみ》が左右の大臣に任じられた点も注意すべきで、良房が就いた太政大臣は、左大臣・右大臣の延長として捉えられていた可能性が高い。病気がちの文徳は、自らと近しい人物を褒賞し大臣三人の体制を作ることで、自身への補佐の強化を図ったものと考える。

こうした枠組みは清和の治世となっても基本的には変わらなかった。『公卿補任』は、即位儀が催行された一一月七日に良房を摂政とする宣旨があったと記す。しかし、摂政宣旨は践祚日に先帝が出すのが基本で、ここまで月日を空ける必然性は解し難く、宣旨に続けて記す年官・随身等の賜与も、実際は貞観一三年のことである。『公卿補任』の摂政任官記事は信憑性に欠け、清和即位に伴い良房を摂政としたと考える明確な証拠はない。もっとも、正式な詔勅はなくとも、天皇大権を行使し得ない幼帝が即位することで、それを代行する存在が不可欠となったことも想定し易い。それを廟堂の首班にあり天皇の外祖父でもあった良房が担った可能性は存在し[44]、延長八年(九三〇)一二月に摂政の辞表を出した藤原忠平が「貞観の初めの忠仁公、元慶の間の昭宣公、幼主を保輔し、政事を摂《せっ》行《ぎょう》す」と述べたのも無視できないものがある。しかし、正式な詔勅がないのであれば、廟堂の首班との立場に依拠したと見るのが自然で、太政大臣の職掌の範疇で捉えることも不可能ではない。良房の太政大臣就任を幼帝の登場を見越してのものとし、清和の即位とともに実質的に摂政の職務を担ったと捉えるのが一般的な理解だが、詔勅に基づかない職能を人臣摂政の始まりと捉えることにはなお慎重となるべきだろう。清和朝の初年は、太政大臣・左大臣・右大臣が並び立つ大臣三人体制が維持され、良房を頂点として強化された時期と見なすべきと考える。

貞観六年正月の清和元服を機にこの枠組みに変化が訪れる。清和は、翌年八月には践祚以来居所とした東宮から太政官曹司へ遷り、公卿聴政の場や少納言・外記の候所も「御在所に近きを取る」として中務省へ移転、一一月には内裏仁寿殿《じじゅうでん》へ入り、外記も外記庁へ戻った。仁明が清涼殿で崩じると、「これに御すを忍びず」として清涼殿は嘉祥寺に施入され、文徳が内裏に住むことはなかった。清和の遷御は一五年ぶりの天皇の内裏居住となったのである。(45)折しも良房は、六年冬より「命存じ難く侍」るような「大病」に罹る。七年九月には回復に向かったようだが、これが元服後の清和に自覚を促したことも推測し易い。良房が病に倒れたのと同じ六年冬には、左大臣源信が源《みなもとのとおる》融・勤《つとむ》らと反逆をなすとの投書があり、翌年春に「奨擢に似たると雖も、実は大臣の威勢を奪ふ」と評価されるような信の家人の国司補任が行なわれた。信が有した旧鋳銭司の地二〇町が収公されたのも貞観七年のことである。これらは清和を中心とする権力再編と位置付けるべきで、清和の元服は、文徳晩年に作られた補佐体制を解体へ向かわせたのである。

朝堂院の正門応天門に火がつき棲鳳《せいほう》・翔鸞《しょうらん》両楼に延焼したのは、まさにこうした動きが進む貞観八年閏三月一〇日のことであった。嫌疑をかけられたのは左大臣源信で、右大臣藤原良相と大納言伴善男とが信の家を囲んだ。良房の奏を承けた清和が囲みを解かせたことで信は事なきを得たが、信は家中の駿馬一二疋と家人四〇人を差し出して、「単子孤独にして勢援復することなきを示」すこととなった。信は嵯峨源氏の長として源氏結集の要となり「威勢」を成したが、(46)それがもとで嫌疑をかけられたのだろう。藤原氏とともに源氏の公卿への進出が進むのもこの時期の特徴で、信はその頂点にいたのである。信を囲んだ良相と善男とが、信排除の先鋒だったことも推測し易く、信は事なきを得たものの、門を閉ざして出仕しなくなる。

その後、火災は天災として処理されたようだが、八月三日、大宅鷹取《おおやけのたかとり》が善男とその息中庸《なかつね》による放火と告発したことで事件は急展開する。善男はこれを承伏しなかったものの、鷹取の女子を殺したとして捕縛された生江恒山《いくえのつねやま》と伴清縄《とものきよただ》が中庸の犯行と証言し、これを中庸の言葉と参験した結果、善男が言い争っていた殺人が巧詐と判明、そのことで善男の教命を受けた中庸が犯行に及んだと裁断された。正確な事実関係の把握は困難だが、応天門の火災は殺人事件と相即とされたようである。九月二二日、善男・中庸、同謀の従者とされた紀豊城《きのとよき》・伴秋実《とものあきざね》・伴清縄が配流されて事件は解決を見た。善男は、右少弁だった承和一三年(八四六)に他の弁官を一掃した経験を持ち(善愷《ぜんがい》訴訟事件)、右中弁・右大弁を経て大納言となった後も太政官政務へ強い影響力を有していた。また、嘉祥三年(八五〇)に中宮大夫となって以来、清和の祖母藤原順子の家政の中枢にあり、良相が同調したのも彼が順子の同母弟だったことに関係していよう。この事件は、清和の元服と良房の大病を契機に政界が再編される過程で、清和に近い善男・良相らが威勢を誇る源信の排除を謀り、応天門の火災を利用したと見るのが自然な解釈と考える。

八月一九日に「天下の政を摂行せよ」との勅が良房に出されたことも、こうした文脈に位置付けねばならない。左大臣の信は出仕をせず、右大臣の良相も信を囲んだ「去春」より尫病《おうびょう》が激しく「第に還り医療」していた。そうした中、鷹取が女子の殺害と放火を訴え、太政官政務の中核に位置し、太皇太后順子と親密な善男に罪が及ぶこととなる。解決困難と判断した清和は良房へ事件処理を委ねたのだろう(47)。事件処理のための職務であったから、解決とともにこの職務は役割を終えたと推測される(48)。一〇年後、陽成天皇が九歳で践祚すると、譲位宣命の中で清和は、右大臣藤原基経《ふじわらのもとつね》に対し「少主の未だ万機を親《み》ざるの間は、政を摂り事を行なはむことは、近く忠仁公の朕が身を保佐せるが如く、相扶《たす》け仕へまつるべし」と述べた。この時、左大臣源融が「朝務を仕へまつるに耐へざること、先々に申し乞ふこと慇懃」とされた点も看過できない。融が出仕しないという状況は基経に対する配慮かも知れないが、それが基経による「天子の政の摂行」(＝摂政)にとって必要だったことに変わりはなく、こうした様相は応天門の変における左右大臣の不在と近似する。事件処理のための一時的な良房の摂行は、「少主の未だ万機を親ざるの間」という時期を限定した形で一般的な政務にも及び、これがその後の摂政の先例となるのである。

2　陽成天皇の退位

清和天皇の元服を契機に大臣三人体制が瓦解すると、清和と外祖父太政大臣藤原良房との関係は、以前にも増して緊密になったに違いない。貞観九年(八六七)一〇月には右大臣藤原良相が薨じ、応天門の変以来出仕を止めていた左大臣源信も、翌一〇年閏一二月に薨去した。藤原氏宗が空席の右大臣に就任するのは一二年正月のことで、この間、良房が政治を完全に掌握したと考えてよい。一〇年一二月には藤原高子が良房の染殿第《そめどのてい》で清和の長子貞明《さだあきら》親王を出産し、翌年二月、貞明は生後三カ月で皇太子となった。一一年四月の貞観格《じょうがんきゃく》、一三年八月の貞観式の撰上など、この時期は宮廷社会の制度・儀式の整備が進展する時期で、一三年二月には文徳朝以来途絶えていた紫宸殿《ししんでん》での天皇聴政も復興された。一三年四月には、良房に対し、減額されていた食封を復し、年官・資人・随身を賜与する旨の勅が発せられたが、それから一年半後の一四年九月、咳逆を患った良房は染殿第で薨去することとなる。

良房の薨去から四年後の貞観一八年一一月二九日、清和は九歳となった貞明へ譲位した。貞明が自らと同じ即位年齢に達したことが直接的な契機となったと思われ、四月に起きた大極殿の焼失も譲位に影響したのかもしれない。良房の後継者である右大臣基経に対して、「少主の未だ万機を親ざるの間」の「天子の政の摂行」を命じたのはこの時のことで、譲位宣命では太上天皇号の辞退の文言が続くことから、清和は基経に自らに代わる立場を行使させたともいえる。[49] 践祚した陽成天皇は翌年正月三日に豊楽殿で即位儀を行ない、二月に東宮より内裏仁寿殿に遷御、四月には貞観の年号を元慶へ改めることとなる。

清和は元慶三年(八七九)五月に粟田院へ遷御して落飾入道し、頭陀行《ずだぎょう》を熱心に行なうが、翌年の一二月四日、粟田院を仏寺に改めた円覚寺において崩御した。崩御と同日、陽成は基経を太政大臣に任じる宣命を発した。これは、以前からの清和の命を改めて伝えたものとされ、陽成は「この職は、太上天皇の拝授するところ、あに朕の自由とすべけむや」と、清和の遺詔であることを強調した。任官の理由は「帯するところの官は摂政の職には相当たらず」とされた。良房の任官においても褒賞的な側面は垣間見えたが、その時は同時に左大臣・右大臣が定められており、太政大臣は左右大臣の延長線上に位置していた。しかし、基経の場合はすでに摂政として政治を専断しており、太政大臣は摂政に相応しいという以外に具体的な職務を伴うものとはなり得なかっただろう。拝職後、「退きて里第《りだい》に居り、頻りに譲表を上《たてまつ》りて事を視《み》」なかったのは、太政大臣が自らの功績を讃えるに過ぎない褒賞的な名誉職となっていたからで、清和崩御の翌日に「中宮の居するところに近」い常寧殿へ遷った陽成に倣い里第へ退去したと推測される。陽成は翌年二月九日に清涼殿に戻るが、基経はそれに伴い清涼殿へ参入して陽成に謁し、二一日には太政官の庶政を聴くことを再開した。再開された聴政が職院の直廬《じきろ》であった点も看過してはならず、基経は摂政の職務が従来の公卿聴政とは異なることを示したのだろう。

翌元慶六年正月、一五歳になった陽成が紫宸殿で元服を遂げると、基経は加冠役を務めた。天皇元服儀の加冠が後に太政大臣の役となることを思うと、(50)この時点で太政大臣任官を受け入れた可能性が高い。しかし、これは摂政の辞退と表裏の関係にあった。摂政の職務が「少主の未だ万機を親ざるの間」のものであったから、陽成の元服に伴い辞意を表明するのは極めて自然で、基経は翌年八月までの一年半以上、定期的に上表を行なうこととなる。一方、陽成としては、関白の制度が成立していないこの時点では、摂政を辞した者をいかに処遇するかは定まっておらず、基経の辞表を拒絶し続ける以外に方法はなかった。太政大臣の辞退から摂政の辞職に至る一連の基経の行動を、基経による政務ボイコットと見るのが一般的だが、これらは摂関制度成立期における制度の不備に起因するもので、陽成と基経とがどこまで反目していたかは検討の余地がある。そうした中、七年八月には、弁・史が基経の里第へ参上して庶事を白すことが始まり、摂政の職務は直廬から里第に移行する。

元慶八年二月四日、陽成は二条院へ退去して宣命を発し、仁明天皇皇子、時康親王に譲位した。一七歳の陽成に対し新天皇時康は五五歳という高齢で一品式部卿《いっぽんしきぶきょう》の地位にあった。立太子を経ない突然の践祚は、後に清原頼業《きよはらよりなり》が九条兼実に対して「陽成院は暴悪無双なり。二月祈年祭以前、自ら抜刀して人を殺害すとうんぬん。かくの如きことによりて、昭宣公天子の位を奪ひ、小松天皇に授くるなり」と語ったように(『玉葉』承安二年〈一一七二〉一一月二〇日条)、陽成が殺害事件を起こしたことによると思われ、前年一一月に殿上に侍っていた源益《みなもとのまさる》が「格殺」されたことを指すのだろう。益は陽成の乳母紀全子の子であった。この言談で殺害を「二月祈年祭以前」とする点も見過ごせない。これは譲位が二月四日だったことからの類推とも考え得るが、頼業が兼実亭を訪れたのは「牝鶏雄鳴事」に関する伊勢神宮からの解状を賜るためであり、この古事は神祇祭祀に関わり想起されたと見るのがよい。兼実と頼業にとってこの古事は「二月祈年祭以前」に生じたことが重要だったのである。一二世紀の言説であることに配慮を要するが、「内裏の人死」のために事件直後から祭祀がことごとく停止されたことからすると、祈年祭に関してもその遂行が危惧された可能性は高く、加えて陽成の譲位宣命には「天神地祇の祭ごとも、闕怠すること有りなむか」とも見えており、これこそが基経が陽成退位に踏み切った直接的な要因だったと考える。

他方、高齢の時康を皇位継承者と定めたのは、譲位宣命によると、①諸親王の貫首であること、②皇太子がいない時には老徳を立てる例があること、③四朝、すなわち仁明朝から陽成朝にわたって仕え、政道に熟知していること、からであった。時康は唯一の一品親王であり、高い品階こそが重視されたのである。殺害事件から六日後、基経は内裏に参入し、「宮中庸猥の群小を駆逐」した。陽成には「庸猥の群小(下賤の人々)」が近侍しており、これこそが事件の根本的要因と捉えられたのだろう。基経を中心とする公卿たちにとっては、宮廷の秩序回復が必須と考えられたのであり、それには政道に熟知する人物の即位が必要だったものと推測される。『大鏡』では左大臣源融が皇位継承を自薦したとされるが、政道に熟知しているという点では一概に否定するわけにはいかないものがある。また、『恒貞親王伝』には出家していた廃太子恒貞親王が推挙されたと見えるが、これは皇太子であった経験が、宮廷社会の秩序回復という意味において重んじられたからではあるまいか。

践祚した光孝天皇は、翌日、親王・公卿と文武百官に迎えられ東宮へ入った。大極殿で即位儀を済ませた後、内裏仁寿殿に遷御するが、四月一三日には、「藩に居る時に生」まれた自らの男女に対して源氏賜姓を行なった。光孝は一代限りの中継ぎの天皇とされ、賜姓は皇位継承資格の放棄を宣言したことに他ならない(51)。それでは、以後の皇位継承はいかに予定されたのか。陽成の譲位宣命に戻ると、「御病時々発《おこ》ることありて、万機滞ること久しく成りぬ」とあり、表向きの理由は病とされた。また、陽成は仁明朝からの累代宝物をその後も持ち続け(『本朝世紀』天慶四年〈九四一〉一二月五日条)、宇多天皇に対して「当代は家人にはあらずや」と述べたとされる(『大鏡』)。基経との対立が自明ではない以上、陽成の復位や陽成子息の即位の可能性も想定されてよい。陽成の暴君ぶりが記録上に登場するのは、阿衡《あこう》の紛議を経て宇多の治世が安定した寛平以後のことである(52)。

三 摂関政治への道程

1 阿衡の紛議

践祚・即位から三カ月後の元慶八年(八八四)五月、光孝天皇は勅を発し、太政大臣の職掌の有無と唐での相当官について諸道博士らに勘奏させるよう指示した。自らを擁立した藤原基経の処遇を判断しかねたことによる(53)。陽成朝での摂政は、「少主の未だ万機を親ざるの間」とされ高齢の天皇には相応しくなく、太政大臣についても職掌が曖昧になっていた。しかし、菅原道真ら八名が奏上した意見は一致を見ず、光孝は六月五日に宣命を発し、「今日より官庁に坐して、就きて万政を領《す》べ行なひ、入りては朕が身を輔け、出でては百官を総《す》ぶべし。奏すべきの事、下すべきの事、必ず先に諮り稟《う》けよ。朕、垂拱《すいきょう》して成るを仰がむとす」という形で処遇を決定した。関白の語こそないが後の関白に相当する職と見るのが自然であり、漢の霍光《かくこう》から着想を得たともされる(54)。また、「将にその賞を議《はか》らむとするに、大臣もとより謙挹《けんゆう》の心を懐きて、必ずや固く辞退して、政事もしくは壅《よう》せむ」との予測から、「本官のままに、その職を行なはむと思」って定められた点も看過してはならない。関白の職は本官、すなわち太政大臣から派生したと見ることができ(55)、「官庁に坐して」とされた点もこれと符合する。太政大臣の職務から内覧行為を抽出して職務内容を明確化し、太政大臣に内在した褒賞的意味合いを排除したものが関白といえる。

三年後の仁和三年(八八七)八月二六日、光孝は五八歳で崩御した。七月末の時点では紫宸殿に出御して相撲を覧じたから、崩御は急なことだったに違いない。八月二二日に基経ら公卿が上表して皇太子を立てることを請い、二五日には第七皇子源定省《みなもとのさだみ》が親王とされた。その翌日、定省の立太子が遂行され、光孝はその日のうちに崩御、定省は宇多天皇として践祚した。光孝は一代限りの中継ぎ天皇として男女の皇位継承資格を剝奪したが、思いがけない突然の発病・崩御は継承者選定に十分な期間を与えず、基経ら公卿たちは光孝にその決定を委ねざるを得なくなったのだろう。ならば、践祚した宇多もまた中継ぎとしての立場を継続した可能性が高い。仁和年号は宇多朝となっても使用され、一年半以上経った仁和五年四月にようやく寛平改元が実現する。

一一月一七日に即位儀を遂げた宇多は、二一日、「摂政太政大臣」基経に対して「万機の巨細《こさい》、百官の惣己《そうき》、みな太政大臣に関白し、しかる後、奏下すること、もはら旧事の如くせよ」という「万機を関白するの詔」を与えた。ここに関白の名が初出するが、「旧事の如く」とあるように、これは光孝朝での立場を追認するものであった。関
一一月二六日には基経が「摂政を辞す第一表」を提出し、翌日、宇多は橘広相《たちばなのひろみ》に作らせた「太政大臣関白を辞す

に答ふる勅」を出した。ここまでは通常の任官の様子と変わらないが、答勅の中に「宜しく阿衡の任を以て、卿《けい》の任とすべし」とあったことから基経は態度を硬化させ、その後、辞表を提出することも政務を視ることもなくなった。阿衡の紛議と称される事件の始まりである。翌年正月から二月にかけ、宇多が側近や近親に意見を封進させ、基経抜きで執政する姿勢を見せたことも事態悪化に繋がったとされる[56]。

基経が反応を示すのは半年後の五月のことで、執奏の官に万機を擁滞させないよう求める奏上を提出した。奏によると、答勅を得た基経は関白と阿衡とがいかなる関係かを理解できず、その後、左大臣源融が明経博士らに勘申させた結果、「阿衡の任、典職なかるべし」と答えたため、「其の典職なかるべきを以て、阿衡の貴きとなすを知」るとともに「分職なきに至りては、暗に臣が願ひに合《かな》ふを知」ったとする。六月一日、宇多は答勅を作った橘広相と疑義を出した藤原佐世《ふじわらのすけよ》・中原月雄を召し、彼らを対論させることで事態の打開を図ることにした。しかし、意見の対立の溝は埋まらず、宇多は融を基経のもとに遣わし「前詔の心の如く、且《かつ》つ万事を行なへ」と指示。しかし基経の答えは、「未だ阿衡の趣を定めざれば、政を行なふこと能はず」というものであった。宇多は実質的な答勅の撤回を示したのであるが、基経はこうした私的なやりとりでは納得しなかったのである。六月六日、遂に答勅を撤回する詔と宣命が発せられ（『政事要略』は宣命の日付を二日とするが、『日本紀略』が六日条に掲げる詔と同じ主旨のものと思われ、「二」は「六」の誤字と見るのがよかろう）、同時に「太政大臣、自今以後、衆務を輔け行なひ百官を統《す》べ賜へ。奏すべきの事、下すべきの事、必ず先に諮り稟けよ。朕、将に垂拱して成るを仰がむ」という職務を改めて示した（『政事要略』は「先の如く諮り稟けよ」とするが、「如」は「必」の誤字だろう）。これによって事件は一段落したが、六月末頃からは広相を罪に問う動きが強まり、一〇月一五日には量刑勘文が提出された。断罪を避けようとする宇多の求めに基経が応じたことで、二七日に広相の公務復帰が実現するものの、一一月頃までは断罪を求める動きが燻り続けたようである[57]。

以上が事件の概略だが、事態を混迷させたのは基経が関白と阿衡との関係を不明とした点にある。阿衡の勅が辞意を承けての答勅である以上、阿衡が関白の言い換えであることは疑いようがなく、宇多と広相にとっては「関白」の地位の高さを「阿衡」と表現したに過ぎなかった。基経もこのことは理解できたはずである。それでもなお阿衡の語に拘泥したのは、元慶八年の議論において太政大臣＝三公＝阿衡という図式が提示されていたからで[58]、太政大臣の職務を明確化する形で関白が成立したという経緯を踏まえれば、阿衡を関白の言い換えと認めるわけにはいかなかったのである。つまるところ阿衡の紛議とは、関白の職務が太政大臣から分離する過程で生じたものであり、その結果、万機総摂の任は太政大臣の名誉職化を方向付けたとされる[59]。一方、摂政は、本来、職務内容が規定されるものではなく、「摂政太政大臣」に「万機を関白するの詔」が与えられ、「摂政を辞す第一表」が提出されたように、関白の職をも摂政と称することが可能であった。しかし、関白の職務が確立することで摂政と関白との差異もまた明確となり、摂政はより上位の王権代行的行為のみを指すものとして定着する[60]。

問題となった阿衡が、「謂ふところ社稷《しゃしょく》の臣にして、朕の臣に非ず。宜しく阿衡の任を以て、卿の任とすべし」とのフレーズの中で現れた点も重要である。「阿衡の任」は「朕の臣」ではなく「社稷(国家)の臣」とされたのであり、これは答勅の中で先帝以来の勲功を賞したことと関連し、最初の詔でも「三代の摂政」と表現された。これと対照的なのが勅を作成した広相で、宇多は広相のことをしばしば「朕の博士」と称す。広相の女義子はすでに宇多との間に斉中《ときなか》・斉世《ときよ》の皇子を儲けており、そうした親近性が宇多に「朕の博士」と言わしめた理由だろう。対する基経は、光孝を介してしか宇多と繋がりを有しておらず、これが「社稷の臣」との表現の根底にある。「社稷の臣」たる阿衡の拒絶からは、先帝までの功績よりも現天皇との個人的な関係を重視しようとした基経の姿勢を看取でき、事件が一段落した後の一〇月六日には基経の女温子が入内して、宇多と基経の関係構築が図られる。関白は、そして摂政も、天皇との個人的関係を重要な要素として成立するのである。

阿衡の紛議の後、翌年四月に仁和は寛平と改元された。一二月には維城・維蕃(藤原胤子所生)、斉中・斉世(橘義子所生)の四人を親王と定め、この時点で宇多は中継ぎの天皇ではなくなったと見てよい。陽成院の悪行が宇多の耳に入り、宇多が一歳年下の陽成を「悪君の極み」や「悪主」と日記に書き付けるのは、この年の八月を初出とする。陽成の狂乱ぶりを引き合いに出すことで、自らの正統性と行動規範とを自覚していくのだろう。

2　宮廷社会の転成

寛平三年(八九一)正月に藤原基経が五六歳で薨じると、宇多天皇は、翌月、東宮から清涼殿へ遷御した。遷御は宇多の自立を示唆するが、これ以降、天皇の在所は清涼殿が通例となる。桓武は「正寝《せいしん》」で崩じたが、これは七七御斎が催された「寝殿」と同じと思われ、「制有りて殿閣及び諸門の号を改む。寝殿を仁寿殿を名づけ、次南を紫宸殿を名づく」との『日本後紀』の逸文に照らすと、桓武は後の仁寿殿を在所としたのだろう。(61) 仁寿殿を紫宸殿より先に記し、紫宸殿を「次南」とすることも重要で、成立期の平安宮内裏は天皇が起居する「寝殿」を中心に構成されたといえる。しかし、桓武の崩後、「寝殿」と天皇の在所とは分離される。平城が起居した殿舎は不明だが、嵯峨・淳和は清涼殿に住したと思われ、仁明は清涼殿で崩御した。文徳は仁明の崩じた清涼殿を「これに御すを忍びず」として嘉祥寺に寄せ、内裏には住まなかったが、次の清和は、元服後仁寿殿に遷御する。陽成もこれを襲い仁寿殿に入り、光孝も仁寿殿を在所として終焉の場とした。こうしたあり方からは、仁寿殿→清涼殿→仁寿殿→清涼殿という交互の使用を看取でき、殿舎の交代が天皇の内裏での崩御に起因することも容易に推測できる。

しかし、宇多が清涼殿を在所と定めて以降、仁寿殿が在所となることはなくなる。醍醐は延長八年(九三〇)の落雷で清涼殿が崩壊するまで、三〇年にわたって清涼殿を使用した。次の朱雀は後宮を在所としたが、村上は天暦二年(九四八)四月に新造なった清涼殿へ遷御した。そして、康保四年(九六七)に村上が清涼殿で崩じると、翌年、冷泉は板敷を改めただけで清涼殿へ入る。仁寿殿よりも清涼殿が重視されたのは、紫宸殿を前殿とする仁寿殿が十分な前庭を設けられないのに対し、清涼殿が東側に広い庭を有したという構造上の特質に一つの要因があろう。すなわち、昇殿制が展開し小朝拝など殿上人を対象とする儀礼が盛行することで[62]、殿上人が列立する広い前庭が必要となった可能性が高い。また、蔵人所が清涼殿と接する校書殿《きょうしょでん》に位置したことも清涼殿の優位に繫がったと思われ、在所の変化は昇殿制や蔵人所の整備と一体のものであったと推測される。

仁和四年(八八八)一一月には、六位の蔵人二名に代わって五位蔵人二名が設置され、醍醐が践祚した寛平九年には、大納言藤原時平が蔵人所別当に就任した。蔵人所の被官的存在である滝口が設置されたのも「寛平御時」とされ、蔵人の内廷的官司の兼帯が顕著になるのも九世紀末から一〇世紀初頭にかけての時期である[63]。寛平二年一一月には、宇多の勅を奉じる形で橘広相が蔵人式を作成した。蔵人式の冒頭には、「凡そ蔵人の体たるや、内には則ち忝《ことごと》く近習《きんじゅう》を陪し、外にはまた諸司に召し仰す」とあり、蔵人の職務が近習の管轄と諸司への召仰《めしおおせ》に代表されたが、「勅旨を奉伝し、百官に下す」に付された「諸司に召し仰すの後、時剋を廻らさず、即ち其の召仰の状を覆奏すべし」との注を見ると、蔵人所の召仰は天皇の勅旨一般に及んだと推測できる。これまで本来的に行なっていた天皇御用の物品に関わる召仰は、一般的な政務案件にまで拡大していったのである[64]。

一方、召仰と併記される近習の統括に関しては、仁和二年に元服したばかりの基経の長子時平が、宇多朝の三年九月に従四位下で昇殿を聴され、それ以降、四位・五位の者で昇殿を聴される者が増加する。大同五年(八一〇)に成立した殿上侍臣の制度は六位を基本とし、五位以上からなる次侍従とともに〈次侍従－蔵人－殿上侍臣〉という侍臣の体系を構築した。「年労有る者」を宴に参加させる制度として成立した次侍従が地位・身分として機能したのに対し、殿上侍臣は天皇の身辺雑事への奉仕者という側面が強く、これが相当位階の違いに現れたのだろう。しかし、四位・五位の者をも殿上侍臣に組み入れることで、次侍従はその意義を減じざるを得なくなる。侍臣は代替わりごとに更新されるような、天皇個人への奉仕者として再編されるのであり、これは現天皇との個人的関係を重要な要素とする摂政・関白と相関する。「殿上人」や「殿上簡」が史料上に現れるのもこの時期である。

宮中の種々の「所々《ところどころ》」が整備されるのもこのころであった。『西宮記《さいきゅうき》』は「所々事」と題して、一八の「所」(滝口を含む)、六つの「殿」、「内侯」「宿所」「町」(采女町《うねめまち》・女豎町《にょじゅまち》)を列挙する。所々に続いて京内の「諸院」が載ることからすると、所々とは宮中にあった機関・組織を指すと見るのがよく、このうち所とは人々の詰め所的なもの、殿は物品の保管に重きを置いたものと推測される。こうした所々は、八二〇年代までに姿を見せ王卿や次将が別当となるものと、八八〇年以降に登場し蔵人が別当となるものとに大別できる。[65] そして、後者は天皇のより個人的な生活、営為に関わる機関とされ、[66] それを担った蔵人所には、成立期に比して規模や職務の重要度の面で少なからぬ差異が存在する。広相が作成した寛平蔵人式は職務心得を具体的に示したものであったが、その後、醍醐朝に延喜蔵人式、村上朝に天暦蔵人式が編纂され、蔵人所が主催する儀礼内容をも規定するようになる。[67]

さて、阿衡の紛議が終結すると、宇多は寛平元年一二月に皇子の親王宣下を実現し、皇位の継承を容認された。この時点で宇多は正統的な地位を獲得したと考えられるが、直ちに皇太子を立てることはなく、長子敦仁《あつひと》親王(維城が二年一二月に改名)が皇太子となるのは三年以上を経た五年四月のことであった。ここまでずれ込んだのは、敦仁の母が藤原高藤の女胤子だったからで、基経の女温子との間の皇子誕生を期待してのことだろう。しかし、寛平二年に温子が生んだのは皇女(均子内親王)であり、基経も三年正月に薨去した。それによって宇多は、九歳の敦仁を皇太子に立てることとしたのであり、『寛平御遺誡《かんぴょうのごゆいかい》』には宇多と菅原道真の二人のみで決定したと記す。

寛平九年七月三日、敦仁は一三歳で元服を遂げ、宇多はその日のうちに敦仁へ譲位した。醍醐天皇の誕生である。宇多は立太子から即位に至るまでの道真の功績を醍醐に伝え、「菅原朝臣は朕の忠臣に非ず。新君の功臣なり」と述べ、譲位と同時に「少主の未だ長ぜざる間」に限って、藤原時平と菅原道真に対して奏宣権限を付与した。宇多は自らの側近である道真を、「功臣の後」たる時平と並べて醍醐へ継承させたのである。しかし、その三年半後、道真は天皇の廃立を行なったとして大宰府へ配流される。基経以来、現天皇との個人的関係が優先されるようになっていたが、先帝宇多に近すぎる道真は、こうした関係を醍醐に対して十分に構築することができなかった。道真の配流後、時平は妹穏子を入内させ、昌泰四年(九〇一)は延喜元年と改元された。延喜年号はその後二三年もの間使用され、聖武の天平、桓武の延暦と並び称される一時代を築くこととなる。

(1) 加藤麻子「即位の変容と律令天皇制」『史林』八八巻二号、二〇〇五年。
(2) 土井郁磨「「譲位儀」の成立」『中央史学』一六号、一九九三年。
(3) 柳沼千枝「践祚の成立とその意義」『日本史研究』三六三号、一九九二年、藤森健太郎「平安期即位儀礼の論理と特質」『古代天皇の即位儀礼』吉川弘文館、二〇〇〇年(初出一九九四年)。
(4) 早川庄八「律令国家・王朝国家における天皇」『天皇と古代国家』講談社、二〇〇〇年(初出一九八七年)。
(5) 吉川真司「後佐保山陵」『続日本紀研究』三三一号、二〇〇一年。
(6) 瀧川政次郎「革命思想と長岡遷都」『法制史論叢第二冊 京制並に都城制の研究』角川書店、一九六七年。
(7) 林陸朗『長岡京の謎』新人物往来社、一九七二年。
(8) 瀧浪貞子「造宮官と造宮役夫」『日本古代宮廷社会の研究』思文閣出版、一九九一年。
(9) 清水みき「長岡京造営論——二つの画期をめぐって」『ヒストリア』一一〇号、一九八六年、山中章『日本古代都城の研究』柏書房、一九九七年。
(10) 岸俊男『日本の古代宮都』岩波書店、一九九三年。
(11) 西本昌弘「早良親王薨去の周辺」『日本歴史』六二九号、二〇〇〇年、同「藤原種継事件の再検討——早良親王春宮坊と長岡宮の造営」『歴史科学』一六五号、二〇〇一年。
(12) 網伸也「平安京造営過程に関する総合的考察」『平安京造営と古代律令国家』塙書房、二〇一一年(初出二〇〇七年)。

(13) 川尻秋生「平安京造営考」吉村武彦・山路直充編『都城　古代日本のシンボリズム』青木書店、二〇〇七年。
(14) 橋本義則「平安宮草創期の豊楽院」『平安宮成立史の研究』塙書房、一九九五年(初出一九八四年)。
(15) 註12網文献。
(16) 堀裕「平安初期の天皇権威と国忌」『史林』八七巻六号、二〇〇四年。
(17) 早川庄八「律令財政の構造とその変質」『日本古代の財政制度』名著刊行会、二〇〇〇年(初出一九六五年)。
(18) 拙稿「平安時代宮廷社会の〈土器〉」『史林』八九巻六号、二〇〇六年。
(19) 笹山晴生『日本古代衛府制度の研究』東京大学出版会、一九八五年。
(20) 春名宏昭『平城天皇』吉川弘文館、二〇〇九年。
(21) 拙稿「荷前別貢幣の成立——平安初期律令天皇制の考察」『史林』八四巻一号、二〇〇一年。
(22) 橋本義則「天皇宮・太上天皇宮・皇后宮」荒木敏夫編『古代王権と交流5　ヤマト王権と交流の諸相』名著出版、一九九四年。
(23) 目崎徳衛「政治史上の嵯峨上皇」『貴族社会と古典文化』吉川弘文館、一九九五年(初出一九六九年)、橋本義彦「〝薬子の変〟私考」『平安貴族』平凡社、一九八六年、春名宏昭「太上天皇制の成立」『史学雑誌』九九編二号、一九九〇年。
(24) 渡辺直彦「蔵人所の成立をめぐって」『日本古代官位制度の基礎的研究(増訂版)』吉川弘文館、一九七八年。
(25) 拙稿「成立期の蔵人所と殿上侍臣」藤陵史学会編『晴歩雨読——和田萃先生古稀記念文集』二〇一四年。
(26) 古瀬奈津子「昇殿制の成立」『日本古代王権と儀式』吉川弘文館、一九九八年(初出一九八七年)。
(27) 吉川真司『天皇の歴史02　聖武天皇と仏都平城京』講談社、二〇一一年。
(28) 吉川真司「律令国家の女官」『律令官僚制の研究』塙書房、一九九八年(初出一九九〇年)。
(29) 橋本義則「「外記政」の成立」『平安宮成立史の研究』塙書房、一九九五年(初出一九八一年)。
(30) 笹山晴生「平安初期の政治改革」『平安の朝廷——その光と影』吉川弘文館、一九九三年(初出一九七六年)、長山泰孝「古代貴族の終焉」『古代国家と王権』吉川弘文館、一九九二年(初出一九八一年)。
(31) 仁藤敦史「桓武の皇統意識と氏の再編」『国立歴史民俗博物館研究報告』一三四号、二〇〇七年。

(32) 註30笹山文献。
(33) 吉川真司「院宮王臣家」吉川編『日本の時代史5 平安京』吉川弘文館、二〇〇二年。
(34) 古尾谷知浩「平安初期における天皇家産機構の土地集積」『律令国家と天皇家産機構』塙書房、二〇〇六年(初出二〇〇三年)、拙稿「平安時代における天皇制の展開と後院」『日本史研究』五五八号、二〇〇九年。
(35) 註27吉川文献。
(36) 遠藤慶太「『続日本後紀』と承和の変」『平安勅撰史書研究』皇學館大学出版部、二〇〇六年(初出二〇〇〇年)。
(37) 彌永貞三「菅原道真の前半生――とくに讃岐守時代を中心に」川崎庸之編『日本人物史大系第一巻 古代』朝倉書店、一九六一年。
(38) 山内晋次「九世紀東部ユーラシア世界の変貌――日本遣唐使関係史料を中心に」古代学協会編『仁明朝史の研究――承和転換期とその周辺』思文閣出版、二〇一一年。
(39) 山﨑雅稔「承和の変と大宰大弐藤原衛4条起請」『歴史学研究』七五一号、二〇〇一年。
(40) 神谷正昌「平安時代の王権と摂関政治」『歴史学研究』七六八号、二〇〇二年、同「承和の変と応天門の変――平安初期の王権形成」『史学雑誌』一一一編一一号、二〇〇二年。
(41) 保立道久『平安王朝』岩波新書、一九九六年。
(42) 北村有貴江「贈官としての太政大臣――摂関制成立の前史として」『寧楽史苑』四五号、二〇〇〇年。
(43) 今正秀「摂政制成立考」『史学雑誌』一〇六編一号、一九九七年。
(44) 註43今文献。
(45) 目崎徳衛「文徳・清和両天皇の御在所をめぐって――律令政治衰退過程の一分析」『貴族社会と古典文化』吉川弘文館、一九九五年(初出一九七〇年)。
(46) 註30長山文献。
(47) 註40神谷文献。
(48) 註43今文献。

(49) 瀧浪貞子「阿衡の紛議――上皇と関白・摂政」『史窗』五八号、二〇〇一年。
(50) 橋本義彦「太政大臣沿革考」『平安貴族』平凡社、一九八六年(初出一九八二年)。
(51) 河内祥輔『古代政治史における天皇制の論理』吉川弘文館、一九八六年。
(52) 山口博「陽成帝の退位をめぐって」『日本歴史』二三九号、一九六八年。
(53) 今正秀「摂政制成立再考」『国史学』一九七号、二〇〇九年。
(54) 坂本賞三「関白の創始」『神戸学院大学人文学部紀要』三号、一九九一年。
(55) 吉川真司「摂関政治の転成」註28『律令官僚制の研究』(初出一九九五年)。
(56) 所功「〝寛平の治〟の再検討」『菅原道真の実像』臨川書店、二〇〇二年(初出一九六七年)。
(57) 古藤真平「『政事要略』阿衡事所引の『宇多天皇御記』――その基礎的考察」『日本研究』四四号、二〇一一年。
(58) 長谷山彰「阿衡の紛議の一側面――事件の政治的経過及び菅原道真の法解釈をめぐって」『駿河台法学』七巻二号、一九九四年。
(59) 註50橋本文献。
(60) 坂上康俊「関白の成立過程」笹山晴生先生還暦記念会編『日本律令制論集(下)』吉川弘文館、一九九三年。
(61) 鈴木亘『平安宮内裏の研究』中央公論美術出版、一九九〇年。
(62) 註26古瀬文献。
(63) 玉井力「九・十世紀の蔵人所に関する一考察――内廷経済の中枢としての側面を中心に」『平安時代の貴族と天皇』岩波書店、二〇〇〇年(初出一九七五年)。
(64) 佐藤全敏「宮中の「所」と所々別当制」『平安時代の天皇と官僚制』東京大学出版会、二〇〇八年(初出一九九七年)。
(65) 註64佐藤文献。
(66) 森田悌「宮廷所考」『王朝政治と在地社会』吉川弘文館、二〇〇五年(初出一九九九年)。
(67) 西本昌弘「「蔵人式」と「蔵人所例」の再検討――『新撰年中行事』所引の「蔵人式」新出逸文をめぐって」『日本古代の年中行事書と新史料』吉川弘文館、二〇一二年(初出一九九八年)。

第４巻

平安京の成立と官僚制の変質

橋本義則

はじめに

古代日本に宮都(1)が成立したのは、七世紀末「藤原(2)」京においてであった。「藤原」京は宮城である藤原宮とそれを取り巻く都城の京からなっていた。藤原宮は天皇の居所である内裏を中心に、五位以上貴族と彼らに率いられる六位以下官人(3)が天皇に奉仕し、君臣関係を結ぶ場である大極殿《だいごくでん》・朝堂院と曹司などが造営された。「藤原」京は彼らを集住させる空間として建設され、住人である貴族・官人らを効率的に管理するため特別行政区画として条坊制にのっとった京が設定され、京を統治する行政組織京職《きょうしき》が置かれた(4)。貴族・官人は奉仕と集住によって宮城および都城に強く結びつけられるとともに、彼らを介して都城と宮城は緊密に関連づけられていた。このように宮都と官僚制は列島支配の新しい基本原理公地公民を実現するための装置として、まさに一体不可分の関係にあった。

「藤原」京以降、平安京に至る宮都と政治・儀礼の中核たる宮城の歴史的変遷は、政治・儀礼の構造とはもちろん、官僚制とも深く関連すると考えられ、従来このような見方に立ち宮都の構成原理や宮城の平面構造をめぐり様々な理解が示されてきた(5)。それらの特徴は、簡潔に言えば、文字で書かれた文献史料と発掘によって得られた調査成果を考え併せることによって、宮都と宮城の構造および変化を具体的に理解しようとするところにあった。

一方、官僚制の研究は近年大きな進展をみせ(6)、特に奈良時代後半から平安時代初めにかけて官僚制が変質する様を種々の点から明らかにした(7)。太上天皇《だいじょうてんのう》制や太政官《だいじょうかん》制に関する研究、太政官での政務処理の構造と変化の研究、政務と宮城の構造との連関を扱った研究、さらには唐からの礼の受容と天皇の唐風化の問題などに及び、その対象は九世紀初めに限らず、一〇世紀以降の政務・官僚制のあり方や平安貴族社会の起源の解明にも及んでいる。

さて、本稿の課題は「平安京の成立と官僚制の変質」である。上述のように宮都と官僚制は互いに密接に関わって成立・展開したことから、最後の宮都「平安京の成立」と「官僚制の変質」を関連した問題と捉え、従来別個に挙げられてきた研究成果に学び、両者を一体の歴史として記すこととしたい。それゆえに課題の対象時期は平安京成立の前後、奈良時代末から平安時代初めに絞られる。

一　平安京・平安宮の成立過程

平安京と平安宮の成立を考えるとき、奈良時代末から平安時代初めの平城・長岡・平安三宮都の比較が有効である。平安京には正史をはじめ法制史料、儀式・有職故実書、古記録、京図・宮城図、絵巻物など多様で大量の文献史料が残され、また江戸時代裏松固禅による復原考証や明治に湯本文彦が行った近代的測量に基づく復原もある。しかし平城・長岡両京にはそれに匹敵するような質と量の文献史料はなく、わずかに正史などがあるに過ぎない。

一方、これら三宮都では一九五〇年代中頃相前後して発掘調査が始まった。平城京では江戸時代の北浦定政や明治の関野貞が畦畔によって復原を行い得るほど良好な状態で田圃が広がり、平城宮では早く国営発掘に移されて大規模な学術調査が進められ、その歴史的変遷の大要が明らかになってきた。しかし平安京は中世京都へ変貌するなか、左京は維持されて現在まで人々が住み続け、また長岡宮の地は第二次大戦後大阪都市圏の住宅地として開発が著しく進んだため、いずれも大規模な発掘調査は困難で、小規模な調査を積み重ね地道な成果を蓄積せざるを得なかった。

このような制約下での研究成果を承け、特に平城・長岡・平安三宮都での近年の重要な発掘調査成果を紹介しつつ、平安京・平安宮の成立過程とその意義について、天皇権力や官僚制の観点から述べる。

1　奈良時代末の平城宮——光仁・桓武朝の内裏改作

和銅三年(七一〇)平城《なら》に遷都されたのち、恭仁《くに》・甲賀《こうか》および保良《ほら》に遷都・遷御《せんぎょ》していた期間を除き、天武系の天皇六代五人が五〇年あまり平城宮に住み、その間平城京は主都であった。しかし神護景雲四年(七七〇)八月、称徳の崩御をもって男系で天武に繋がる天皇は絶えた。称徳崩御に当たり聖武の女井上《いのえ》内親王が天智の孫白壁王とのあいだに儲けた男子で、女系で天武系皇統を継承できる他戸《おさべ》王に注目が集まったが、未成年で直ちに即位できないため、まず父白壁が皇太子に立てられ、そして白壁の即位に続き井上と他戸が皇后、皇太子に冊立された。

光仁治下の平城宮では大規模な改作が天皇の居所で行われ[8]、称徳が造営した東院を改作して楊梅院《ようばいいん》・楊梅宮を造営した。光仁は一時ここに遷御したが、在位期間のほとんどは内裏を居所としていた。

発掘調査の成果によれば、平城宮は大規模で全面的な改作が行われた天平宝字年間を境として大約前後二時期に分けて考えることができるが、奈良時代末の状況はまだ楊梅院・楊梅宮の庭園遺跡以外十分には分かっていない[9]。しかし内裏については、発掘調査で平城宮の全期間を通じ遺構の変遷が判明している[10]。内裏は称徳が西宮を居所とした時期を除き一貫して平城宮の南面東門壬生門の北方に営まれ、その遺構はⅠ期～Ⅵ期の六時期にわたって変遷した。このうち最後の二時期、Ⅴ期とⅥ期が光仁と桓武の内裏である。

Ⅴ・Ⅵ期の内裏に共通する特徴は、内裏の中央に位置する区画が以前に比べて拡大し、建物数も倍以上に増えたことである。これは、Ⅴ期に天皇の私的空間である中央の区画に皇后宮が成立したことを意味する。上述のように天武系と天智系を問題なく繋ぐことができる極めて重要な位置にありながら、それゆえに微妙な立場にあった井上の皇后宮は内裏に設けられた。これ以前、聖武の皇后であった藤原光明子《ふじわらのこうみょうし》の皇后宮は平城宮に東接する旧藤原不比等邸に設けられたが、ここに至り皇后宮は平城宮の内裏に包摂された。その歴史的意義は、天武系の皇后井上が天

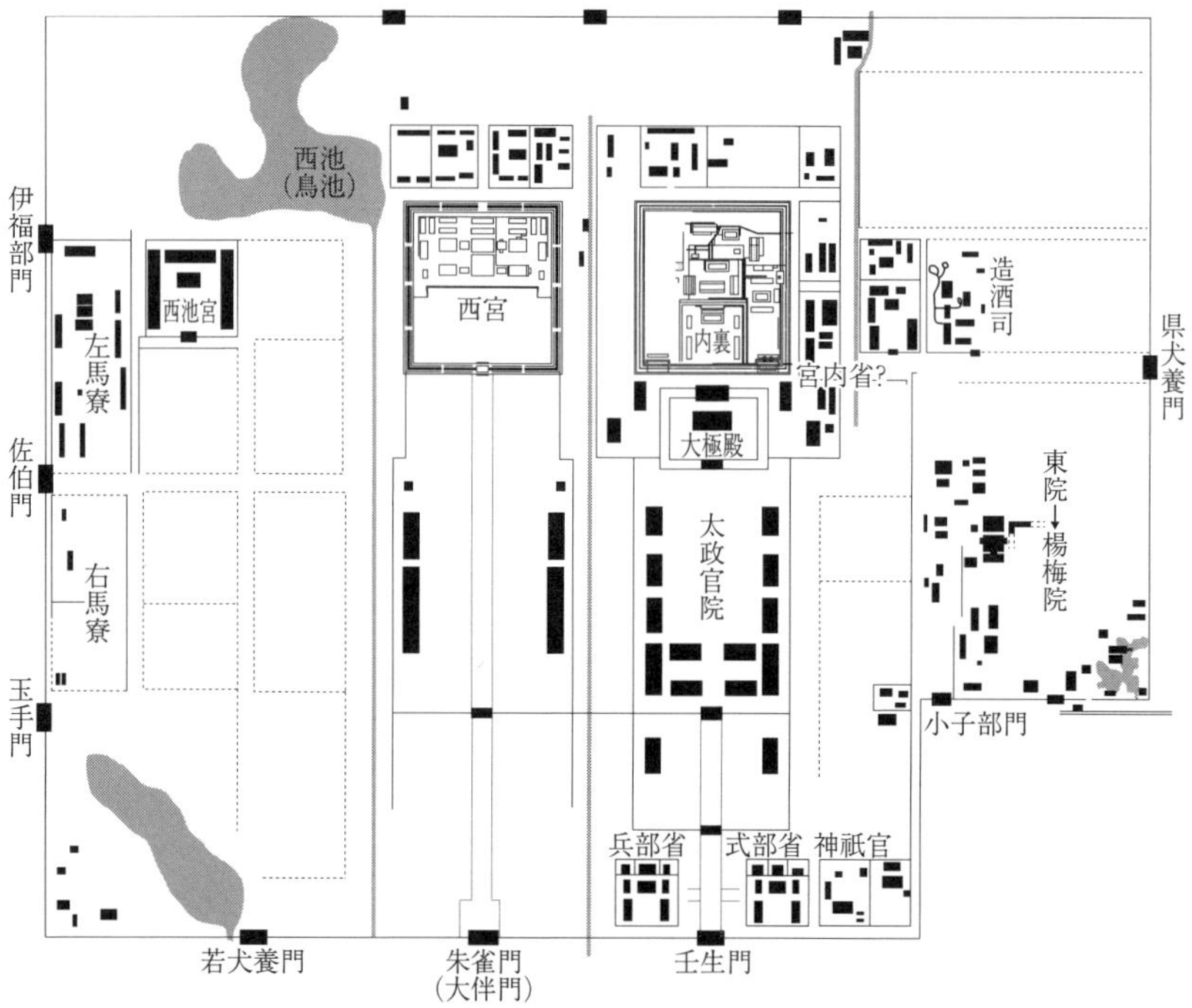

図1　奈良時代後半の平城宮

智系の光仁の内裏に宮を設けることで、両統の合一を天皇の居所内裏において明示したことにある。しかしのちに井上と皇太子他戸が厭魅《えんみ》の罪で廃され、自害させられた事実を併せ考えると、皇后の監視を意図していたとも考えうる。

次いで井上と他戸の自害後、新しく皇太子に立てられたのは天武系と全く関わりのない山部親王であった。やがて光仁は山部に譲位したが、これら一連の政治過程で大きな役割を果たしたのが藤原良継と藤原百川《ももかわ》であった。このような状況のなか即位した桓武は、自らの正統性を主張するため、天応改元から始まる様々な施策を講じていった。

桓武は即位翌年天応二年(七八二)に財政緊縮のため勅旨省、造法華寺・鋳銭両司とともに造宮省を廃し、内裏を居所とした。しかし内裏の改作を行うため勅旨宮に遷御した。その改作なった新しい内裏がⅥ期である。

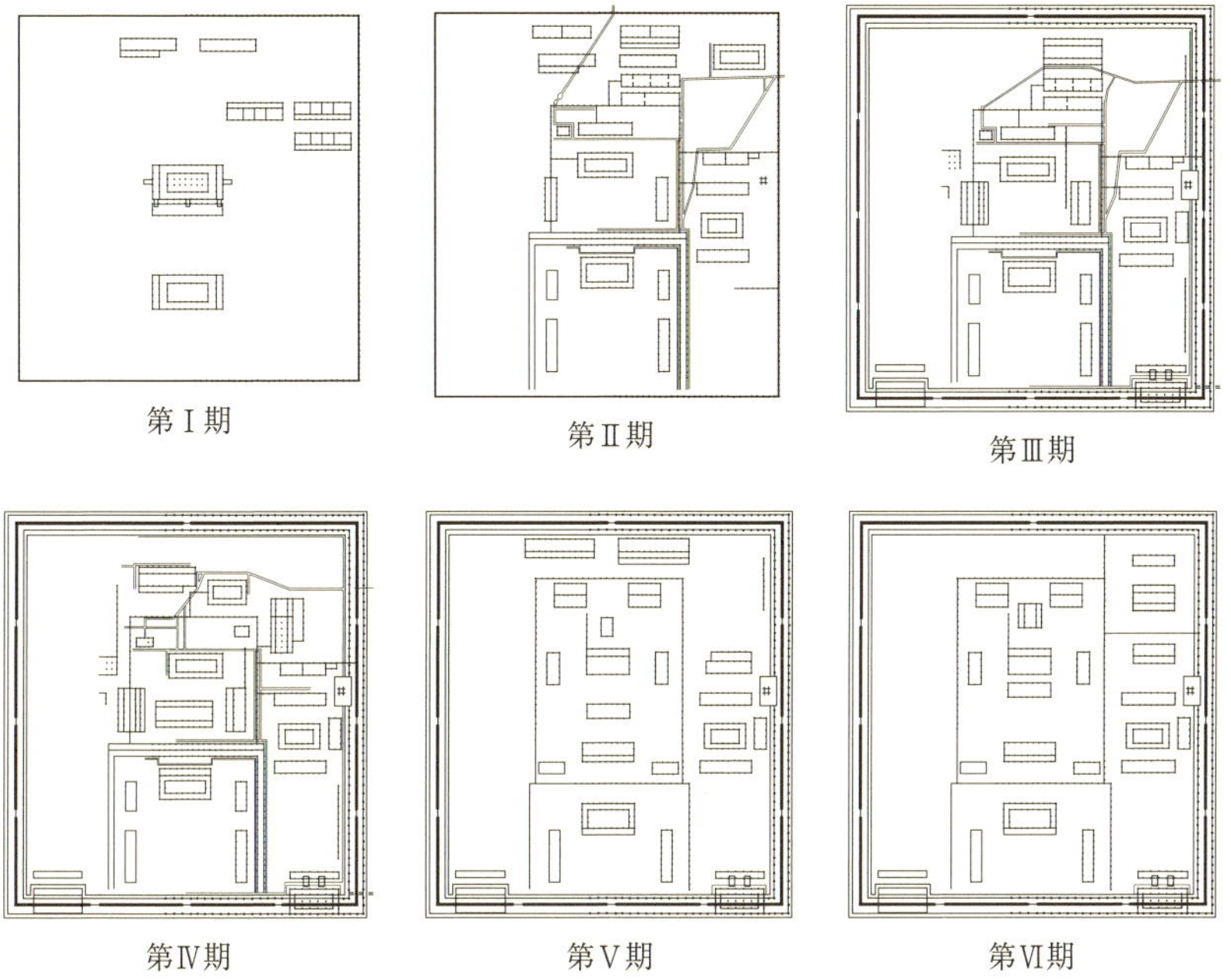

図２　平城宮内裏の変遷

桓武は光仁の内裏を基本的に受け継ぎ、皇后藤原乙牟漏《おとむろ》の皇后宮を内裏に置いた。しかしⅥ期には東北隅に画一的な建物を計画的に配置した空間を新たに設けている。これは平安宮の後宮に相当し、ここに初めて後宮が内裏に誕生した。後宮の成立は桓武の時に置かれるようになった新たな後宮、女御[11]の制度とも連動した措置で、天武系皇統断絶の事実に鑑み、後宮の人的拡大とともに皇后に倣って後宮の居所を内裏に設け、律令に規定されながら実態のなかった後宮を初めて空間として内裏に設けた。このように奈良時代末平城宮の桓武の内裏に平安宮内裏の原型があり、長岡宮を経て平安宮に受け継がれた。したがって平安宮の内裏に見られる構造は、基本的に創建当初に遡り得る[12]。

以上のように、奈良時代末の平城宮では、内裏の構造を一変する大きな改造が光仁・桓武の二代にわたって行われた。それは皇位継承のためだけでなく、以後の天皇や皇后以下後宮の居所のあり方、内裏で奉仕する男女の奉仕のあり様にも大きな影響を与えた(13)。しかし延暦三年(七八四)甲子革令《かっしかくれい》の年を選んで桓武は大和国《やまとのくに》から山背国《やましろのくに》へと遷都を敢行した。

2 長岡京・長岡宮——伝統の継承と革新の試み

桓武が最初に遷都したのは山背国乙訓郡《おとくにぐん》長岡村の地であった。長岡への遷都は、複都制を採り主都を大和国に置くことにこだわった奈良時代と決別し、主都平城と副都難波《なにわ》を長岡の地で合一し、単都制に移行することを意味した。また、天武系の皇統に繫がる天皇たちが造営し居住した宮都を停止・解体し、新しい天智系の天皇が居するための宮都を造営することをも意味した。

桓武によって新たに造営された長岡京を正式の遷都が行われた主都とみるか、それのない副都とみるかでかつて議論があり、また長岡宮の構造も桓武朝の政治改革が象徴されていると考えるのは難しいとの考えも示された(14)。しかし現在判明している長岡京および長岡宮の構造には、平城を継承しつつ新しい試みが行われ、やがて平安へと受け継がれていったことは明らかであり、長岡は桓武が強い意思をもって理想に基づき改革に挑んだ宮都であった。

長岡京を首都とした期間は平安遷都までわずか一〇年あまりに過ぎないため、長岡京はもちろん、長岡宮についても文献史料で構造と変遷を明らかにし難く、多くを発掘調査に拠らねばならない。上述したように長岡宮で発掘調査が始まって既に六〇年ほどを経たが、未だ京域・宮域ともに確説を得ていないなど、多くの課題を抱えたままである。しかし近年重要な発掘調査成果が相継いでいる。

長岡京については、これまで条坊計画の復原案が数多く提示されてきたが、そのなかで今日まで最も大きな影響を与えてきたのは、山中章が提唱した「長岡京型条坊」である(15)。山中は長岡京の条坊遺構データを集成し、そこから平城・平安両京と異なる長岡京独自の条坊設計が行われたことを明らかにした。すなわち先行する平城京では条坊道路を基準に条坊を設定したため、宅地面積が不均等になったが、長岡京ではそれをできるだけ解消して均等な宅地を確保する努力を払い、宮城の東西南三面に列なる街区では不均等な宅地となるが、それ以外では均等な宅地を配置したとする画期的な案であった。宮都における条坊構成原理について、かつて稲田孝司[16]は施工主体である国家の支配が衰退することによって平城京から平安京へ変化したと理解したが、山中はそれを乗り越え、異なる条坊構成原理をもつ平城京と平安京を、長岡京を媒介することによって一連の歴史的過程と理解できるとした。その後、

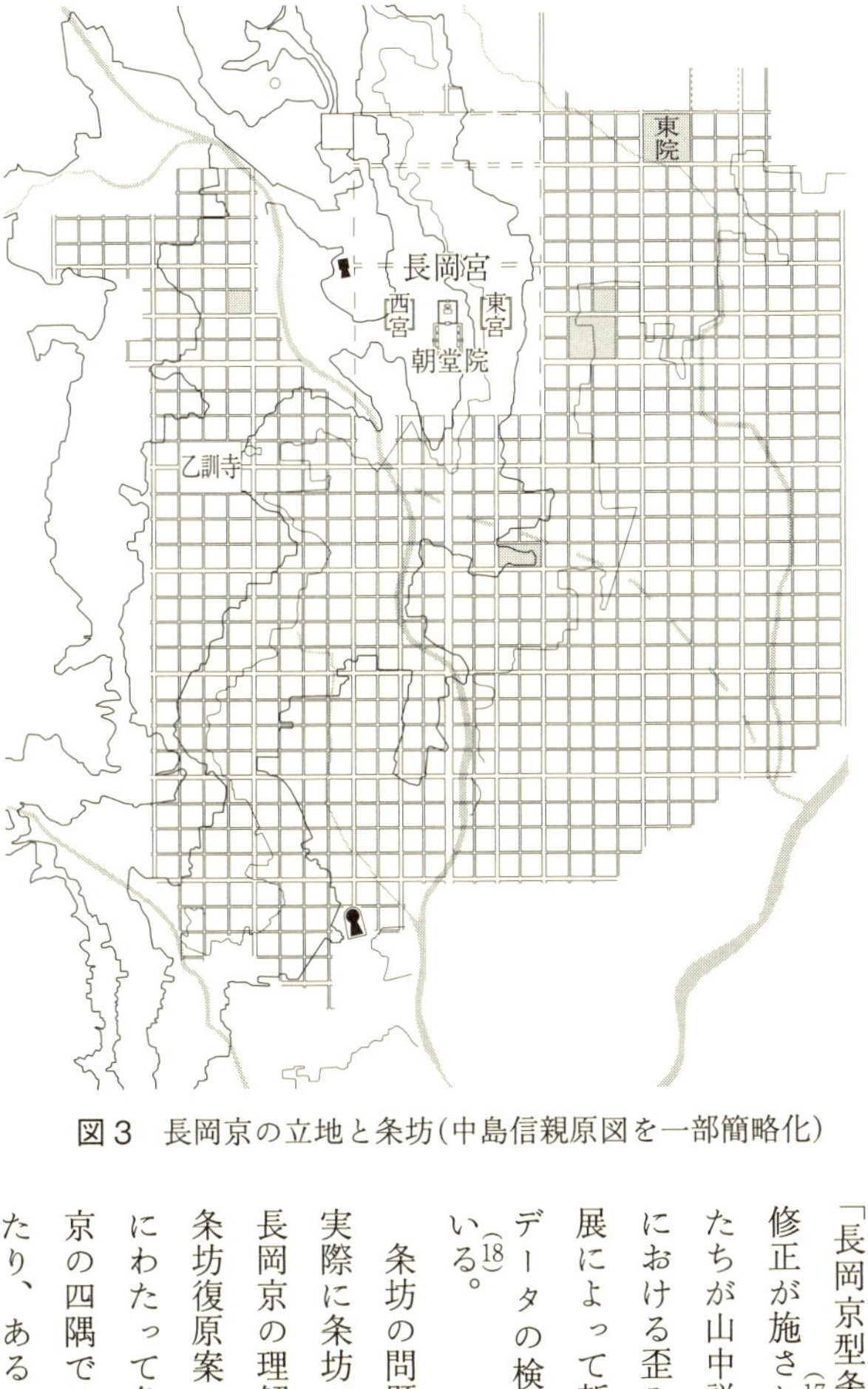

図3 長岡京の立地と条坊(中島信親原図を一部簡略化)

「長岡京型条坊」は山中自身によって修正が施され[17]、またそれを継ぐ研究者たちが山中説の弱点とされた条坊縁辺における歪みの問題を、発掘調査の進展によって新たに集積された条坊遺構データの検討に基づき修正してきている[18]。

条坊の問題は条坊設計だけでなく、実際に条坊が施工された実態としての長岡京の理解にも関わるが、いずれの条坊復原案においても条坊計画域全域にわたって条坊が施工されたと考えず、京の四隅では条坊の施工が困難であったり、あるいは限定的であり、大きく

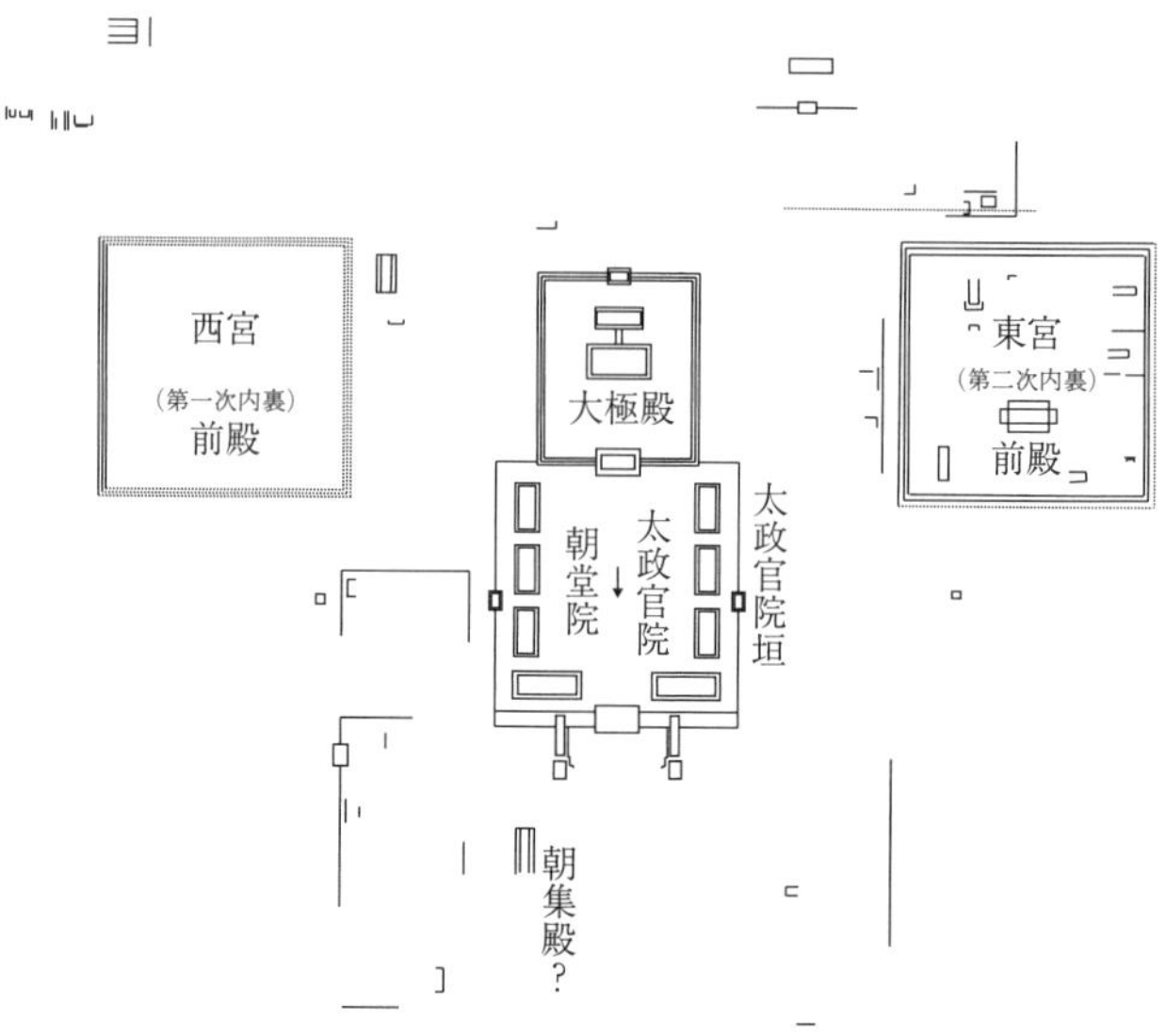

図４　長岡京の中枢部

四隅が欠けていたと想定している。このように長岡京は立地に大きな制約があり、利用可能な地にできうる限り条坊を施工し、施工した条坊のほぼすべてを宅地に用いていた。また長岡京では平城・平安両京と異なり条坊遺構が長岡宮の北に延びることが確認され、長岡京の北に広がる「条坊」の理解[19]をめぐって議論がある。また京では離宮や邸宅と思われる遺跡が確認され、特に延暦一二年（七九三）正月内裏解体のために遷御した東院が再発見されたこと[20]は、平安宮に繋がる内裏の構造を理解する上で貴重な成果であった。

長岡宮は、これまで延暦八年の西宮から東宮への内裏遷移を画期として前後二時期に分けて造営され、前期に東西・南北とも八町の規模であった宮城が後期には南北が一二町に拡張されたとの見方が有力であった[21]。これは、後期難波宮《なにわのみや》の資材を用いて中枢の大極殿・朝堂院・西宮などを造営した前期、平城宮の資材を再利用した後期の本格的造営の二時期に分けて理解する考えである。しかし、近年これと異なる考えと複数の復原案が示されるに至った[22]。復原案はいずれも確説とは言い難いが、二段階造営論の根拠であった、遺構における軒瓦の組成による年代決定に再検討を迫る、平城宮軒瓦の搬入が遡及する可能性があるとの指摘[23]は重要である。また、長岡宮の特異な立地、長岡と呼ばれる南北に延びる丘陵の裾に宮城を造営し、周囲より高く聳えるように見せることを意図した景観造りを行うために、丘陵上方の平坦面で造成可能な地より順次下方へ造成を行う必要があり、それは当初から計画された一連の工程であったとの研究成果がある。[24] 二段階造営論はそのままでは成立し難く、むしろ当初から一連のものとして計画的に施工していったとみる見方が有力である。

近年、発掘調査によって長岡宮を考える上で重要な二つの事実が明らかとなった。一つは、難波宮から移建し改造した朝堂院の南門に中国の礼制建築である闕《けつ》(平安宮朝集院の南門応天門東西にある棲鳳・翔鸞両楼に相当)を新たに造営したことが判明した。[25] これには、長岡宮が従前の宮城より増して唐風を目指し新たな王朝の創始を宣言したもので、闕に面する二条大路を横街として宮内を皇城と宮城とに分離したことを示すとの理解[26]もある。さらに近年、平安時代初め、桓武は儒教の天命思想を利用し、中国的礼制を積極的に受容することで、天武系天皇と大きく異なる、中国の皇帝に極めて接近した唐風化天皇の実現を進めたとする考え[27]が有力であり、それを裏付ける遺構である。

また、従来、大極殿院の北に最初の内裏西宮があったと推測されていたが、そこには東西方向に開析谷があるため内裏を想定するのは困難で、むしろ大極殿院西で遷移後の内裏東宮とほぼ対称の位置に確認された大規模な複廊遺構[28]を西宮に当てる考えが出された。[29] 従来、延暦八年二月内裏が西宮から東宮に移ったことで内裏と朝堂院が分離し、延暦八―一一年頃天皇聴政の場が大極殿から内裏に移ったとの考え[30]があったが、上記の想定はこれを真っ向から否定し、長岡宮では当初から内裏を大極殿院・朝堂院から分離し、大極殿院東西に二つの「内裏」を並置する構想があった[31]ことになる。

桓武によって創意が加えられた長岡京の造営は延暦一二年頃に停止され、やがて放棄されるに至った。その理由としては、長岡京・長岡宮自体の構造的あるいは地形的な問題や造営の遅滞をはじめ、延暦一一年六・八両月の大洪水・穀物の不作・飢饉と疫病の流行、延暦五年夫人旅子《たびこ》の母藤原諸姉《もろあね》、六年旅子、八年皇太夫人高野新笠《たかののにいがさ》、九年皇后藤原乙牟漏ら天皇近親の相継ぐ死、さらに延暦一〇年の伊勢神宮の焼失、早良親王の怨霊への畏怖とその祟りによる皇太子安殿《あて》親王の病気など、複合的なものがあった[32]。

3　平安京・平安宮――理想の宮都

桓武は延暦一二年(七九三)正月には新しい宮都の造営計画を立て、再び山背国で乙訓郡から葛野郡《かどのぐん》に移して造営を開始し、延暦一三年一〇月には遷幸を行い、のちに平安京と命名する新都に移った。平安遷都は、長岡造都が未成功に終わったことに鑑み、二年以上前から周到に準備された。平安京への遷都では地理的条件の優越性、水陸交通の要地でかつより広い平地の確保が可能な点などが特に重要であり、そのため桓武は事前に葛野と周辺地に遊猟と称し行幸を繰り返していた。平安京は泰平安穏の宮都とされ、やがて嵯峨によって桓武が「万代宮《よろずよのみや》」と定めたと主張されて定都され、平安宮の構造も固定されていった。

平安京は京都市の市街地にあり、一〇世紀に放棄された右京域を除き中世に大きな変容を遂げたのち、現在に至るまで連綿として大都市であり続けてきたため、中世以降各時代・各時期の遺跡が複雑に重複し、発掘調査は困難を極める。また平安宮は中世に破棄され、その跡と周辺には近世以降聚楽第・二条城などが建設され大きく破壊された。従って平安京も平安宮も全体として平城京や平城宮のように遺跡・遺構の残りがよくない。

このような悪条件のなか、これまであげられた平安京の発掘調査成果で最も大きなものは、遺構に基づく条坊復原によって『延喜式』巻四二左京職の京程条に記された平安京の規模と構造でほぼそのままに造営されていることが分かったことである。辻純一[33]は、発掘調査で得られた条坊遺構データを整理して平安京の条坊復原を行い、「平安京条坊復元モデル」を示し、平安京が極めて高度な施工精度をもって計画的に造営されたことを明らかにした。今日平安京の発掘調査はこの成果に基づいて行われている。

しかし現実の発掘調査では、長岡京と同様に鴨川と桂川が大きく湾曲する平安京南辺の東西両隅では造営当初の

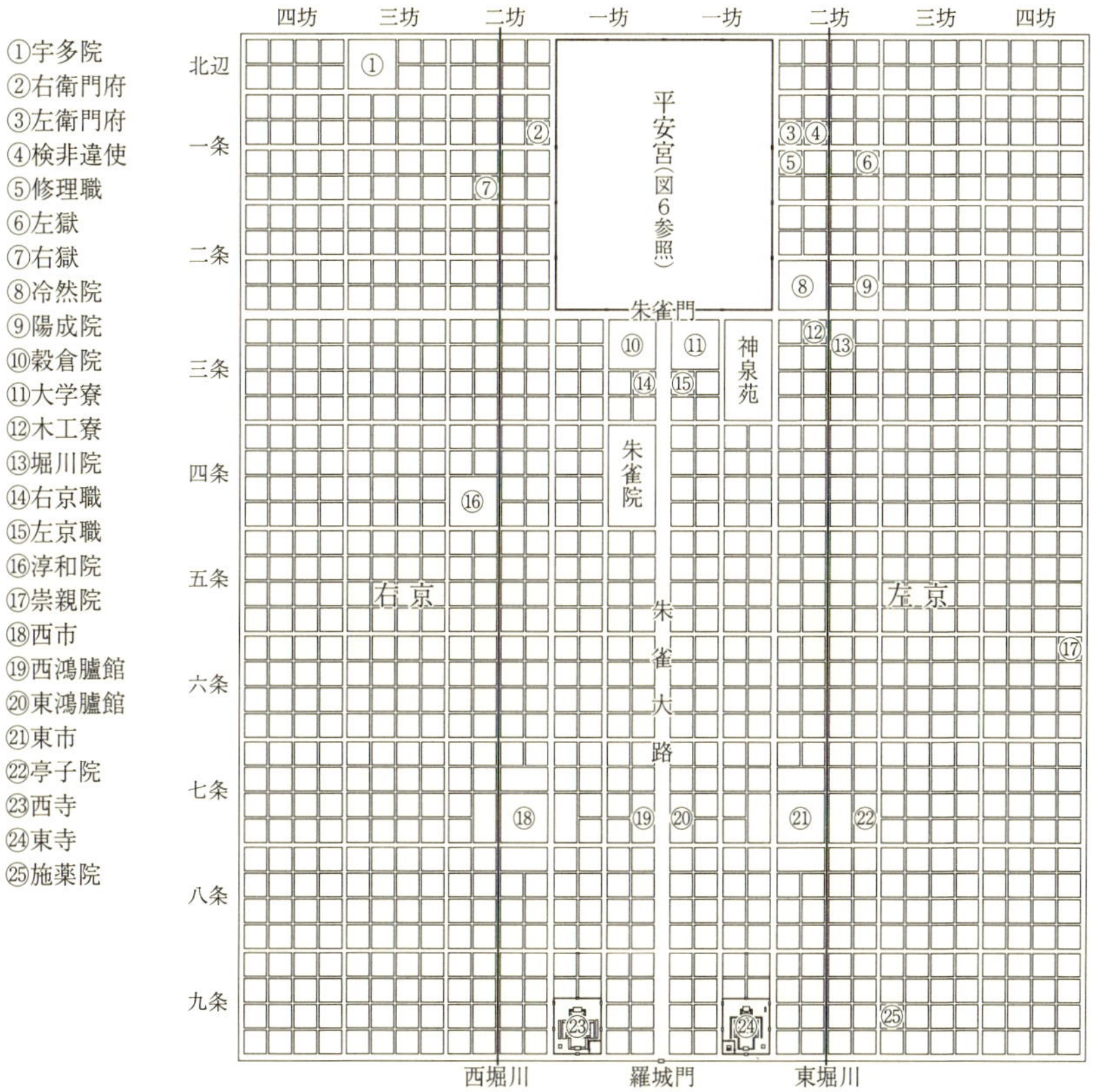

図5　平安時代前期の平安京

条坊遺構が確認できず、条坊は施工されなかったと考えられる。さらに網伸也[34]によって、「藤原」京以来、日本の古代都城が抱えていた条坊制の「構造的矛盾」、すなわち坊町坪など街区を構成する単位の規模が一定していないことを解決したのが平安京の条坊であり、従来、平安京の造営原理を「藤原」京などと異なると理解してきたが、条坊の造営計画線から一定の法則で道路幅を分割するという原理は同じで、むしろ以前のものを継承しつつ「構造的矛盾」を解消した、より完成度の高いものとする理解が示された。このことは平安京が古代宮都の完成形態であることを最もよく示している。これと関連して、平安京では従来の宮都で行われなかった京内の施設や官衙の厳密な東西対称配置を実現し、また東西両寺を除く寺院を条坊から排除したことが注目されねばならない。なお、発掘調査では早く衰退し都市化されなかった右京で遺構がよく残り、平安時代前期の邸宅遺跡がいくつも発見されるとともに、右京が衰退していった歴史的な過程も推定されるに至っている。(35)

平安宮は船岡山の南に大きく広がる丘陵の南半部、大約南に傾斜する安定した丘陵上にあり、(36)平城宮以来の宮城の立地を基本的に継承した。発掘調査に基づく研究成果によると、平安宮造営計画の基準は朝堂院の配置にあり、これに基づいて宮内のすべての施設が造営され、(37)内裏、大極殿・朝堂院、諸司の区画などは遷都当初すでに造営されて存在し、その位置がほぼそのまま踏襲されて平安時代末期に至った。それゆえに陽明文庫本宮城図や九条家本『延喜式』紙背の宮城図に描かれた区画には基本的に大きな変化がないことが分かっている。(38)ただ大同以降、数次に及ぶ官司の統廃合など官制改革が行われたため、改革のたびに官司の配置に変化が生じた可能性には留意が必要である。

平安宮の施設を個別的にみると、内裏は長岡宮の東宮の位置をほぼ踏襲するが、大極殿院ではなく中院《ちゅういん》の東に造営された。豊臣秀吉の聚楽第造営によって内裏は中央より北が破壊され、南辺しか残存していない。わずかに残る遺構が発掘調査で確認され、内裏をめぐる西面廻廊の基壇で用いられている凝灰岩《ぎょうかいがん》が再利用であり、宮城図で蔵人《くろうど》所町屋《どころのまちや》のあった場所で複数回の建て替えが行われ、さらに遷都当初からほとんどの建物が礎石建《そせきだち》であったこと(39)などが明らかになった。このように内裏の造営には長岡宮や平城宮以来の資材も使われ、その後も何度か部分的に構造を変更するような改作が行われた。

国家的儀礼が挙行された大極殿・朝堂院は長岡宮と同様に朱雀門の北、平安宮の中軸線上に位置する。発掘調査では内裏や豊楽院《ぶらくいん》に比べ遺構の残存状況が良くないが、大極殿の南北心は予想された中御門大路路面心より一丈南

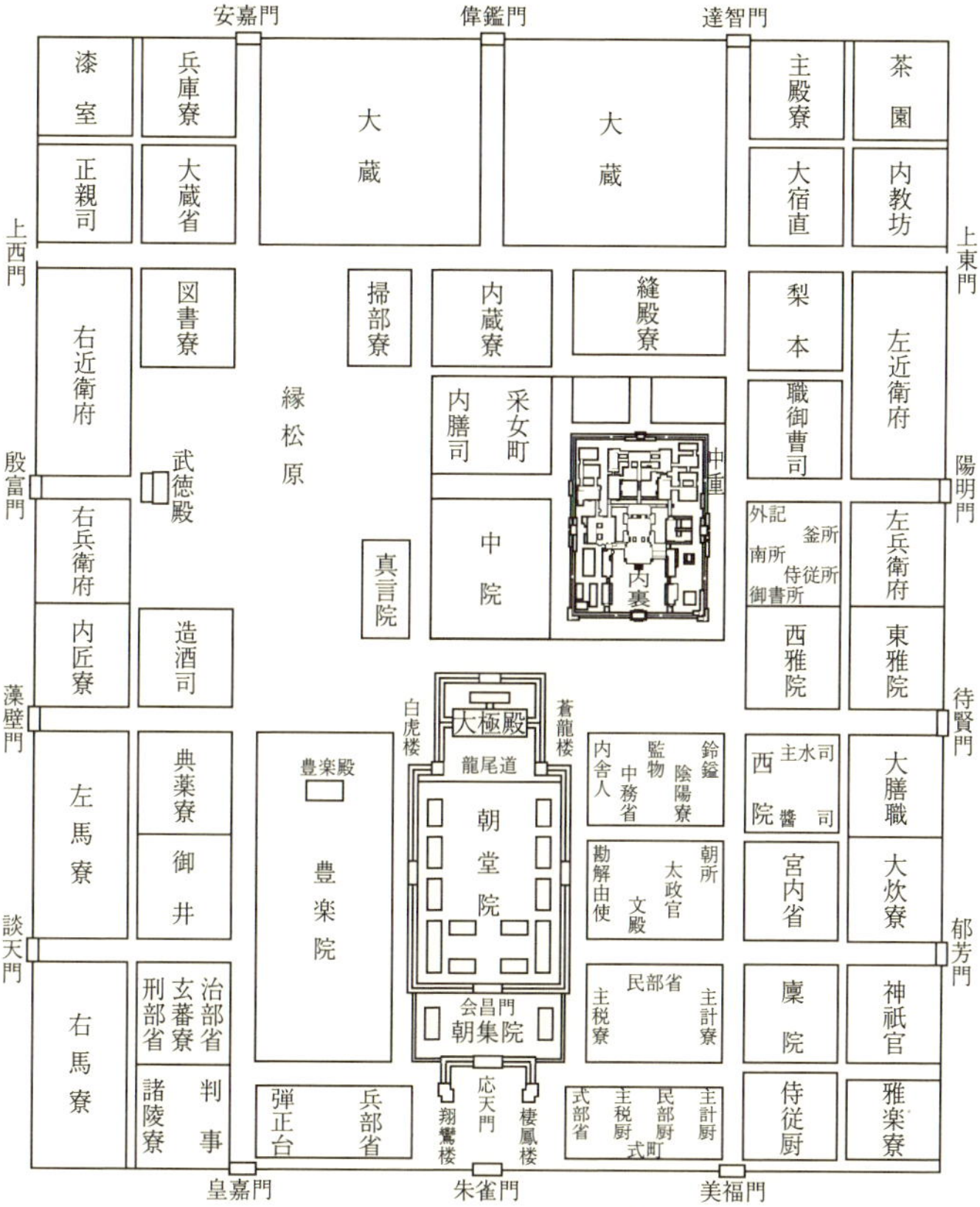

図6　平安時代後期の平安宮(宮城図に基づき作成)

に位置し[40]、また造営当初『年中行事絵巻』に描かれた正面規模の大きな重層建物であったが、屋瓦《おくが》は長岡宮などからの搬入であったと推定されている[41]。一方、国家的饗宴施設である豊楽院は内裏や朝堂院と異なり新たに焼成された瓦が葺《ふ》かれ、基壇外装の凝灰岩切石《きりいし》も新造品であるなど[42]、豊楽院造営の遅れと平安宮での新造という文献史料の検討から得られた研究成果[43]を支持している。また豊楽殿と後殿《こうでん》清暑堂の調査では豊楽殿の規模が確定し、当初豊楽殿は独立した建物として造営され、のちに清暑堂が北に建設され、さらに九世紀後半になって豊楽殿と清暑堂を結ぶ廊が一体造営され、朝堂院における大極殿・小安殿と同様の工字型構造ができあがることがわかった。

平安宮で初めて造営された常設神殿中院の存在が想定される場所では、その中央と推定される地点で東西四〇メートル以上の広がりをもつ厚さ一メートルの掘り込み地業が確認されたことが最も注目される。版築《はんちく》の状況から、瓦葺建物の基壇ではなく、中院の中心建物神嘉殿《しんかでん》の建築に伴うものかと考えられている(44)。その位置は宮城図における神嘉殿の位置とずれ、平安宮の中軸線上にあることから、当初の神嘉殿が中院の中心に建てられ、のち中心を避け東に位置をずらして建て直された可能性がある。

武徳殿、内裏の周囲を繞る中重《なかのえ》などは発掘調査でも不明な点が多く、また平安宮の四周を繞る宮城垣や宮城門なども、西面宮城垣で一部が確認されたにとどまる。

さて、これまで宮都の構造的変化を歴史的に理解しようとする研究では、内裏と大極殿院・朝堂院の分離、大極殿・大極殿門の宮城での位置などに注目して天皇と公卿《くぎょう》の聴政や儀式の場を考え、天皇制や貴族制、官僚制を論ずるのが常であった。しかし奈良時代末から平安時代初め、平安京・平安宮の成立に至る宮都の変遷に関し近年明らかとなってきた諸事実は従来の理解に大きな変更を迫るだけでなく、内容的に豊かで多様な事実を基にした新しい宮都研究を求めている。

二　官僚制の変質と平安京・平安宮

かつて長山泰孝は、大和政権以来の伝統を有する古代貴族が藤原氏を除き九世紀には没落するに至る歴史的事実を、井上光貞が提唱した氏族制と律令制の二元的構造論(45)を用いて説明しようと試み、その要因を律令制の貫徹によって氏族制が衰退したことに求めた(46)。それはまた、九世紀をのちの公家社会に繋がる平安貴族社会形成の起点とするとの見通しによる考えでもあった。長山の理解には古代国家の権力構造を巨視的に捉える上で重要な論点が多数示され、特に八世紀末・九世紀初めを理解する上で今日もなお有効な捉え方の一つである。

長山の考えは佐藤宗諄や笹山晴生らの研究[47]と相まって平安初期政治体制論と呼ばれ、狭義の政治史のみならず王権論、貴族社会論、儀礼研究などの諸分野に大きな影響を与えたが、特に、早川庄八・林陸朗らによって桓武朝を再評価する研究[48]が太政官符の形態や宣命《せんみょう》の内容、郊祀などに注目して進められ、桓武を奈良時代の天皇と異なる中国的な専制君主と理解する考えが示された。[49]

歴史の転換点をどこに求めるかは研究者それぞれの拠って立つ研究の基盤と歴史の全体的展望にあり、奈良時代後半、称徳朝に既に変革が始まったとする考えや平安時代の始まりを嵯峨朝に求める見解など多様であるが、おおむね桓武朝から嵯峨朝にかけての平安時代初めを王権と貴族社会にとっての転換期とする認識は、今日ほぼ学界で共有されている。ここでは、八世紀末から九世紀初めの転換期に官僚制が変質した具体相を、近年大きく前進した官僚制研究の成果を承け、前章で述べた平安京・平安宮の成立と関わらせて述べる。

1　天皇制の変容と太政官制

太政官制を長きにわたって混乱させた原因の一つに、天皇制自身が抱える譲位と太上天皇の問題があった。[50] そして「藤原」京に始まる宮都の歴史で、宮城が最も大きく変化したのも、天皇の内裏と太上天皇の宮の関係であった。藤原宮や奈良時代初めの平城宮では、太上天皇の宮は内裏に寄生するかのような存在であった。それは、太上天皇が皇位の確実な継承と天皇の後見のために、譲位の制度とともに唐の太上皇をもとに生み出されたからである。

しかし太上天皇は次第に実質的な二人目の天皇となってゆき、初めてそれが現実の問題となったのは、天平一六年(七四四)二月難波を皇都とするとの太上天皇元正の勅を左大臣橘諸兄《たちばなのもろえ》が宣した時である。この時聖武は難波から甲賀に遷幸していたが、太上天皇は橘諸兄とともに難波宮に残り、彼を通じて宣勅させているので、左大臣以下太政官機構の一部は太上天皇のいる難波宮にあり、薬子《くすこ》の変の「二所朝廷」と似た状況になったのではないかと考えられる。

天皇と太上天皇が初めて宮を別々に営んだのは恭仁宮においてであった[51]。恭仁宮では二人の宮を大極殿院北に並置したが、両者が対立するに至る芽は既にここにあった。しかし最終的に元正が皇都宣言をした難波宮から、聖武のいる甲賀宮に移御することで二人が決定的に対立する事態は避けえたが、元正を迎えた甲賀宮でも、内裏に正殿級の大型建物二棟を東西に並置していた[52]。

そののち天皇と太上天皇の宮が東西に並置されたことが明確なのは、淳仁と太上天皇孝謙の場合である。天平宝字年間の平城宮大改作によって二人は保良宮に遷居していたが、道鏡をめぐって対立するに至り、天平宝字六年(七六二)五月急遽未完成の平城宮に戻ると、淳仁は中宮院(内裏)、孝謙は法華寺に入御した。しかしのちに孝謙が平城宮の西宮に移御したことによって、平城宮で天皇の中宮院と太上天皇の西宮が東西に並存することとなった(図1)。以後天皇と太上天皇はさらに対立を深め、六月には太上天皇が天皇の権力のうち大事と賞罰の権を掌握し、天皇は常祀と小事のみを行いうるに過ぎなくなった。天皇はその後も権力の源である内印《ないいん》と駅鈴《えきれい》を保持し続けたが、太政官を介さずに勅旨を宣伝する官人を指名し中宮院に侍候させていることから、太上天皇による太政官機構の掌握が強力に進められたと考えられる。ただ両者の対立、二人の天皇の矛盾は、八年九月に起こった藤原仲麻呂の乱で太上天皇が勝利したため、解決されずに先送りされた。

天皇と太上天皇の二人が宮城内で東西に並んで宮を営むことこそ譲位と太上天皇の制度の到達点であり、桓武も基本的には長岡・平安両宮でこの伝統を継承しようとしたと考えられる。淳仁・孝謙のときは両宮を東西に並置しただけであったが、桓武はそこに新たな創意を加えた。前章で述べたように、長岡宮では大極殿院の東西に並べ

（図4）、平安宮では中院の東西に並置する（図6）構想であったのではないかと考えられる。奈良時代中頃以来の二人の天皇の宮のあり方をそのまま継承するのではなく、平安宮で皇祖神の祭祀を行う神嘉殿を宮城の中心に置く中院を創設し、その東西に天皇と太上天皇の宮を並置しようとしたのは、この時期伊勢神宮と様々な交渉があったことを含め皇祖神を特に重要視した措置[53]であった。

しかし桓武はついに譲位することなく在位のまま崩御し、次の平城も譲位後平城宮に太上天皇宮を営み遷都しようとしたため、結局平安宮で太上天皇宮が造営されることはなかった。弘仁元年（八一〇）九月に勃発した薬子の変で、嵯峨と太上天皇平城の対立は平城が平城遷都を敢行せんとする前代未聞の事態となるが、そのような「二所朝廷」の状況を生み出したのは太政官機構が天皇のみならず太上天皇にも仕えていたという現実であった。しかし天皇が太上天皇に勝利したことで天皇の優位が確定し、またやがて嵯峨が譲位に当たって宮城を退去して冷然院に移ったため、太上天皇宮の造営予定地であった中院西方の地はそのまま空閑地として取り残され、やがて縁の松原と[54]呼ばれるようになった[55]のではなかろうか（図6）。

このように天皇と太上天皇二人の宮が宮城内で並置される事態は、奈良時代中頃に兆し淳仁朝で頂点を迎え、平安時代初めに造営された長岡・平安両宮へと継承された。しかし薬子の変を経て天皇の太上天皇に対する優位が確立され、太上天皇が譲位後宮城から退去するようになったことで最終的に解消された。これによって二人の天皇に仕える太政官機構はただ一人の天皇を奉仕の対象とするようになった。

2　内裏の変貌

天皇の居所内裏では、奈良時代末の平城宮で光仁朝に皇后宮を包摂し（図2）、次いで桓武朝には後宮を成立させ（図2）、ここに初めて天皇とキサキたちの同居が実現した。光仁による皇后宮の包摂は、女系で天武系皇統に繋がり、かつ天智系皇統との合一を象徴する点で政治劇的な性格をもつが、桓武が行った後宮の成立は自らの皇統による安定的な皇位継承を意図し、同時期に成立した女御制や後宮の規模拡大とも符合する一連の政治的施策であった。

しかしこれらの事態はさらに内裏に新たな状況を生み出した。まず光仁朝で皇后宮が内裏に包摂されたことによって、皇后宮職の官人や皇后宮の女孺《にょじゅ》たちが職務のため内裏の皇后宮に日常的に出入りするようになった。これまで内裏で天皇近侍の役割を独占的に担ってきた宮人《くにん》たちとのあいだで様々な軋轢を起こしたことは容易に想像できる。またやがて皇后主催の行事が皇后宮で行われるようになると、職官人《しきのかんじん》や宮女孺だけでなく、後宮や宮人も次第にこれに関わるようになり、推古朝以来の宮人は大きく変貌してゆくことになった。(56) そして桓武朝にはより多くの後宮とそれに仕える女竪《にょじゅ》が内裏で生活するに至り、変化の速度は一段と増すとともにその質も大きく変わっていった。嵯峨朝になって橘嘉智子《かちこ》が皇后に冊立されたのを機に、皇后を頂点とし後宮や宮人、内命婦《ないみょうぶ》・外命婦《げみょうぶ》らから成る後宮組織が構築された。

宮人から女官への変化は、男性同様の官人化であるとする理解(57)もあるが、上述したような内裏の質的変化、すなわち「開かれた内裏」の確立(58)が直接的原因であると理解すべきで、内裏が開かれるには皇后・後宮の天皇との同居、彼女たちに奉仕する男女の内裏居住・侍候も大きな要因であった。

桓武朝の平城宮で生まれた内裏の構造は長岡宮を経て平安宮に引き継がれ、嵯峨朝で殿閣および諸門の号を改める施策によって固定化され、今日に伝わる内裏図に描かれた構造をもつ内裏となった。嵯峨から淳和ころまでは、内裏の殿舎は嵯峨朝で確定した機能を果たしていたが、皇后をもたない天皇が続くようになり、また仁明が仁寿殿を避け清涼殿に移居し、やがて宇多以降常御殿《つねのごてん》が清涼殿に定まった結果(59)、皇后宮・後宮の殿舎もまた本来の機能と異なり、後宮の空間であった内裏西北隅の殿舎を皇后・中宮が居所としたり、皇太后らが皇后宮を使うなど、平安文学作品にも記されたような利用状況に変化していった。

天皇が仁寿殿から清涼殿に移り住み、日常的に清涼殿で東面するようになったことで、内裏の中軸線を対称の軸として東西の空間が異なる性質を帯びるようになった。すなわち南北中軸線以西の空間が天皇の居所清涼殿を中心に公卿や昇殿が許された貴族たちだけが入りうる制限された空間となったのに対して、以東の空間は公卿のみならず執務によって弁史や外記《げき》たちも参入できる空間に変化した。九世紀末に内廷諸機関が清涼殿近くに位置した蔵人所を中心に再編成され、所々別当制を通じて掌握されるようになったのはこのことと深く関わる。一方、東の空間にあって本来天皇に近侍していた内侍司は天皇の常御殿から遠ざかり、やがて九世紀を通じて後宮十二司の機能も蔵人所によって代替され後退していった。(60)(61)

3　女性の政治・朝儀の場からの疎外

壬申の乱に勝利した天武は新たに岡本宮の南に造営した宮室に移ったのち、天武二年(六七三)五月官僚制に関する最初の重要な詔《みことのり》を出した。それは壬申の乱によって支配階層が混乱、縮小したため、自らを支える新しい支配階層を創出し確定するためであった。この詔で注目すべきは、男性の出身《しゅっしん》だけでなく、「婦女は有夫・無夫及び長幼を問ふことなく、進仕せむとねがふ者はゆるせ。その考選は官人の例に准《なぞら》へよ」(『日本書紀』天武二年五月乙酉朔条)と女性の進仕を勧めていることである。のち天武一一年四月支配階層男女に結髪《けっぱつ》の期限を指示した詔が出されたが、『日本書紀』編者は詔に続けて「婦女の馬に乗ること男夫のごときは、それ是の日に起こるなり」(『日本書紀』天武一一年四月乙酉条)と記した。結髪が乗馬と深く関わることは、翌々年の閏《うるう》四月に「女年卌《四〇》以上、髪の結ふ結はざる及び馬に乗ること縦横、並びに意のままなり」(『日本書紀』天武一三年閏四月丙戌条)と命じた詔にもうかがえ、男性の乗馬・結髪が支配階層の身分表示であったように、これらの施策は支配階層の女性が男性と共に天皇に仕える身分であったことにかかわる問題であった。(62)

女性の貴族や官僚たちが男性に交じって儀式や饗宴に参加し、朝庭に列立し朝堂に着座する姿は、奈良時代の史料にわずかながらうかがうことができる。養老衣服令には、内親王、五位以上の女王・内命婦・外命婦らが大嘗・新嘗・元日朝賀に礼服を着し、頭に宝髻《ほうけい》を結い、位色《いしき》の衣裳をつけ、また四孟朔《しもうさく》(四季の最初の月のついたち)でも礼服着用時の宝髻や褶《ひらみ》などを除いた位服で参加するとの条文がある。また『続日本紀』には女性が実際朝儀に参加していたことを示す痕跡が残されている[63]。そのなかで女性が成選叙位儀《じょうせんじょいのぎ》に男性貴族と共に参加し、位によって朝庭に列立していた事実は重要である[64]。成選叙位儀では、天皇の前に男女の官僚が列立し、氏名と位階を呼び上げられることによって、支配階層への帰属と、支配階層内での序列を確認した。女性貴族も男性と同じように官人制の基本である考課と成選を受け天皇に奉仕する存在であった。

しかし、桓武朝に入ると大きく事態は転換し、女性は儀式・饗宴などの場から疎外されるようになった。成選叙位儀では従来の成選叙位儀を受け継いだ男性の儀式と女性専用の儀式、女叙位の二つの儀式に分裂した[65]。

さらに注目すべきは朝賀儀の分裂である[66]。元日朝賀儀は天皇の即位式である即位儀とともに古代で最も重要な国家儀礼で[67]、平安時代前半の儀式書などには、四種の朝賀儀、すなわち一日に天皇と皇后が大極殿に出御《しゅつぎょ》し朝堂院で行う元日朝賀儀と、二日に天皇は出御せず皇后のみが出御して皇后宮を中心に行う皇后受皇太子朝賀・皇后受群官朝賀・皇后受女官朝賀の三種の朝賀儀が規定されている[68]。元日朝賀儀は、本来毎年正月一日から三日のうちいずれかの日に、天皇と皇后が並んで大極殿に出御し、皇太子と男女の貴族・官人の朝賀を受けていた。しかし平安時代初めには、受朝は天皇だけが行い、実際には皇后はもはや大極殿に出御せず[69]、女性の貴族や官人たちも朝堂院に参列して天皇・皇后に朝賀を行わなくなり、元日朝賀儀は天皇と男性の貴族・官人のあいだでだけ行われる儀式となった。これに代わって二日に皇后が皇后宮で皇太子、群臣(男性の貴族・官人)、女官(女性の貴族・宮人ら)の朝賀を単独で受ける三種の朝賀儀が成立した。このような過程をへて皇后は国家的儀礼の場に天皇と共に出御することはなくなり、次第に内裏の皇后宮を中心とした空間に行動の範囲が限定されていった。[70] 当然このような事態には皇后の性格・機能の変化も大きく影響していた。

女性の政治の場からの疎外は、上述した奈良時代末の平城宮で起こった内裏への皇后宮・後宮の包摂(図2)と深く関わっている。特に空間としての後宮の設置は女性貴族としての後宮のあり方を大きく変え、専ら皇嗣を得るための存在となっていった。皇后も天皇の正妻として、自らを頂点とした女性の世界に臨む存在となり、女性貴族は儀式から疎外され厳密な意味では天皇の臣下といえなくなり、むしろ皇后を頂く女性の世界のなかに位置づけられてゆくことになる。このようにして、天武朝以来採られてきた男女の貴族・官人を基盤とする官僚制は大きく転換することとなった。

この背景には桓武朝における男女隔別、風俗粛正の政策推進があった。桓武は平安遷都後、北辰祭など人々が集まる公私の場での男女混淆、上下無秩序の状況を問題視し、男女を隔別し、風俗を回復するための法令をしばしば下した。[71] その思想的な基盤には「男女に別あるは、礼典の崇ぶところにして、上下に差なきは、名教すでに欠く」(『日本紀略』『類聚国史』延暦一六年七月甲午条勅)との儒教的思想があった。

4　公卿の侍臣化と聴政の場の変化

律令制下では太政官以下諸司はまず朝堂院で執務を行い、しかるのち曹司で行うのが原則であり、朝堂院には諸司が座に就き執務する十二朝堂が置かれた。公卿たちは東六堂のうち北の二堂(平安宮の昌福・含章両堂)で中務《なかつかさ》・式部・兵部《ひょうぶ》三省や弁官などの申政を聴いて処分を行い、朝堂院での執務を終えたのちさらに太政官曹司に移って執務を行った。[72] 当初は天皇も大極殿に出御し、大納言によって行われる太政官の奏を聞き、内侍を介して勅を仰せていたが、次第に天皇の出御はなくなり、内裏で聴政するようになった。そのため公卿や太政官の官人たちは天皇の裁可をうるため奏聞を内裏で行い、また裁可の結果作成された太政官符への内印踏捺《とうなつ》で内裏に入るようになった。

延暦一一年(七九二)一一月長岡宮で太政官の五位以上(公卿・弁・少納言)について、朝座(朝参)上日《じょうじつ》への内裏上日の通計を認める宣旨《せんじ》が出された。太政官の五位以上が朝堂院の朝座で執務せず内裏に侍候した場合の上日の扱いをめぐって大同・弘仁年間に出された宣旨に揺れがあるが、公卿や弁・少納言は行事がない場合でも内裏に侍候するようになり、官僚として最も重要な勤務評定と給与支給の基本条件である上日を蔑ろにするまでになった。

公卿たちの内裏侍候の日常化も上述した「開かれた内裏」を実現する要因となったが、逆に公卿たちは内裏=天皇に吸い寄せられていったともいえる。天皇のもとに日常的に、しかも行事もなく侍候する姿はのちの昇殿制下における公卿・蔵人・殿上人らに通じ、延暦年間には公卿たちの侍臣化が始まった。

公卿らの内裏への日常的侍候は朝堂院での聴政を衰退させ、次第に朝堂院での執務も特定の日・月に限定され儀礼的になっていった。朝堂院での執務の衰退は太政官曹司での執務を重要にさせたはずであるが、公卿たちは太政官曹司での執務も疎かにするようになり、すべてが内裏へ集中していった。

平安時代前期の儀式書『内裏儀式』に載せられている儀式(現伝の『内裏儀式』は五月五日の観射で終わり、これ以降に行われる儀式を記さない後欠の書である)はほとんどが内裏で行われることになっているが、内裏での儀式を執り行ったのは大臣(のちの内弁《ないべん》、閤内大臣)であり、大臣を除く参議以上は内裏での儀式における主たる参列者であった。内裏での天皇の動静を主とした御所記録の作成は中務省の内記《ないき》が行っていたが、弘仁六年(八一五)正月から外記も内裏での儀式に際し記録を取り、大臣の顧問に備えることになった。内裏での儀式を大臣が執り行うことを契機として外記は内裏に伺候するようになった。

このような歴史的経緯のなかから外記政《げきせい》が生まれてくる。三省申政や弁官申政などは本来朝堂院で行われる政務であったが、内裏侍候の日常化によって公卿が朝堂院や太政官曹司で聴政しなくなったため、外記は公卿が日常的に侍候する内裏近くに候所《こうしょ》《さぶらいどころ》（太政官候庁、のちの外記庁）を設け（図6）、公卿の聴政を確実に行うようにしたが、当初それは制度外の存在であった。しかし弘仁一三年（八二二）四月には、候所での政務でとられる弁官・外記らの称唯《いしょう》作法を太政官曹司での作法と区別し略式で行うことを決め、候所での聴政を制度的に略儀として位置づけた。これが外記政の制度的成立である(73)。候所での公卿聴政がそれ以前に遡ることはもちろん上述のとおりである。なお、外記が諸司を候所に召して下す宣旨が弘仁年間に初出することから、ほぼ同じころに外記庁が成立したとの推定(74)もある。

律令制は文書を用いて政務を行う文書主義が基本であるが、公卿の聴政で主要な政務、三省申政や弁官申政などは奈良時代以来の口頭で読申《とくしん》と処分を行う様式が原則で、朝堂院や太政官曹司での聴政はもちろん平安時代初めには行われていた候所での聴政も口頭によって行われた。しかし奈良時代を通じて次第に文書主義が浸透してくると、平安時代初めに諸司では史生《ししょう》が職・寮・司などの実務担当官司に一気に配置されてゆき、太政官でも聴政の様式に変化が生じ、口頭による聴政から文書を用いた申文刺文《しんぶんしぶん》と呼ばれる政務の様式が生まれた(75)。吉川真司(76)によれば、口頭による聴政は音声による共同意思の形成に必要な政務の様式であった。しかし八世紀後半から九世紀初めにかけて上卿《しょうけい》による単独決裁に変わり、それに適応した政務様式として申文刺文が生まれた。これは単なる聴政の様式の変化にとどまらず、その背後に文書主義の浸透による官司の構造の変化（上級官人と実務官人との分離）、官司運営理念の変容（「共知」「参議」理念の変容）(77)という大きな転換があった。そして、やがてそれは一〇世紀に向けて様々な新しい制度を生み出してゆくことになる。

5　使・所の常置化と別当制の始まり

奈良時代には太政官制の枠内に常置の令外官司《りょうげのかんし》が設置され、律令施行後の様々な事態に対応した。しかし平安時代に入ると新たに令外官司を設けることはなくなり、代わって常置の官司でなかった使《し》や本来官司の内部組織であった所《ところ》などが、太政官制の枠外に律令官司と系統を異にする組織として置かれ、常置化されていった。

使は文字通り中央から地方や外国に派遣された使者が本義で、律令に規定のある太政官の巡察使以外に、節度使・征夷使・征東使や遣唐使・遣新羅使のように天皇から全権を委任され派遣された軍事・外交使節など、臨時に編成されて派遣され、所期の目的を達したのち解散される非常置の組織であった。

しかし平安時代初めに設置された勘解由使や検非違使は中央の職として、やがて常置化され国家を支える組織となってゆく。検非違使は弘仁七年(八一六)頃、指名を受けた左右衛門府の尉《じょう》二人と府生《ふしょう》二人からなる小規模な専門組織として設置されたが、九世紀後半の貞観年間を画期として、本来衛府《えふ》がもっていた軍事的機能とともに、弾正台や刑部省《ぎょうぶしょう》・囚獄司など司法関係諸司の機能を吸収して組織・職務の拡充が図られ、京中の治安維持に必要な警察・裁判両権を一手に掌握するに至る(78)。また勘解由使は、館舎が太政官曹司に設けられたように、延暦一六年(七九七)頃の設置時には、弁官の機能の一部を分離独立させた専門組織であったが、やがて天長元年(八二四)再置以降、常置化とともに組織・職掌が整備・拡充されていった。両使は別当を介して天皇に直接上奏しうる権限を有し、その点で軍事や外交のために派遣された使と同じであった。

太政官制外で天皇に直結した組織が常置化され、規模の拡充、機能・権限の拡大が行われることによって、太政官制とその下にある諸司の機能や権限は次第に低下してゆくこととなった。特に行政を集中的に管理する機能を期待されていた弁官の機能低下は著しく、弁官に代わって外記の機能が拡大され、太政官における人事面や使・所の統率を進めていった(79)。また天皇が血縁や人格で直接的に結びついた公卿や弁官らをこれらの別当に任じ、彼らを介して政治を主導する、太政官制とは全く異なる別当制もこのころ始まった(80)。

一方、奈良時代から官司内の下部組織として置かれていた所は、蔵人所を代表として国家組織運営のため表舞台に登場するようになる。蔵人所は本来、天皇供御《くご》や殿上使用の物品の徴収・保管・管理・出給を担当する存在であったが、九世紀を通じて蔵人所・蔵人が内侍司・内侍に代わって内裏、内廷、そして天皇家家産の掌握を推し進めてゆく。そして一〇世紀以降蔵人を所々の別当に当て多くの所々を管轄下におく所々別当制が成立したことによって、蔵人所が内侍司に代わって天皇の勅を奉じ、内裏に伺候する諸司や所々の官人に対して召仰《めしおおせ》によって様々な政務の指示を出すようになっていった。(81)

6 氏の変質と新しい家の創出

天智・天武両朝から大宝律令制定までの間に、氏《うじ》は国家の支配階層を構成する新しい政治組織として確定されていった。氏は原則、畿内に本拠地をもつ父系の出自集団で、律令制定後には忌寸《いみき》以上の姓《かばね》を有し、五位《ごい》以上の貴族を出すことで支配階層の一員たりえた。律令官僚制の建て前は、貴族・官人個人を対象に位階と官職を与え個人として天皇に奉仕することになっていたが、現実は律令制定時すでに諸氏中の有力な氏々が国家の要職を占め(参議制の成立)、それを再生産しうる(官人の任用・昇進における族姓の重視、蔭位制《おんいせい》など)体制が構築されていた。(82) また三位《さんい》以上の貴族個人を対象に設置された公的家《いえ》も、五位以上への宅《たく》の設置によって一つの氏に一つの家とされ、氏と原理的に重複する存在であった。しかし八世紀に氏は父系出自集団としてさらに深化し、細分化・再編され、八世紀末から九世紀初めに構成原理を両属性から父系へと大きく変えるとともに、内部に永続する経営体に転化していない未熟な家を含む新しい氏となっていった。(83) このような畿内に根拠をもつ氏の変質は、山背への遷都によって畿内の氏が特に拠っていた大和から切り離されていったことと関わりをもち、畿内自体が崩壊してゆくことに繋がる。

ほぼ八世紀を通じ、氏がまだ律令制以前から続く特定の職掌と結びつけられ、特定官司の官に任ぜられる体制が存続していたが、八世紀末から九世紀初めにかけてこのような体制は氏の変質によって崩壊していった。

諸陵寮は天平元年(七二九)天皇・皇后・外戚らの陵墓管理を主な職掌とする諸陵司が昇格して成立したが、その四等官《しとうかん》の任官には顕著な特徴がある。[84] 宝亀二年(七七一)まで、他氏を圧倒して土師《はじ》氏が諸陵寮四等官に任じられ、氏として諸陵寮の実務を実質的に担っていたといってよい。土師氏は律令制以前天皇の喪葬をつかさどり、律令制下では諸陵司の伴部《ともべ》土部《はじべ》の負名氏《おいなのうじ》となった。しかし宝亀二年以後土師氏に代わって王氏《おうし》や真人《まひと》姓の任官が続き、延暦二三年(八〇四)以降は藤原氏を中心に諸氏から任ぜられるようになる。これは諸陵寮が土師氏の担う官司から特定の氏に依存しない律令的原理に基づく官司となったことを意味する。

土師氏は臨時に陵墓に派遣される献物・奉幣などの使に単独あるいは他氏とともに任ぜられたが、その最後が宝亀三年である。時期は下るが、延暦一六年には土師氏は荷前使《のさきのつかい》への任命を忌避・辞退し、また凶事である喪葬と関わることを太政官符によってとどめられている。[85] また天応元年(七八一)先祖の業を伝える土師の名を棄て居地の名によって菅原と改めたのを皮切りに、九世紀中頃までに次々と土師を棄て菅原・秋篠・大江に改めて陵墓の管理と祭祀などに当たる氏としての伝統を放棄し、また姓を伝統ある職掌を果たす氏に相応しい宿禰《すくね》から天皇に仕える官僚に適した朝臣《あそみ》へと替え、新しい菅原・秋篠・大江の三氏となっていった。

一方、公的家は男女を問わず貴族個人を対象に設置され、三位以上を帯びる女性(聖武の藤原南北両夫人)の家の存在と経済活動・写経事業を、八世紀半ばにも確認できる。これは夫婦が同居せず、別産を基本として別々の家を構成する支配階層のあり方により、そのような貴族夫婦のあり様は死後にも及んだ。[86]

「藤原」京や平城京では、貴族は本貫《ほんがん》(本籍地)や氏の本拠地と関わりなく、大和国の盆地縁辺に設けられた葬地に埋葬されたが、夫婦がともに貴族である場合でも、夫婦であることと関わりなくそれぞれ郡を異にする遠く離れた葬地に埋葬された。長岡京でもこの原則は守られたが、平安遷都後、貴族夫婦の墓は夫婦別墓であっても同郡・同郷に営まれ、あるいは郡を異にした場合でも近接して営まれ、さらに同氏夫婦では兆域《ちょういき》(墓域)を共有する墓も出現した。この変化は、夫婦がともに貴族である場合でもそれぞれを貴族として別個に埋葬する方針を捨て、新たに夫婦を一つの単位とする埋葬が行われるようになったことを意味する。

ここで特に注目されるのは藤原百川・諸姉夫婦の場合である。藤原百川は宝亀一〇年(七七九)平城京で死去しているから、その墓は平城京にともなう大和国の葬地に営まれたはずであるが、『延喜式』巻二一諸陵寮所載の陵墓の歴名では夫婦の墓を相楽郡《さがらかぐん》に所在すると明記している。百川に改葬地として山城国相楽郡の田を与えたのは平安遷都後の延暦一六年であるが、平安京の葬地が相楽郡に設定されたことは他にうかがえない。むしろ相楽郡は長岡京の葬地であったと考えられることから、延暦五年に長岡京で亡くなった妻諸姉が先に相楽郡に葬られ、そののち延暦一六年になって百川が妻の埋葬地である相楽郡に改葬されたと推定できる。百川・諸姉夫婦の事例が同じ墓や近接した墓に貴族夫婦を葬った最初の事例であることに注目するなら、桓武の強い意思で百川改葬を梃子として、貴族夫婦が公的家を前提に死後もそれぞれ個別の墓を営むのを改め、死後には夫婦を同じ墓あるいは互いに近接した墓に葬ることに変えたと考えられる。これはまさしく夫婦二人からなる新しい家の創出を意味した。上述した男女隔別政策と表裏一体をなす形でここにも儒教的思想の存在を認めることができる。桓武はまさに新しい貴族社会を築く原理として儒教的思想に大きな役割を期待していたといえよう。

おわりに

奈良時代末から平安時代初めに行われた官僚制の再編は、いずれも内裏=天皇を中心に進められた点に共通する特徴がある。

(1) 天皇制が抱えていた譲位と太上天皇制の矛盾は平安時代初めに克服され、太上天皇が譲位とともに宮城を去り独自の組織をもつ院に住むようになって、太政官制は天皇のみに奉仕する体制に一元化された。また天皇の居所内裏では奈良時代末に皇后宮と後宮が相次いで成立し、天皇とキサキたちの内裏での同居が始まったが、それは女性が最終的に政治の世界から疎外され、政治の場から姿を消すことを意味した。そして、やがて皇后を頂点とする新たな女性の世界が平安時代初めの内裏で形成されることになった。奈良時代、天皇・太上天皇・皇后は皇権の掌握をめぐってしばしば対立したが、平安時代初めに天皇の優越が確立され、それにともない官僚制も整序された。

(2) 奈良時代末頃から公卿が天皇の侍臣化するのにともない、朝堂院での政務はもちろん太政官曹司での執務も次第に形骸化し、代わって彼らが聴政する場を内裏近くに求め、外記・弁官も伺候する外記庁が成立し、やがて外記政が生まれた。これは太政官制の主要部分が内裏＝天皇に吸収されてゆくことを意味した。また律令制の原則である文書主義が浸透し太政官や諸司の構造・執務のあり方も大きく変化した。この過程で八省の形骸化、官人の上下分化が進行するとともに、太政官制の枠外に使・所を設け別当を置いて、天皇が直接これらを掌握する別当制が生み出された。奈良時代末から平安時代初めにかけて起こった官僚制の変質は、政治の姿を次第に平安時代中期以降のあり方へと近づけていった。

(3) (1)(2)のような変化が生じた背景には、律令制を実質的に支えていた氏や律令制の建て前を最もよく表していた公的家など支配階層自体の大きな変化があり、さらにそこには中国風の儒教的思想を国家の基本に据えようとする桓武の強い意思も働いた。

長岡・平安両宮都は、ちょうど官僚制の再編期の初めに相次いで造営された。桓武は両宮都の造営を通じて自らの理想、伝統的な考えを中国的な思想で包み込み調和させようとし、安定した宮都を地上に実現しようとした。それが平安京と平安宮であった。

(1) 宮都は日本古代都城の固有なあり方(宮室から都城へ展開)を表す用語として岸俊男が提唱した。今日宮都は研究者のあいだで定着しているが、本稿では構造的に宮城と都城を区別し、両者を一体として表記するときに宮都と記す。
(2) 日本最初の宮都は藤原京と表記されているが、それは喜田貞吉が藤原宮に伴う宮都を書き表すために提唱した学術用語であって、藤原京と記した古代の確実な史料はない(喜田『帝都』日本學術普及會、一九三九年、同『藤原京』鵤故郷舎出版部、一九四二年)。本稿では日本最初の宮都を「藤原」京と記す(橋本義則「「藤原京」造営試考――「藤原京」造営史料とその京号に関する再検討」奈良国立文化財研究所『研究論集』XI、奈良国立文化財研究所学報第六〇冊、二〇〇〇年)。
(3) 虎尾達哉「律令官人社会における二つの秩序」『律令官人社会の研究』塙書房、二〇〇六年(初出一九八四年)。
(4) 市川理恵『古代日本の京職と京戸』吉川弘文館、二〇〇九年、北村優季『平城京成立史論』吉川弘文館、二〇一三年。
(5) 日本史研究者の本稿に関わる単著の主な研究業績を挙げれば、岸俊男『日本古代宮都の研究』(岩波書店、一九八八年)、同『日本の古代宮都』(岩波書店、一九九三年)、狩野久『日本古代の国家と都城』(東京大学出版会、一九九〇年)、鬼頭清明『日本古代都市論序説』(法政大学出版局、一九七七年)、同『古代木簡と都城の研究』(塙書房、二〇〇〇年)、今泉隆雄『古代宮都の研究』(吉川弘文館、一九九三年)、橋本義則『平安宮成立史の研究』(塙書房、一九九五年)、同『古代宮都の内裏構造』(吉川弘文館、二〇一一年)、寺崎保広『古代日本の都城と木簡』(吉川弘文館、二〇〇六年)、等がある。また、考古学研究者による主要な研究単著には、山中章『日本古代都城の研究』(柏書房、一九九七年)、同『長岡京研究序説』(塙書房、二〇〇一年)、林部均『古代宮都形成過程の研究』(青木書店、二〇〇一年)、小澤毅『日本古代宮都構造の研究』(青木書店、二〇〇三年)、井上和人『古代都城制条里制の実証的研究』(学生社、二〇〇四年)、同『日本古代都城制の研究――藤原京・平城京の史的意義』(吉川弘文館、二〇〇八年)、堀内明博『日本古代都市史研究――古代王権の展開と変容』(思文閣出版、二〇〇九年)、山田邦和『京都都市史の研究』(吉川弘文館、二〇〇九年)、網伸也『平安京造営と古代律令国家』(塙書房、二〇一一年)、國下多美樹『長岡京の歴史考古学研究』(吉川弘文館、二〇一三年)、等がある。
(6) 坂上康俊「日唐律令官僚制の比較研究」(大津透編『律令制研究入門』名著刊行会、二〇一一年)で、中央官制を対象に、日唐比較研究の視点を採り入れたまとめがある。
(7) 奈良時代後半から平安時代初めの官僚制の変質について、主な単著の研究業績を挙げれば、早川庄八『日本古代官僚制

の研究』(岩波書店、一九八六年)、同『宣旨試論』(岩波書店、一九九〇年)、同『日本古代の文書と典籍』(吉川弘文館、一九九七年)、春名宏昭『律令国家官制の研究』(吉川弘文館、一九九七年)、古瀬奈津子『日本古代王権と儀式』(吉川弘文館、一九九八年)、吉川真司『律令官僚制の研究』塙書房、一九九八年、大津透『古代の天皇制』(岩波書店、一九九九年)、玉井力『平安時代の貴族と天皇』(岩波書店、二〇〇〇年)、佐藤全敏『平安時代の天皇と官僚制』(東京大学出版会、二〇〇八年)、大隅清陽『律令官制と礼秩序の研究』(吉川弘文館、二〇一一年)、等である。

(8) 奈良時代末期の平城宮改作については、橋本義則「平城宮の内裏」註5『古代宮都の内裏構造』(初出一九九一年)。

(9)「東院地区の調査――第五〇三次」(『奈良文化財研究所紀要』二〇一四、奈良文化財研究所、二〇一四年)では、東院地区の遺構変遷を六時期に分けて図化し、第六期の遺構群について復原案を示して楊梅宮との関連を検討している。

(10) 発掘調査成果については、奈良国立文化財研究所『平城宮発掘調査報告』XIII(内裏の調査II、奈良国立文化財研究所学報第五〇冊)一九九一年。また内裏の構造やその変遷の意義については、橋本義則「平安宮内裏の成立過程」(註5『平安宮成立史の研究』、初出一九九五年)、同「日本の古代宮都――内裏の構造変遷と日本の古代権力」(註5『古代宮都の内裏構造』、初出二〇〇六年)。

(11) 玉井力「女御・更衣制度の成立」『名古屋大学文学部研究論集』五六、一九七二年。

(12) 従来、平安宮の後宮は常寧殿を中心とする七殿から造られはじめ、承香殿や飛香舎・凝華舎が造営されたのは弘仁九年(八一八)以後のことで、五舎は必要に応じて建て増し整備されていったと考えられてきた(瀧浪貞子「平安京の移り変わり」吉村武彦・吉岡眞之編『新視点　日本の歴史　三古代編II』新人物往来社、一九九三年、加藤友康「平安遷都と平安宮の政務」西山良平・鈴木久男編『古代の都3　恒久の都　平安京』吉川弘文館、二〇一〇年)が、それは誤りである。

(13) 吉川真司「律令国家の女官」註7『律令官僚制の研究』(初出一九九〇年)。

(14) 笠井純一「「山城遷都」に関する疑問」『続日本紀研究』二二四、一九八二年。

(15) 山中章「都城の展開」「条坊制の変遷」註5『日本古代都城の研究』(初出一九九一・九三年)。

(16) 稲田孝司「古代都宮における地割の性格」『考古学研究』一九‐四、一九七三年。

(17) 山中章「長岡京東院の構造と機能――長岡京「北苑」の造営と東院」『日本史研究』四六一、二〇〇一年。

(18) 辻純一「長岡京条坊復原における一考察」(財)京都市埋蔵文化財研究所『研究紀要』第一号、一九九五年)、岩松保「長岡京条坊計画試論――均等宅地型モデルの場合」(財)京都府埋蔵文化財調査研究センター『京都府埋蔵文化財情報』第六一号、一九九六年)など。現在最も新しい修正案は、國下多美樹「長岡京型条坊制の新復原」(龍谷大学考古学論集刊行会『龍谷大学考古学論集』Ⅱ、二〇一二年)。

(19) 山中章は「北苑」と推測した(註17山中文献、註5山中『長岡京研究序説』)が、「北苑」と考えるには適合的でない(橋本義則「日本古代宮都の禁苑概観」橋本編『東アジア都城の比較研究』京都大学学術出版会、二〇一一年)。

(20) 堀内明博・古代學協會・古代學研究所編『(古代学研究所研究報告第7輯)東院跡の調査・研究』二〇〇二年、『(向日市埋蔵文化財調査報告書第55集)長岡京跡左京北一条三坊二町』(財)向日市埋蔵文化財センター、二〇〇二年。

(21) 清水みき「長岡京造営論――二つの画期をめぐって」『ヒストリア』一一〇、一九八六年、山中章「長岡京の諸段階「宮城中枢部の構造」註5『長岡京研究序説』(初出一九九五・九六年)。

(22) 國下多美樹「長岡京――伝統と変革の都城」吉村武彦・山路直充編『都城　古代日本のシンボリズム飛鳥から平安京へ』青木書店、二〇〇七年、梅本康広「長岡京」註12『古代の都3　恒久の都　平安京』。

(23) 古閑正浩「長岡京の造瓦組織と造営過程」『考古学雑誌』九五-二、二〇一一年。

(24) 國下多美樹・中塚良「長岡宮の地形と造営――丘と水の都」(財)向日市埋蔵文化財センター『都城』一四、二〇〇三年。

(25) 『(向日市埋蔵文化財調査報告書第75集)長岡宮「翔鸞楼」・修理式遺跡』(財)向日市埋蔵文化財センター、二〇〇七年。

(26) 金子裕之「長岡宮会昌門の楼閣遺構とその意義」『古代都市とその形制』奈良女子大学二一世紀COEプログラム報告集Vol. 14、二〇〇七年。

(27) 註7大津文献・大隅文献。

(28) 『(向日市埋蔵文化財調査報告書第91集)長岡宮推定「西宮」』(財)向日市埋蔵文化財センター、二〇一一年。

(29) 國下多美樹「内裏の構造」(註5『長岡京の歴史考古学研究』初出二〇〇七年)で、「西宮」を大極殿の西に求める考えが発掘調査に基づき示されていたが、「西宮」に想定する具体的な遺構には訂正が必要となった。

(30) 古瀬奈津子「宮の構造と政務運営法――内裏・朝堂院分離に関する一考察」註7『日本古代王権と儀式』(初出一九八四

年)、吉田歓「天皇聴政と大極殿」『日中宮城の比較研究』吉川弘文館、二〇〇二年(初出一九九九年)。
(31) 註29國下文献。
(32) 註12加藤文献。
(33) 辻純一「条坊制とその復元」角田文衞監修(財)古代学協会・古代学研究所編『平安京提要』角川書店、一九九四年。
(34) 網伸也「平安京の造営計画とその実態」註5『平安京造営と古代律令国家』(初出一九九九年)。
(35) 上村和直「平安京の変容」『帝塚山大学考古学研究所研究報告』XIV、二〇一二年。
(36) 横山卓雄「京都盆地の自然環境」註33『平安京提要』、八賀晋「古代都城の占地について——その地形的環境」京都国立博物館『学叢』創刊号、一九七九年。
(37) 註34網文献。
(38) 上村和直「平安宮の衰微」(財)京都市埋蔵文化財研究所『研究紀要』一〇、二〇〇七年。
(39) 網伸也「平安京の構造」註12『古代の都3 恒久の都 平安京』。
(40) 家崎孝治「平安宮大極殿の復原」杉山信三先生記念論集刊行会編『杉山信三先生米寿記念論集 平安京歴史研究』真陽社、一九九三年。
(41) 網伸也「平安宮造営と瓦生産」註5『平安京造営と古代律令国家』(初出二〇〇五年)。
(42) 註41網文献。
(43) 橋本義則「平安宮草創期の豊楽院」註5『平安宮成立史の研究』(初出一九八五年)。
(44) 山本雅和「平安宮中和院」『平安京跡発掘調査概報平成元年度』京都市文化観光局、一九九〇年。
(45) 井上光貞「日本の律令体制」『岩波講座世界歴史六 古代六』岩波書店、一九七一年。
(46) 長山泰孝「古代貴族の終焉」『古代国家と王権』吉川弘文館、一九九二年(初出一九八一年)。
(47) 佐藤宗諄「平安初期の官人と律令政治の変質」「嵯峨天皇論」『平安前期政治史序説』東京大学出版会、一九七七年(初出一九六四・七七年)、笹山晴生「平安初期の政治改革」『平安の朝廷』吉川弘文館、一九九三年(初出一九七六年)。
(48) 註7早川文献三点、林陸朗『桓武朝論』(雄山閣出版、一九九四年)。なお、太政官符の形態の理解については註7吉川

『律令官僚制の研究』による厳密な批判があり、もはや早川説はそのままでは成り立ち得ない。

(49) 近年における桓武朝の新しい研究成果の専著として、井上満郎『桓武天皇』(ミネルヴァ書房、二〇〇六年)、西本昌弘『桓武天皇　造都と征夷を宿命づけられた帝王』(山川出版社、二〇一三年)がある。

(50) 太上天皇制については、春名宏昭「太上天皇制の成立」(『史学雑誌』九九-二、一九九〇年)、同「平安期太上天皇の公と私」(『史学雑誌』一〇〇-三、一九九一年)、同「「院」について――平安期天皇・太上天皇の私有財産形成」(『日本歴史』五三八、一九九三年)など参照。

(51) 橋本義則「恭仁宮の二つの「内裏」――太上天皇宮再論」『山口大学文学会志』五一、二〇〇一年。

(52) 甲賀市教育委員会「史跡紫香楽宮跡(宮町遺跡第四〇次)発掘調査現地説明会資料」二〇一二年。恭仁宮とやや異なる形態であるのは宮城の規模に制約された結果で、天皇と太上天皇の正殿を同じ区画の東西に並置している。

(53) 高取正男『神道の成立』(平凡社、一九七九年)は、八世紀末から九世紀にかけて、伊勢神宮が単なる皇祖神でなく、皇室の祖先を祀る宗廟として位置づけ直されるとしている。

(54) 縁の松原は伊勢神宮内外両宮における式年遷宮のように、内裏とそれを建て替える際の代替地として用意されたとする考えもある(瀧波貞子「歴代遷宮論――藤原京以降における」『日本古代宮廷社会の研究』思文閣出版、一九九一年、初出一九七九年)。

(55) 橋本義則「平安宮の中心――中院と縁の松原をめぐる憶説」朧谷壽・山中章編『平安京とその時代』思文閣出版、二〇一〇年。

(56) 註13吉川文献。

(57) 野村忠夫・原奈美子「律令宮人制についての覚書――「宮人」と「女官」」『續日本紀研究』一九二、一九七七年。

(58) 註13吉川文献。

(59) 目崎徳衛「仁寿殿と清涼殿」『宇津保物語研究會會報』三、一九七〇年。

(60) 天皇が南面する仁寿殿を避け、清涼殿を常御殿に選んだ理由は判然としない。仁寿殿の東副屋綾綺殿は東に神鏡を奉安する賢所《かしこどころ》のある温明殿があり、ここに出御した時天皇は西面せざるを得なくなる。また後述するように、平安時代初めから公卿の侍臣化と並行して聴政の場が内裏に近い外記庁に移り、公卿が内裏に出入するために建春・延政両門を用い、除目《じもく》などで公卿らの用いる議所が宜陽殿に設けられ、内裏の中軸線以東が公卿による内裏での日常的な政務の空間になってきたことなどから、清涼殿以外に選択肢はなかったのではないか。

(61) 佐藤全敏「宮中の「所」と所々別当制」註7『平安時代の天皇と官僚制』(初出一九九七年)。

(62) 八世紀前半には女性はまだ政治的地位を保持し、八世紀半ばにおいても男女が揃って奉仕する形態が道理にかなうとの強い通念があった。義江明子「日本古代の氏と「家」」『日本古代の氏の構造』吉川弘文館、一九八六年。

(63) 『続日本紀』天平元年正月壬辰朔条の元会への群臣と並んでの内外命婦の参加、宝亀二年一一月乙巳条の大嘗会で五位以上と共に賜禄されたことなど。

(64) 『続日本紀』慶雲四年二月甲午条では天皇の大極殿出御のもとで「成選人等」「親王已下《いか》五位已上男女一百十人」に位階が与えられ、また宝亀七年正月丙申条では男女を分かち男性、女性の順で授位が行われ、儀式が終わったあとで五位已上を対象に賜宴・賜禄も行われたことなど。

(65) 『続日本紀』延暦四年正月癸卯条では男性のみを対象に宴と叙位が行われ、その二日後の乙巳条では女性のみの叙位が行われており、これ以降、男女は日を異にして叙位されるようになり、女性のみを対象とする叙位はやがて弘仁年間に式日が正月八日に固定化し、女叙位が成立する。女叙位については岡村幸子「女叙位に関する基礎的考察」(『日本歴史』五四一、一九九三年)。

(66) 橋本義則「「後宮」の成立——皇后の変貌と後宮の再編」註5『古代宮都の内裏構造』(初出一九九五年)。

(67) 藤森健太郎「日本古代元日朝賀儀礼の特質」『古代天皇の即位儀礼』吉川弘文館、二〇〇〇年(初出一九九二年)。

(68) 『内裏儀式』『内裏式』『儀式』『延喜式』など。註66橋本文献、および栗林茂「皇后受賀儀礼の成立と展開」『延喜式研究』八、一九九三年。

(69) 『延喜式』巻一三中宮職の皇后受皇太子朝賀儀は、皇太子が既に元日に天皇に対して朝賀を行っているから、もし皇后が元日朝賀儀に出御しているなら成立しえない儀式である。

(70) 正史の中で皇后の紫宸殿での儀式への出御が確認できるのは、皇后藤原乙牟漏が桓武とともに長岡宮内裏(西宮)の前殿に出御した皇太子安殿親王元服儀(『続日本紀』延暦七年正月甲子条)が最後である。

(71) 『類聚国史』第一〇延暦一五年三月庚戌条の勅、『類聚三代格《るいじゅうさんだいきゃく》』巻一九禁制事所収延暦一六年七月一一日太政官符(『日本紀略』『類聚国史』第一一延暦一六年七月甲午条の勅)、『類聚三代格』巻一九禁制事延暦一七年一〇月四日太政官符など。

(72) 岸俊男「朝堂の初歩的考察」「都城と律令国家」註5『日本古代宮都の研究』(初出一九七五年)。

(73) 橋本義則「「外記政」の成立」註5『平安宮成立史の研究』(初出一九八一年)。

(74) 大隅清陽「弁官の変質と律令太政官制」註7『律令官制と礼秩序の研究』(初出一九九一年)。

(75) 吉川真司「申文刺文考」註7『律令官僚制の研究』(初出一九九四年)。

(76) 註75吉川文献。

(77) 註75吉川文献。

(78) 検非違使に関する研究は、近年、前田禎彦によって精力的に進められてきた。前田「平安時代の法と秩序——検非違使庁の役割と意義」(『日本史研究』四五二、二〇〇〇年)、など。

(79) 註74大隅文献。

(80) 佐藤全敏「諸司別当制からみた律令官制の変容」註7『平安時代の天皇と官僚制』(初出二〇〇一年)。

(81) 註61佐藤文献。

(82) 青木和夫「浄御原令と古代官僚制」『日本律令国家論攷』岩波書店、一九九二年(初出一九五四年)。

(83) 義江明子「双系制と両属性」註62『日本古代の氏の構造』(初出一九九三年)。

(84) 橋本義則「律令国家と喪葬——喪葬官司と喪葬氏族の行方」栄原永遠男・西山良平・吉川真司編『律令国家史論集』塙書房、二〇一〇年。

(85) 清水みき「外戚土師氏の地位——桓武朝の皇統意識に関わって」註55『平安京とその時代』。

(86) 橋本義則「古代貴族の営墓と「家」——『延喜式』巻二一諸陵寮陵墓条所載「陵墓歴名」の再検討」村井康彦編『公家と武家——その比較文明史的考察』思文閣出版、一九九九年。

第4巻

地方支配の変化と天慶の乱

寺内　浩

はじめに

本稿は、九世紀から一〇世紀中期までの地方支配の変質過程を明らかにすること、そして天慶《てんぎょう》の乱(1)(平将門・藤原純友の乱)の前提・過程・意義と影響、当時の軍事警察制度、さらには武門の成立過程を解明することを課題とする。

前者については、八世紀の律令制的な地方支配体制が九世紀—一〇世紀中期においてどのように変化するのかを明らかにする。具体的には、受領《ずりょう》の権限と責務が強化されたことにより、律令制的な国郡行政機構が解体して、受領を中心とする新たな地方行政機構がどのように形成されるのか、公民制が動揺して調庸や正税《しょうぜい》の収取が次第に困難となるなかで、収取体制がどのように変化していくのか、また飢饉・疫病や自然災害が地方支配の変化にどのような影響を与えたのか、などを述べる。

したがって、本稿では九世紀から一〇世紀中期までを連続した時期ととらえる。かつては九世紀末—一〇世紀初に「国制改革」が行われ、その結果一〇世紀になると新しい地方支配体制ができると考えられていた。しかし、近年はそうした「国制改革」は疑問視され、むしろ九世紀と一〇世紀前中期を連続的にとらえる見解が有力になっている。これまでは、九世紀の地方支配に危機をもたらした院宮王臣家《いんぐうおうしんけ》と富豪層の結合が「国制改革」により切断されたとしていたが、近年は両者の結合は切断されずにその後も順調に進展していることがわかってきた。また、一〇世紀になると田地を「名《みょう》」に編成する名体制が成立し、租税の収取単位が人から土地へ変化するとされていたが、近年はそうした収取制度ができあがるのは一〇世紀後期とされるようになった。このように地方支配の面で九世紀末—一〇世紀初に大きな変化はなかったのであり、本稿もそうした立場から当該期の地方支配の変質過程を追っていきたい。

天慶の乱についても同様な視角から考えていきたい。九世紀になり受領の権限が強まると、任用国司(受領以外の国司)や郡司・富豪層との摩擦が生じ、やがてそれは深刻な対立となっていく。また、群盗や海賊の動きも活発となり、こうしたなかで天慶の乱が起きるのである。

なお、天慶の乱という呼称だが、かつては平将門・藤原純友の乱は当時の年号によって承平《じょうへい》・天慶の乱と呼ばれていた。しかし、承平年間(九三一—九三八)の東国は将門など平氏一族による私闘がなされていただけで、将門が常陸国庁襲撃にはじまる国家への反乱を起こすのは天慶年間になってからのことである。一方、承平年間の純友は追捕宣旨《ついぶせんじ》を蒙り紀淑人《きのよしひと》とともに海賊追討を行っていて、純友が反乱に立ち上がるのも天慶年間(九三八—九四七)になってからのことであった。このように将門・純友ともに反乱を起こすのは天慶年間のことである。こうしたことから、近年では平将門・藤原純友の乱の呼称としては、天慶の乱が一般的になっている(2)。

一 地方支配の変化

1 受領の成立

九世紀になると調庸の未進や正税の未納、さらには富豪層の台頭や院宮王臣家の在地進出など、地方の状況が大きく変化し、たとえ律令制の原則から逸脱したとしても現実に即した地方支配が国司に求められるようになる。こうして国司に地方支配を委任する傾向が強まり、それと歩調を合わせる形で受領への権限と責務の集中が進む。

前者は、いわゆる良吏政治の展開であり、「良吏を択ぶ事」を命じた『類聚三代格《るいじゅうさんだいきゃく》』天長元年(八二四)八月二〇日官符には、「経に反して宜を制し、勤めて己のためならざるは、将に寛恕に従い、文法に拘《こだ》わること無からんとす」とあり、現実的な政治を行ったために規則に反することがあっても、それが自分を利するのでなければ許容する、とされている。九世紀になるともはや律令制の原則通りの政治は不可能となり、地方の実情に応じた政治が必要となったのである。(3)

後者は、国司四等官《しとうかん》がともに国政に従事するという律令制の原則を放棄し、国司官長=受領が国政に関する権限と責務を一身に担うというものである。国司の最重要任務である調庸の貢進についてみると、八世紀末までは国司史生《ししょう》以上が貢納責任を負っていたのだが、九世紀に入ると任用国司は次第にそれから解放され、仁和四年(八八八)になると、任中の調庸未進があれば受領の解由状《げゆじょう》を却下するとし、任用国司の責任は全く問われなくなった(『類聚三代格』仁和四年七月二三日官符)。この仁和四年官符は前司以前の調庸未進を切り離すことにより受領の貢納責任範囲を明確にするとともに、任用国司の責任を除外した点で画期的なものであった。九世紀になると受領の貢納責任は次第に重くなるのだが、九世紀末に至り調庸の貢納責任は受領一人が負うことになった。この他、裁判権などでも様相はほぼ同じであり、九世紀を通じて受領がその権限を強めるのに対し、任用国司は次第に国政から疎外されていくのである。(4)

2 地方支配機構の変化

八世紀の地方支配は、国司(国府)-郡司(郡家《ぐうけ》)という重層的な地方支配機構でもってなされていた。都から赴任した国司は国府において国書生《くにしょせい》以下の雑色人《ぞうしきにん》を用いて国務にあたり、郡司は郡家を拠点に郡書生、税長などの郡雑任《ぐんぞうにん》を駆使して徴税以下の業務にあたった。(5)しかし、九世紀を通じて受領の権限が拡大するにともない国郡の機構は次第に一体化し、(6)一〇世紀になるとそうした受領を中心とする新しい地方支配機構が登場する。本節ではこうした地方支配機構の変化を、徴税面を中心にみていくことにしたい。

まず最初に、郡司と富豪層について簡単に述べておく。かつては九世紀になると富豪層が新たに台頭し、郡司は次第に力を失うとされていた。しかし近年は、郡司は九世紀以降も没落することなく在地において勢力を維持しているという見解が有力になっている。(7) 九世紀の地方社会は郡司と成長をとげた富豪層が在地支配層を構成していたのであり、両者の利害や行動様式は共通していた。

次に、郡司の任用制度は八世紀にはいくたびかの変遷があったが、九世紀初期に擬任郡司制が成立し、以降はこの方式が定着する。擬任郡司制では郡司は国司の推薦によって任命され、また正任の郡司になるまで三年間は国司が選考した者を擬任郡司とすることができた。この結果、国司の郡司に対する支配力は強まり、郡司定員が実質的に増加した。前者の点は、先述したように九世紀になると受領に地方支配が委ねられるようになったことと関係し、後者の点は、次にみるように郡司以外の者も郡務に用いようとする動きに対応するものである。(8)

さて、調庸や正税の徴収を確実なものとするため八世紀から国郡司には専当官が置かれ、その専当国郡司が徴収の責任を負っていた。この専当制は九世紀になっても続き、各郡では専当郡司が郡雑任を使って調庸などを徴収し、綱領(輸送責任者)となって調庸の輸送にあたった。ところが、九世紀後半になると郡司だけでなく富豪層も徴税や輸送にあてられ、欠損があれば塡納責任を負わされるようになる。これはできるだけ多くの富豪層を行政機構に取り込み、かつ責任を分散させようとしたためである。かつての徴税業務は郡司が郡家を拠点に郡雑任を駆使してなされていたのだが、九世紀後半になると受領によって郡司だけでなく富豪層も動員され、業務の分掌化・細分化が進められる。九世紀後期以降郡雑任がみえなくなり、一〇世紀になると郡家が廃絶するのはこうしたことによる。(9)

なお、このころの郡司や富豪層は官物欠損の責任を負うのだが、これは受領に対してである。かつての専当郡司が責任を負っていたのは政府に対してであったが、地方支配が受領に委ねられたことにより、責任の対象も変化するのである。(10)

一方、郡司や富豪層は院宮王臣家や諸司と結ぶことにより受領に対抗する。受領が徴税や輸送に郡司や富豪層を使役しようとしたのに対し、彼らは王臣家人や衛府舎人《えふとねり》などになることによってそれを回避した。もちろん、当時の郡司には院宮王臣家・諸司ではなく受領の側に立つ者もいた。郡司や富豪層の動きはさまざまであり、受領に抵抗する者もいれば従う者もいた。(11) こうして、一〇世紀になると徴税方式は国使‐郷専当郡司の体制へと変わっていく。これは任用国司や受領の郎等《ろうとう》が国使となり、郷ごとに置かれた郡司とともに徴税にあたるというものである。(12)承平二年(九三二)の「丹波国牒」(『平安遺文』一‐二四〇)には、国使の調物使《ちょうもつし》蔭孫《おんそん》藤原高枝が郷専当郡司の余部郷《あまるべごう》専当検校日置貞良《ひおきのさだよし》を指揮して徴税に従事していた様子が示されている。そして、一〇世紀末になると改編された郡郷ごとに収納所が置かれ、国使である収納使が郡郷司とともに徴税にあたるという中世的な収取体制が成立する。(13)

3 税制の変化

律令制下の主たる税は田租(租)・庸・調と正税(出挙《すいこ》)であるが、八世紀末以降それらが規定通り収められなくなり、田租・正税の未納や調庸の未進が大きな問題となる。

こうしたなか、九世紀に入ると、これまで人別賦課であった正税が次第に田積別に課されるようになる。弘仁一三年(八二二)に河内国では諸家の荘園や京戸《きょうこ》が多いため田一町を営む者に正税三〇束を出挙することとなり、元慶五年(八八一)には肥前国で前司・浪人を論ぜず営田数に準じて正税を班給することが認められた。さらに、寛平《かんぴょう》六年(八九四)には、紀伊国では良田の多くが富豪のものになり、貧窮民に出挙しても収納が困難なため、耕田数にしたがって段《たん》別五束以上を出挙することになった。このように、京戸や前司・浪人の増加、富豪層への土地集中のため、正税の班給は人別から土地別へと変化する。そして一〇世紀になると「正税を班収するは尤《もっと》も耕田に拠る」(『類聚三代格』昌泰四年〈九〇一〉閏《うるう》六月二五日官符)と述べられるようになるのである。

これに対し、調庸は八世紀以来の浮浪・逃亡に加えて、九世紀になると院宮王臣家や諸司に仕えて課役が免除される富豪層が多くなり、また籍帳の虚偽記載もなされて、実際に調庸を負担する課丁の数は減少の一途をたどるのだが、一〇世紀前半までは依然として人別の賦課がなされている。三善清行《みよしきよゆき》の「意見十二箇条」には、大帳(計帳)に載せられている百姓の大半は実在しないため口分田を班給しても調庸が徴収できないとある。また、先に触れた承平二年の「丹波国牒」によると、多紀郡余部郷では徴税単位は名であっても調絹の賦課量は課丁数によっていた。(14)こうしたことは一〇世紀前半までは政府が課丁数の増加策を次々に打ち出し、大帳制度を維持しようとしていたことからも裏付けることができる。(15)調庸が地税化し、大帳制度が解体するのは一〇世紀後期になってからのことである。(16)

4　院宮王臣家

九世紀になって地方支配が困難となる最も大きな要因の一つが、院宮王臣家・諸司の在地への進出である。(17)院宮王臣家とは太上天皇や公卿など貴族の家政機関の総称であり、諸司は中央の諸官司である。八世紀末以降調庸などの未進によって中央財政収入が減少し、貴族・官人の給与や官衙《かんが》費が従来通り支給できなくなる。この結果、院宮王臣家・諸司はそれらを確保するため在地に勢力を伸ばしていくのである。一方で、こうした院宮王臣家と手を結ぶのが富豪層(一部の郡司を含む)であり、九世紀後半以降両者が結託して国司に対捍するようになる。

こうした院宮王臣家・諸司の在地への進出、富豪層の国司への対捍は九世紀後半以降大きな政治問題となり、とりわけ寛平(八八九―八九八)から延喜初年にかけては多くの禁令が出されたが、そうした動きを阻止することはできなかった。

この点についてもう少し詳しく見ていくことにしたい。院宮王臣家・諸司の在地進出に関する官符は、寛平―延喜初年に数多く出されている。これらの官符は、土地占有や私出挙など院宮王臣家・諸司の在地での経済活動を主にとりあげたものと、院宮王臣家・諸司と富豪層の結託による国司への対捍を問題にしたものとに分けることができるが、注意すべきはどちらも必ずしもそうした動きを全面的には否定していないことである。たとえば、前者では、『類聚三代格』寛平八年四月二日官符では五位以上の私営田が禁止されているが、法的手続きを経たものについては認められ、院宮王臣家が庄家(庄園の屋舎・倉庫)に稲穀を貯積することを禁じた同延喜二年(九〇二)三月一三日官符でも「元来実《まこと》に庄家となし、国務を妨げざるは、制する限りに在らず」とされている。後者では、同寛平六年一一月三〇日官符では王臣家人と称して部内を騒擾することが禁じられているが、舎人《とねり》・帳内《ちょうない》・資人《しじん》として王臣家に仕えることは問題ないとされ、六衛府舎人の国司への対捍を禁じた同昌泰四年閏六月二五日官符でも、問題とされているのは本府の権威を借りての官物《かんもつ》の未進であり、舎人となること自体が禁止されているわけではない。つまり、前者で禁止されているのは百姓の生業を妨げる新規・違法の経済活動であり、旧来の合法的なそれは除外されている。後者でも、禁じられているのは両者の結託による国司への対捍や官物未進であり、両者のつながり自体が否定されているわけではないのである。

院宮王臣家・諸司と在地とのつながりは、畿内地域を中心に八世紀からすでにみられる。院宮王臣家は八世紀前半から山野を占有し、諸国に稲を蓄えて百姓に出挙を行い、その経営は富豪層にあたらせていた。また、周知のように、平城京の時代から中央諸官司で働く下級官人の多くは京畿内の中小豪族であり、院宮王臣家に仕える舎人・帳内・資人も同様であった。このように院宮王臣家・諸司の経済活動や富豪層との結合は律令制成立当初からのものであり、九世紀になるとそうした動きはさらに強まった。院宮王臣家・諸司と在地とのつながりは根底から否定できるものではなかった。

さらに、院宮王臣家・諸司の在地進出を取り締まらねばならない国司が、一方ではそうした動きに加担していた。院宮王臣家や寺社の初期荘園の設置や経営に国衙機構が関わっていたことはよく知られた事実だが、院宮王臣家・

諸司の不当な土地占有などを禁じた法令に、それを黙認する国司を処罰する規定がみられるのも(『続日本紀』延暦三年〈七八四〉一二月庚辰条など)、院宮王臣家・諸司と国司が実は結託していたことを示している。寛平から延喜初年の諸官符にも、「国司阿容し、曽《かつ》て糺正せず」(『類聚三代格』寛平七年三月二三日官符)などの文言がみえ、院宮王臣家・諸司と国司とのつながりがその後も続いていたことがわかる。

以上、寛平—延喜初年の諸官符について検討を加えてきた。かつてはこれらの官符によって院宮王臣家・諸司と富豪層との結合が切断されたとしていたが、これらの官符では合法的な両者のつながり自体は否定されておらず、禁止されたのは院宮王臣家・諸司の権威によった富豪層の官物未進や国司への対捍であった。しかし、それらの禁令は遵守されず、院宮王臣家・諸司の在地進出はその後も続き、富豪層とのつながりも途絶えることはなかったのである。

5　飢饉・疫病、自然災害と地方支配

古代には飢饉や疫病、さらには地震・火山噴火などの自然災害がしばしばみられたが、とりわけそれらが多く発生したのが九世紀である。本節では、飢饉・疫病や自然災害が地方支配に与えた影響について考えてみたい(18)。

表1は、九世紀に起きた大規模の飢饉・疫病、自然災害、およびそれに対する政府の対応をまとめたものである。この表から明らかなように、九世紀の前半は旱魃や水害による飢饉や疫病が絶え間なく続いた。後半になると飢饉や疫病はややおさまるが、大きな地震や火山噴火が相次いで起きる。

これに対し九世紀前半の政府はさまざまな対策を打ち出す。まず第一に、賑給《しんごう》(社会的弱者への食料支給)と租税免除がなされる。これらは八世紀にもみられるが、このうち賑給は八世紀においては天皇の有徳を示すイデオロギー的なものであり、必ずしも飢疫民の救済とは結びついていなかった。ところが、九世紀になると賑給は実際の飢疫

民を対象に行われるようになり、飢疫民の救済を重視したものになる。(19) 第二に、さまざまな勧農政策が行われる。旱害や長雨に備えての水車や乾稲器の設置、麦や蕎麦など救荒作物栽培の奨励、旱魃時の有水所への任意の播種、灌漑池の造築などがそれである。これらのうち水車や乾稲器はこれまでにみられないものであり、また旱魃時の有水所への任意の播種は院宮王臣家・諸司の進出に対応したものであろう。第三は、救急料、修理池溝《ちこう》料、文殊会《もんじゅえ》料の設置である。救急料は飢疫時の賑給の財源として設けられた出挙稲で、賑給だけでなく水車の設置など勧農にも用いられた。修理池溝料は諸国の破損した池溝を修造するために設けられた出挙稲、文殊会料は飢疫民救済事業としての意味を持つ文殊会を営むための出挙稲である。連年の不作や賑給支出により地方財政は次第に悪化しつつあり、これらは勧農や飢疫民救済の財源を確保するため設置されたものである。第四は富豪層の富の利用である。延暦二二年に使を大和国に遣わして富豪層の貯稲を貧窮民に貸し出させたが、同様の措置は畿内地域でこれ以降たびたび行われる。また、私富を献じて位階を得るいわゆる献物叙位は八世紀からみられるが、九世紀になると貧民救済や勧農に関するものが多くなり、政府の側もそうした行為を奨励している。

このように飢饉や疫病が続くなかで、九世紀前半の政府は具体的・現実的な政策を次々と打ち出す。賑給やさまざまな勧農政策はいずれも公民の再生産活動を維持・回復するための措置であった。また、救急料以下の出挙稲の設置や富豪層の富の利用は、地方財政の悪化や富豪層の伸張といった変化しつつある現実に対応しようとしたものである。先述したように九世紀になると律令制の原則にとらわれない現実的な地方政治がなされるようになるのだが、以上のことは、こうした地方支配の変化と軌を一にするものである。むしろ九世紀前半の相次ぐ飢饉や疫病が、そうした地方支配の変化を後押ししたともいえよう。

地方支配の変化が連年の飢疫や災害と無関係でなかったことは、天長元年八月二〇日の一連の官符(『類聚三代格』など)からもうかがうことができる。これらの官符には先述した「良吏を択ぶ事」なども含まれていて、この時期

年	事　　項
承和 3(836)	7/16 諸国で疫病流行
承和 4(837)	4/16 陸奥国で火山噴火，6/21 諸国で疫病流行
承和 5(838)	4/2 大和国で富豪に貯稲を貸し出させる，4/7 諸国で不作と疾病流行，7/5 伊豆国で火山噴火
承和 6(839)	閏 1/23 諸国で疫病流行，7/21 蕎麦の栽培奨励
承和 7(840)	2/11 畿内で富豪に貯稲を貸し出させる，3/14 文殊会料の設置，5/2 雑穀の栽培奨励，6/16 諸国で飢疫のため賑給
承和 8(841)	2/13 信濃国地震，5/20 旱魃，疫病流行，7/5 伊豆国大地震，閏 9/2 乾稲器の設置奨励
承和 9(842)	3/9 旱魃のため水のある所に播種させる
承和 10(843)	1/8 疫病流行，6/25-9/29 21 カ国で賑給
嘉祥 3(850)	10/16 出羽国大地震
仁寿 1(851)	6/5 畿内で水害のため賑給
仁寿 3(853)	2/ 全国で疱瘡流行
貞観 5(863)	1/27 去冬より全国で咳病流行，6/17 越中・越後国大地震
貞観 6(864)	7/17 駿河国富士山噴火
貞観 8(866)	閏 3/14-8/2 13 カ国で賑給，6/28 全国で旱魃
貞観 9(867)	2/13 畿内で飢饉，2/26 豊後国鶴見岳噴火
貞観 10(868)	7/15 播磨国地震
貞観 11(869)	5/26 陸奥国大地震・大津波，7/14 肥後国大風雨・地震
貞観 12(870)	5/26 河内国で富豪に貯稲を貸し出させる，12/25 荒田の耕作奨励
貞観 13(871)	5/16 出羽国鳥海山噴火
貞観 16(874)	7/2 薩摩国開聞岳噴火，10/28 諸国で風水害のため賑給
元慶 2(878)	1/27 京畿内で旱魃のため賑給，9/29 関東大地震
元慶 4(880)	10/27 出雲国大地震，12/6 京都大地震
仁和 1(885)	10/9 薩摩国開聞岳噴火
仁和 3(887)	7/30 東海・東南海・南海大地震
仁和 4(888)	5/8 信濃国で山崩れ・洪水

の地方支配の方向性を定めたものとして重要なものである。そして、これらはいずれも公卿たちの奏状に基づいて出されたのだが、その奏状は前年末の「頃者《このごろ》陰陽錯謬し、旱疫更《こもご》も侵す、年穀登らず、黎甿《れいぼう》残耗す、(中略)公卿宜しく各《おのおの》思う所を陳べ、以て逮《およ》ばざるを匡《ただ》し、隠諱有ること靡《な》かるべし」(『類聚国史』巻七一弘仁一四年一二月甲申条)という詔によっているのである。つまり、これらの官符は相次ぐ飢疫や災害を前提として出されたのであり、地方支配の変化と飢疫・災害とが関連していたことを示し

表1　9世紀における大規模の飢饉・疫病・災害及び政府の対応

年	事　　項
延暦21(802)	1/8 駿河国富士山噴火，8/3・9/3 41カ国の租税免除
延暦22(803)	6/4 大和国で富豪に貯稲を貸し出させる
大同1(806)	8/4 七道諸国で賑給，8/ 全国で水害
大同3(808)	5/5 去年より疫病流行，5/10 全国で飢疫
大同4(809)	7/17 旱魃
弘仁1(810)	1/28-6/20 16カ国で賑給
弘仁2(811)	5/20 疾疫と旱魃のため全国で賑給
弘仁6(815)	諸国で長雨の被害，西海道の田租免除
弘仁9(818)	4/3 去年は不作，春より旱魃，4/25 旱魃のため水のある所に播種させる，7/ 関東大地震
弘仁10(819)	2/20 畿内で富豪に貯稲を貸し出させる，7/ 諸国で旱魃の被害
弘仁11(820)	4/9 不作のため全国で調庸未進免除，5/4 在路飢病者の救済，7/9 麦の栽培奨励，(～天長4)救急料の設置
弘仁12(821)	5/27 讃岐国満濃池を築く，5/27 畿内で富豪に貯稲を貸し出させる
弘仁13(822)	3/26 西海道で飢民を養った者に叙位，7/2 灌漑は貧者を優先させる，8/1 旱魃のため諸国で不作
弘仁14(823)	1/20 大和国益田池を築く，2/ 全国で疫病流行
天長1(824)	2/3 諸国で不作と疫病流行，8/20 荒田の耕作奨励
天長2(825)	4/7 諸国で疫病のため賑給，12/21 修理池溝料の設置
天長3(826)	1/29 民の願いにより和泉国に池を築く，2/16 備前国神崎池を築く
天長4(827)	11/13 文殊会の実施
天長6(829)	5/27 水車の設置を奨励
天長7(830)	1/28 出羽国大地震，4/26 陸奥・出羽国，西海道で疫病流行，4/29 陸奥・出羽国で病人を養った者に叙位
天長8(831)	2/9 百姓の願いにより山城国香達池を築く
天長9(832)	5/18 不作と疫旱のため諸国で飢饉，5/22 伊豆国で火山噴火
天長10(833)	5/26 大和国で富豪に貯稲を貸し出させる，5/28 全国で飢疫のため賑給
承和1(834)	1/25-7/17 7カ国で賑給
承和2(835)	4/3 諸国で疫病流行，4/5 全国で文殊会を実施

ている[20]。

相次ぐ飢饉・疫病、災害に対して九世紀前半にはさまざまな対応策がとられていた。ところが、後半になるとそれらはあまりみられなくなる。これは飢饉や疫病がややおさまったためとも考えられるが、大規模の自然災害が次々と起きているので、やはり政府の対応姿勢が変化したとみなすべきであろう。

九世紀を通して地方支配は次第に受領に委ねられるようになるが、前半はまだ政府の地方支配への関心は高かった。たとえば、八世紀には諸国を巡って国司の治政内容を監察する巡察使がたびたび派遣されており、九世紀になっても大同元年(八〇六)に参議を観察使に任命して道別に派遣し、天長二年には五畿内七道に巡察使が任じられている。また、天長元年には受領を朝集使として入京させ施政内容を報告させることが定められた。受領の権限拡大を認めつつも、九世紀前半の政府はこれまでと同様に地方支配に関与しようとしていたのである。連年の飢疫に対して積極的に対応策を打ち出したのも、こうした政府の方針によっている。ところが、巡察使は天長七年を最後にみえなくなり、受領の入京も貞観一〇年(八六八)には任中一度になる。このように九世紀後半になると政府は次第に地方支配に関与しなくなり、受領への委任が進む。[21] 飢饉・疫病、災害などへの対応が消極的となるのは、こうした地方支配に対する政府の姿勢が変化したためであろう。

二 天慶の乱

1 天慶の乱の前提

九世紀になると地方支配が次第に受領に委ねられるようになるが、その一方で権限を強めた受領と任用国司や郡司・富豪層などとの摩擦・対立により、各地で騒乱が生じ、群盗・海賊の動きも活発になる。そして、その延長線上に天慶の乱が起きるのである。

表2は、九世紀から一〇世紀前期に生じた地方の騒乱をまとめたものである。以下では、天慶の乱との関わりに留意しながら、これらの騒乱の主体や背景について考えていきたい。

騒乱の主体としてまずあげるべきは、王臣子孫・前司子弟であろう。『類聚三代格』寛平三年九月一一日官符には王臣子孫が婚姻や農商により畿外に居住し凶党を招いて国務を妨げているとみえ、『藤原保則伝』には「良家の子弟」や「旧吏の僕従」が「衣食の利」「婚姻の便」によって土着し、飢饉が起きると盗賊になるとある。このように九世紀になると地方に居住する中下級貴族や任国にそのまま土着する国司が多くなり、さらに地方豪族との婚姻によって在地での勢力を強め、国司に抵抗するのである。上総介《かずさのすけ》となった高望王《たかもちおう》(平高望)が土着し、良兼などその子どもたちが源護《みなもとのまもる》一族との婚姻を通じて東国各地に盤踞したことは周知の通りである。もちろん藤原純友も前伊予掾《いよのじょう》である。

表2　9世紀-10世紀前期における地方の騒乱

年	事　項
弘仁5(814)	出雲国で俘囚が騒乱
弘仁11(820)	遠江・駿河国で新羅人700人が騒乱
承和5(838)	山陽・南海道に海賊が横行
嘉祥1(848)	上総国で俘囚が騒乱
天安1(857)	対馬島で守立野正岑が郡司らにより殺害
貞観4(862)	山陽・南海道に海賊が横行
貞観8(866)	山陽・南海道に海賊が横行
貞観17(875)	下総国で俘囚が騒乱
元慶2(878)	出羽国で夷俘が騒乱，秋田城が焼失
元慶5(881)	山陽・南海道に海賊が横行
元慶7(883)	上総国で俘囚が騒乱，筑後国で守都御酉が掾らにより殺害
元慶8(884)	石見国で権守上毛野氏永が郡司らにより襲撃
寛平1(889)	東国で物部氏永を首領とする群盗が蜂起
昌泰2(899)	上野国で「僦馬の党」による強盗が蜂起
延喜1(901)	東国で群盗が蜂起
延喜2(902)	駿河国富士郡で官舎が群盗により焼失
延喜5(905)	飛騨国で守藤原辰忠と妻子が賊により殺害
延喜9(909)	下総国で騒乱
延喜15(915)	上野国で介藤原厚載が百姓らにより殺害
延喜19(919)	武蔵国で前権介源任が国府を襲撃
延長7(929)	下野国で藤原秀郷が濫行

第二は任用国司である。九世紀になると任用国司は次第に国政から疎外され、権限を強めた受領と対立するようになる。元慶七年の筑後守都御酉《みやこのみとり》襲撃事件の首謀者は掾藤原近成《ふじわらのちかなり》であり、元慶八年の石見権守《いわみごんのかみ》上毛野氏永《かみつけののうじなが》襲撃事件には介《すけ》と掾《じょう》が関与している。また、延喜一五年の上野介《こうずけのすけ》藤原厚載《あつのり》殺害事件でも掾が同調していた。将門の乱においても、武蔵権守興世王《おきよおう》が将門のもとに身を寄せたのは、新受領の百済貞連《くだらのさだつら》と不和になったためであった。

第三は郡司・富豪層である。先述したように地方支配機構の変化にともない郡司や富豪層が受領に対捍するようになる。天安元年(八五七)に対馬守立野正岑《たつののまさみね》を射殺《いころ》したのは上《かみ》県郡《あがたぐん》・下県郡の郡司と百姓、元慶八年に石見権守を襲ったのは邇摩郡《にまぐん》・那賀郡の郡司と百姓であった。富豪層については、上総国では富豪浪人や前司子弟が国司に対捍し(『日本三代実録』元慶八年八月四日壬辰条)、播磨国では彼らが衛府舎人の地位を利用して群党を招いて濫行をなしている(『類聚三代格』昌泰四年閏六月二五日官符)。常陸守藤原《ふじわら》維幾《のこれちか》に追われて平将門のもとに身を寄せた藤原玄明《はるあき》も、こうした富豪層の一人であろう。富豪層は群盗とも関係しており、次に述べる「僦馬《しゅうば》の党」は坂東諸国の富豪層からなっていた。

次に、騒乱の背景だが、一つめは院宮王臣家・諸司との関係である。王臣子孫や前司子弟は当初からそれらと関係を有していたことは容易に想定できよう。郡司・富豪層の場合も在地進出を進める院宮王臣家・諸司と利害が一致して結びつき、それらの権威を背景に受領に対捍したことは前章でみた通りである。平将門や平貞盛が東国で大きな力を持ちえたのも、将門が藤原忠平を主君と仰ぎ、貞盛が左馬允《さまのじょう》であったことによる。

院宮王臣家・諸司は群盗・海賊ともつながりがあった。『類聚三代格』寛平六年七月一六日官符によると、東海・東山・北陸道諸国において院宮王臣家・諸司の使が「党を路頭に結び」「類を津辺に率いて」駄馬や運船を強《ごう》雇《こ》(強制的な雇用)していた。こうした強雇はすでに承和年間から問題になっており(『類聚三代格』貞観九年一二月二〇日官符)、これは院宮王臣家・諸司の荘園などからの運上物を京送する手段を確保するためであった。一方、同じころ物資の輸送に従事した「僦馬の党」が強盗化して東海・東山道の駄馬を掠奪していたのだが(『類聚三代格』昌泰二年九月一九日官符)、活動内容は強雇とほぼ同じであり、院宮王臣家・諸司の使やその党類と「僦馬の党」とは一部で重なっていたと推定される。さらに、「僦馬の党」が強盗化したのは東国における院宮王臣家・諸司の荘園などの増大により駄送への需要が高まった結果とすると、院宮王臣家・諸司の在地進出が群盗の活動を惹起させたともいえるのである。(22)

瀬戸内海の海賊についても、院宮王臣家・諸司との関わりがみられる。瀬戸内海の海賊は中央部だけでなく東部から淀川流域にかけても活発に活動しており、元慶五年には検非違使を派遣して、山城・摂津・播磨国の海賊を追捕させている。一方、王臣家牒を持った漁民等三千人が淡路国の海岸に来て濫悪をなし、また河内・摂津国では諸牧の牧子《ぼくし》が漕運される物資を掠奪し、播磨国では院宮王臣家・諸司の使が「火長《かちょう》」(兵士統率者)と称する者を従えて非法無道をはたらいていた。(23) これらは海賊とはされてはいないが、その行為は海賊と全く同じであり、院宮王臣家・諸司と海賊との関わりをうかがわせるものである。

二つめは受領の武断的な政治手法である。九世紀になると受領が権限を強めるのだが、受領が武人(24)の場合は武断的な政治がしばしばなされた。利仁《としひと》将軍の祖父で「身長六尺、膂力《りょりょく》人に過ぐ」とされた藤原高房の美濃介《みののすけ》時代の治政は「威恵を兼ね施し、属託を行わず、奸状を発擿し、境に盗賊なし」とあり、人々に害悪をなした妖巫に対しては「単騎入部して其類を追捕」した(『日本文徳天皇実録』仁寿二年〈八五二〉二月壬戌条)。また、丹比門成《たじひのかどなり》は国司に従わない者や盗賊が多い丹波・武蔵・大和国で「猛政」を施し、国内を静めた(『日本文徳天皇実録』仁寿三年三月壬子条)。これらは武断的な政治手法が成功した例だが、一方で失敗した場合もあった。備中守朝野貞吉はわずかな罪も逃さない苛酷な政治を行い、そのため「囚徒は獄に満ち、仆《たお》れし骸《むくろ》は路を塞」いだ(25)(『藤原保則伝』)。このように武断的な政治は成功例と失敗例の両方があったのだが、そうすると貞観一七年、元慶七年に下総国、上総国で起きた俘囚の騒乱は後者の例と考えられるのではないだろうか。貞観一七年の下総守は元鎮守府将軍文室甘楽《ふんやのかんら》麻呂《まろ》、元慶七年の上総介はもと左馬允・右衛門大尉藤原正範、掾はその後対馬守となり新羅賊と戦った文室善友《よしとも》である。両乱の理由は「俘虜の怨乱」(『日本三代実録』貞観一七年五月一〇日辛卯条)とあるほかは不明だが、両国の国司がともに武人であったことを考えると、武断的な治政に対する反発が理由の一つだったと思われる。

武断的な政治が騒乱の要因となった場合があることを述べてきたが、天慶の乱の発端となった常陸国庁の攻撃、備前国司襲撃事件もあるいは同様の事例かもしれない。前者は常陸国を追われた藤原玄明が将門とともに常陸介藤原維幾・平貞盛の軍を破ったものである。藤原玄明は国使に暴行し、行方《なめかた》・河内両郡の不動倉から穀と糒《ほしいい》を盗み、同族と考えられる藤原玄茂は将門の副将軍とされているので(『将門記《しょうもんき》』)、玄明・玄茂はかなりの武力を有していたと思われる。常陸介藤原維幾はそうした者たちを追放したのであるから、彼もまた相当強力な政治を行ったといえよう(26)。しかし、結果的にはそのような武断政治が将門の襲来を招くことになったのである。一方、後者は備前国豪族で純友配下の藤原文元が備前介藤原子高《さねたか》を捕らえ、子高の耳を切り鼻を割いて、その息男を殺したものである。こうした残虐な行為からみて、子高の政治はかなり苛酷だったと推定される。このように天慶の乱も受領による武断政治がその契機になったとみられるのである。

最後に、騒乱の背景として忘れてはならないのが飢饉・疫病である。とりわけ、それらと群盗・海賊との関係は深い。飢饉・疫病が続いた承和年間は群盗や海賊が横行し、その後も飢饉になると「盗賊群起」「群盗公行」がみられた(『日本三代実録』貞観九年二月一三日癸未条、『藤原保則伝』)。天慶の乱が起きた天慶二年(九三九)も不作の年で、春頃から群盗や海賊の活動が活発になっていた。

以上、本節では九世紀から一〇世紀前期にかけての騒乱の主体や背景についてみてきた。天慶の乱は、そうした地方支配における対立や混乱が集約的・集中的に表出したものということができよう。

2　天慶の乱の過程

寛平年間に上総介となった高望王《たかもちおう》はそのまま土着し、その子どもたちは各地で有力豪族となっていった。高望王の子の平良兼や平良正は常陸掾源護の女《むすめ》を娶っており、おそらくはそうした地域の豪族との婚姻関係を通じて勢力を伸ばしたのであろう。一方で彼らは院宮王臣家や諸司との関係も有していて、それが国司と対抗できる要因となっていた。

承平年間の下総・常陸国では、平氏一族の内紛が続いていた。『将門記』によると、平将門とその宿敵である伯父の良兼との争いは承平元年の「女論」に始まる。承平五年二月、将門は伯父の国香《くにか》と源護の子たちを滅ぼし、一〇月には伯父の良正も破った。良正は上総国にいた兄の良兼に助けを求め、これ以降、将門と良兼との執拗な戦いが天慶二年六月の良兼の死まで続く。

一方、瀬戸内海では承平年間になると海賊の活動が再び盛んになった。承平元年一月に海賊のことが奏上され、同二年四月には追捕海賊使を定め、同三年一二月には南海道の海賊を追捕するため警固使が遣わされた。しかし、海賊の動きはおさまらず、同四年末には伊予国喜多郡の不動穀三千石が盗まれている。海賊の活動は承平六年になってようやく鎮静化し、五月には追捕南海道使紀淑人が海賊平定の功績により伊予守に任じられた。なお、かつては藤原純友はすでに承平年間から海賊の首領であったとされていたが、純友は承平六年三月に追捕宣旨《せんじ》を蒙って伊予国に向かっている。承平年間の純友は海賊を追討する側にいたのである。

このように、承平年間の将門は一族間の私闘にあけくれ、純友も海賊の追捕にあたっていた。将門・純友が国家に対する反乱に立ち上がるのは、天慶年間になってからのことである。

天慶元年は四月に京都で大地震が起きて多くの舎屋が倒壊し、五月には大雨のため鴨川が氾濫した。京内では春から妖言が絶えず、秋には街区ごとに奇怪な木神像が置かれた。東国でも騒乱が生じ、武蔵国では橘近安《たちばなのちかやす》、伊豆国では平将武の追捕が命じられる。翌天慶二年は旱魃にみまわれ、春から米価が高騰した。京では盗賊が多く現れ、四月には衛府や馬寮《めりょう》による捜索が行われた。東国では群盗の活動が盛んになり、六月には相模・武蔵・上野国に押《おう》領使《りょうし》が置かれた。八月には尾張国で国守が射殺された。また出羽国では四月に俘囚の反乱が起きて、秋田城軍との間で合戦がなされている。瀬戸内海でも海賊が活動を再開し、春から往還が困難な状態が続いた。九月には祇園社で海賊平定の祈禱がなされている。

このように、天慶二年は旱魃に加えて各地で群盗・海賊の活動が盛んになり、さらに出羽国では俘囚が反乱を起こすなど、全国的に騒然たる状況となっていた。こうしたなかで天慶の乱が起きる。常陸国を追われた藤原玄明が将門を頼ったことを契機として、一一月に将門が常陸国庁を攻撃し、翌月には坂東諸国を手中におさめた。一二月末には純友配下の藤原文元が摂津国葦屋《あしや》駅付近で備前介藤原子高と播磨介嶋田惟幹《しまだのこれもと》を捕らえ、子高の子を殺害した。東西同時の蜂起に驚愕した政府は翌天慶三年一月一日に東海・東山・南海道追捕使を任命する。しかし、東西同時の軍事行動を避けるため、将門に対しては同月一八日に参議藤原忠文を征東将軍に任じて追討にのりだすが、純友については甥の明方《あきかた》を伊予国に遣わし、さらに純友を五位に叙すなど懐柔につとめている。

天慶三年二月、将門は藤原秀郷《ひでさと》・平貞盛によって討ちとられる。純友は伊予国を動かなかったが、八月になって立ち上がり、伊予・讃岐国を攻略して備前・備後国の兵船を焼亡させた。これは東国に派遣されていた兵員が西国に展開し、徐々に純友を追い詰めていったためであろう。その後も純友軍の攻勢は続き、一〇月には大宰府の軍勢を破り、一一月には周防国鋳銭司を焼いた。しかし、翌天慶四年五月に博多津の戦いで政府軍に敗れ、六月伊予国に戻ったところを警固使橘遠保《とおやす》に討たれた。

3　天慶の乱の意義と影響

天慶の乱は政治、財政、宗教など各方面に大きな影響を及ぼしており、その史的意義は小さくない。本節ではこの点について考えてみたい(27)。なお、軍事警察面については次節以降で触れることにする。

天慶の乱に直面した朝廷は全国の神社に平定祈願を行い、天慶三年一月には全国の名神《みょうじん》等の神位が一階増されることになった。そして乱平定後は各社に報賽(祈願成就の御礼)の奉幣などがなされ、石清水社《いわしみず》では報賽のため勅使が派遣されたことを契機として石清水臨時祭が成立した。また、朱雀天皇は乱後に賀茂社へ報賽のため行幸し、これが後に盛んとなる神社行幸の嚆矢となった。このように、朝廷の祭祀秩序に天慶の乱は大きな影響を与えていた。天慶の乱は当時の貴族社会に大きな衝撃と混乱をもたらしただけでなく、後代の貴族の意識の中にも永く残り続けた。『日本紀略』は安和《あんな》の変に際しての宮中の様子を「禁中の騒動、殆ど天慶の大乱のごとし」(安和二年〈九六九〉三月二五日条)とし、また源頼朝が伊豆で挙兵して伊豆・駿河国を押領した時、九条兼実は「宛《あたか》も将門のごとし」(『玉葉』治承四年〈一一八〇〉九月三日条)と記している。天慶の乱は類のない大事件として、京都の貴族に永く記憶されていたのである。

平将門の乱後も東国は各地で紛争が続く。天元二年(九七九)に藤原千常《ちつね》と源肥《こゆ》らが下野国で合戦に及び、永延元年(九八七)には延暦寺への大般若経運上をめぐり平繁盛と平忠頼・忠光らが紛争を起こし、長保五年(一〇〇三)には下総国で平維良の乱が起き、下総国庁が焼かれている。このため京都の貴族には東国は治安状態の悪いところという意識が生まれ、群盗が丹波守藤原資業《すけなり》宅を襲い焼亡させた時には、「洛中、坂東に異ならず」(『小右記』治安三年〈一〇二三〉一二月二三日条)と述べられるほどであった。

また、平将門の乱によって荒廃し、その後も紛争が続いた東国は国力が回復せず、衰亡した国とみなされた。このため給復(租税免除)の措置がとられ、『北山抄』巻一〇によると、相模・安房・上総・下総・常陸の五カ国は恒常的に二年の給復が許された「済二ヶ年事国」であった。また、造宮など大規模な造営事業の費用は諸国に課されたが、「坂東に至りては已に亡弊国、敢えて宛つべからず」(『小右記』寛弘二年〈一〇〇五〉一二月二一日条)とされ、東国諸国は免除されていた。

東国の国力回復が遅れたのは、将門の乱など東国の紛争では焦土戦術がとられ、紛争当事者が互いの生産基盤を破壊したためである。これに対し海賊が主体の純友の乱では農民の生産基盤に対する被害は小さく、瀬戸内沿岸諸国は早くに立ち直ることができた。とりわけ伊予国は受領収入の多い大国となり、藤原道長・頼通の家司《けいし》などが次々と受領となって摂関家に経済的奉仕を盛んに行った。

4　地方軍事警察制度

本節では、九世紀から一一世紀前半における地方軍事警察制度についてみていきたい(28)。

延暦一一年に軍団兵士制が辺要地を除き廃止され、新たに健児《こんでい》がおかれた。健児は軍団兵士制廃止後の唯一の常備兵であったが、これまでの研究では健児の軍事警察面での評価は低かった。しかし、国内の治安維持や対外警備は彼らによってなされており、健児は軍事警察的機能を十分に有していた。ただ、国により異なるが健児の員数は少なく、大規模な騒乱が起き、健児だけでは兵員が不足する時には国衙によって公的な臨時の兵力が組織された。当時の地方豪族は私的な武力を有していたが、それがそのまま公的な軍事力として利用されることはなかった。

九世紀の地方軍事警察力として公的な臨時兵力を組織し、機能させることができたのは、兵員の差発を行いえただけでなく、諸国に武器と食料が生産・備蓄されていたからである。当時の軍事行動に武器と食料が不可欠であったことは、延暦八年に征夷を停止する際に兵粮《ひょうろう》補給の困難さが理由とされ、元慶年間に出羽国で起きた夷俘《いふ》の反乱時にも武器がないため進軍停止が要請されていることから明らかである。臨時兵力を組織するためには兵員だけでなく武器・食料を準備することが必要であり、九世紀の国衙にはそれが可能であった。

健児と臨時兵力からなる地方軍事警察制度は、一〇世紀前半の天慶の乱のころまで続く。長門国では天慶三年にのべ約一〇万人分の、同四年にのべ約六万四千人分の兵粮が正税から支出されている。これは藤原純友の乱に際して長門国で多くの臨時兵力が動員されたことを示している。このころまでは国衙に武器と食料が備蓄されており、兵乱時にはそれらを用いて臨時兵力の動員がなされていたのである。

これまでの研究では、平将門が藤原秀郷と平貞盛に討ちとられたことから、天慶の乱のころの地方軍事警察制度

において は地方豪族の私的武力が大きな意味を持つとされていた。[29] しかし、坂東諸国は将門に占領されたため国衙機能が麻痺して軍事警察制度が機能しなかった。また、藤原秀郷が将門と戦ったのは、将門を討った者には不次の賞を与えるとした天慶三年正月の官符に応じたものと考えられる。したがって、将門の乱時の私的武力の利用は非常的・例外的な措置であって、それを当時の地方軍事警察制度に一般化することはできない。

だが、地方軍事警察制度が機能せず、藤原秀郷らが反乱を鎮圧したことにより、地方豪族の私的武力が存在感を増したことは事実である。天慶の乱後、諸国で地方豪族が追捕使や押領使に任じられるのはこうしたことによるものであろう。さらに、諸国で生産・備蓄されていた武器や食料も一〇世紀後半を通して次第に減少し、一一世紀になるとそれらはほとんど失われてしまう。こうした結果、臨時兵力を組織することはもはやできなくなり、大規模な軍事動員が必要な時には地方豪族の私的武力が利用されるようになる。つまり、国衙の武器・食料がなくなったことに加え、天慶の乱の際に地方豪族の私的武力が用いられ、その有用性が示されたことにより、地方軍事警察制度は大きく変化するのである。

こうして一一世紀になると新たな地方軍事警察制度、すなわちかつて石井進が提示した国司軍と地方豪族軍からなる国衙の軍事編成が成立する。[30] 国司軍が受領の私的従者や在庁官人を中心とするのに対し、地方豪族軍は彼らが私的に組織した兵力からなっていた。地方豪族軍は国司軍だけでは兵力が不足するときに編成され、大規模な軍事動員の際にはこれが主力となる。ただ、地方豪族軍は受領から自立した存在で、受領とは対等の関係にあるため、大規模な軍事行動ができるか否かは地方豪族の動向にかかっていた。

5　中央軍事警察制度

最後に本節では、九世紀から一一世紀前半における中央の軍事警察制度、及び武門の形成過程についてみていくことにしたい。

九世紀の平安京における日常的な治安維持、群盗が横行した時の大規模な捜索活動(大索・捜盗)や夜間巡回(夜行)には検非違使や衛府・馬寮があたっていた。[31] また、承和の変などの政変や天皇・上皇の薨去の際に内裏などの警備にあたったのも衛府の舎人(近衛《このえ》・兵衛《ひょうえ》)たちであった。『延喜式』によると、近衛府には近衛が左右各六〇〇人、兵衛府には兵衛が左右各四〇〇人、衛門府には衛士が左右各六〇〇人いて、中央軍事警察力を構成していた。

九世紀には衛府や馬寮の官人となり舎人たちを率いた多くの武人がいた。[32] こうした武人としては坂上田村麻呂、紀田上《きのたうえ》、大野真鷹《おおののまたか》、小野春風など伝統的軍事氏族出身者が著名だが、そのほかに「勇力人に過ぎ、頗る武芸あり」(『日本後紀』弘仁二年七月庚子条)、「最も武芸に長ず」(『続日本後紀』嘉祥二年〈八四九〉二月辛卯条)とされた藤原真雄《ふじわらのさねお》、藤原長岡、良岑安世《よしみねのやすよ》、清原秋雄などそのほかの氏族出身者も多くいた。

こうした武人には一定の所領と従者を持つ者が多かった。[33] 藤原長岡は大和守の任期を終えたのち宇智郡の「山家」に隠居し、橘百枝は「家、大和国山辺郡に在り」(『日本文徳天皇実録』斉衡元年〈八五四〉四月丙辰条)、百済王《くだらのこにきし》勝義《しょうぎ》は「河内国讃良郡山畔に閑居す」(『日本文徳天皇実録』斉衡二年七月戊寅条)とある。また、当然のことながら武人の従者には「弓馬の士」が多くいた。武人は鷹狩や狩猟を好んだのだが、国司や諸人の鷹狩を禁じた官符には、従者である「猟徒」が「部内を縦横し、民馬を強取して、乗騎駆馳す」(『類聚三代格』貞観五年三月一五日官符)とあり、戸田芳実はこの「猟徒」を「弓馬の士」としている。[34] また、狩猟の際に従者たちは「悉く武装を着け、弓矢を帯び」(『扶桑略記』寛平元年一二月二日条)ていた。先の薨卒伝には橘百枝、百済王勝義は鷹狩や狩猟を好んでいたとあり、彼らにはこうした「弓馬の士」が従っていたのである。

このことは、当時の武人は規模は小さいであろうが私的な武力を有していたことを意味する。左大臣源信《まこと》は対立する大納言伴善男によって家人《けにん》の清原春滝《きよはらのはるたき》、土師忠道《はじのただみち》、日下部遠藤を遠ざけられるのだが、彼らはいずれも「鞍に挽りて弓を引くに便なる者」(『日本三代実録』貞観一〇年閏一二月二八日丁巳条)であった。これは伴善男が清原春滝らの持つ武力を恐れたためであり、彼ら武人たちの保持する私的武力が無視できないものであったことを示している。ただし、先述したように、九世紀には都城の警備や盗賊追捕などには検非違使や衛府・馬寮といった公的な武力が用いられており、そうした私的武力が使われることはなかった。

一〇世紀も半ばになると中央軍事警察の中心であった衛府の機能が低下する。天暦二年(九四八)には群盗が宮城に入った際に欠勤していた諸陣官人が、正暦四年(九九三)には宿直《とのい》を怠った諸衛官人が解任されるなど、こうした衛府官人の職務怠慢がたびたび問題となる。これは衛府舎人の質の低下に加え、大粮米が十分に支給されないなど、人的にも物的にも衛府制度の基盤が弱体化したためである。(35) こうしたなかで大規模な盗賊捜索や政変時の警備に武人の私的武力が用いられるようになる。『北山抄』(巻四「大索事」)には、盗賊捜索には衛府・馬寮の官人や舎人とともに「諸司官人の武芸に堪うる者」を加えるとある。具体的には、正暦五年の捜盗時には「武勇人」「武者」が動員され(『日本紀略』正暦五年三月六日戊午条、『本朝世紀』同日条)、また安和の変、長徳の変の際にも武人が宮中の鳥曹司《とりのそうし》へ集められている。

ただ、武人たちの役割は臨時的・補助的なものだった点には注意する必要がある。『北山抄』によると、盗賊捜索の中心はあくまで衛府・馬寮の官人や舎人であり、「諸司官人の武芸に堪うる者」については「召し加」えられただけである。また、『北山抄』には京中の捜索後に周辺の山々を踏索するとあるが、正暦五年の捜盗時に衛府・馬寮の担当が左右京であるのに対し、「武勇人」「武者」は山々であり、盗賊捜索の中心が衛府や馬寮であったことがわかる。(36) また、大策・捜盗は数年に一度行われるだけであり、それも一一世紀になると途絶する。さらに、夜行は一一世紀にも続くが、担当していたのは検非違使、衛府、馬寮であり、武人はみえない。したがって、武人の保有する私的な武力が盗賊捜索や内裏警備などに使われるようになったこと自体は重要なことだが、この段階ではまだ臨時的・補助的なものに留まっていたのである。

次に、このころの武人にはどのような者たちがいたかをみていく。一〇世紀前半までは追捕南海道使紀淑人や征東大将軍藤原忠文など、九世紀の武人の家系から出た者たちが活躍していたが、後半になるとそれらの多くは姿を消してしまう。これは一〇世紀になると伝統的古代貴族が衰退し、藤原氏にあっても北家忠平流の摂関家とそれに関係する家系以外は勢力を失うという、貴族社会全体の動きによるものであろう[37]。それらに替わって登場するのが、源経基・平貞盛の系統の清和源氏と桓武平氏である。清和源氏では、満仲《みつなか》・満政《みつまさ》・頼光《よりみつ》・頼親《よりちか》・頼信《よりのぶ》、桓武平氏では維衡《これひら》・維敏《これとし》・維叙《これのぶ》・維時《これとき》などが著名である。両氏が中央で武人として台頭しその地位を固めたのは、源経基と平貞盛が天慶の乱で活躍したことによる。その後、清和源氏と桓武平氏が京における武士の中心となっていくことからすれば、中央軍事警察制度においても天慶の乱の影響は大きいといえよう。ただ、一〇世紀後半から一一世紀前半にかけての摂関期には、彼ら以外にも南家黒麻呂流の藤原保昌《やすまさ》、北家長良流の藤原惟風《これかぜ》、文徳《もんとく》源氏の源忠良《ただよし》など多くの武人がいた[38]。

藤原保昌は「勇士武略の長」(『尊卑分脈』)とされ、左馬権頭や各地の受領を歴任した。藤原惟風は検非違使を経て武蔵守となり、長保五年に隣国の下総国で平維良《これよし》による府館焼き討ち事件が起きると、惟風に維良の追捕が命じられている。また、備前守の時には前出羽介源信親《のぶちか》を射た犯人平季忠《すえただ》を捕えている。源忠良は検非違使として傷害犯藤原斉明《なりあき》の追捕にあたり、正暦三年には阿波国海賊追討使となって海賊追討に成功し、その功績により阿波守に任じられている。このほかにも、藤原斉信《なりのぶ》宅に乱入した狂悪法師を取り押さえ、「勇力人に軼《す》ぐ」(『江談抄』三―二五)と評された橘則光《のりみつ》、藤原斉明を討ちとり、その後大宰権帥《だざいのごんのそち》平惟仲《これなか》の手先となって宇佐八幡宮に乱入した惟文王《これふみおう》、帯刀長《たちはきのおさ》・検非違使となり、「武芸を好む」(『小右記』長元元年〈一〇二八〉七月二四日条)と評された藤原範基《のりもと》などがいる。

このように摂関期になると九世紀の武人の家系の者はほとんどいなくなり、清和源氏や桓武平氏をはじめとする新たな武人が台頭する。また九世紀の武人は私的武力を保持していたものの、それが盗賊捜索などに用いられることはなかったが、摂関期になると武人の私的武力が利用されるようになる。しかし、摂関期の武人の動員は臨時的・補助的であり、その私的武力の利用も限定的であった。このため武人の武的性格が表面化することは少なく、一般貴族との違いはあまりなかった。この点が次の院政期との相違である。つまり、院政期になると京の軍事的緊張が高まる一方で衛府の軍事警察機能が失われていく。このため武人たちの京内警備等での動員回数が増え、率いる郎等たちの数も多くなり、その私的武力への依存度が高まる。その結果、日常的にその武的性格が示されるようになり、彼らは武士として貴族と区別される存在となる。[39]また、先述した藤原保昌以下の武人が姿を消し、清和源氏・桓武平氏にほぼ限られるようになる。したがって、京において軍事や武芸を専門業として世襲し、京内警備等をその私的武力によって中心的に担い、一般貴族と識別される存在を武門とするならば、摂関期はまだその形成期にあったとすべきであろう。

おわりに

九世紀になると受領の権限と責務の強化、院宮王臣家の進出や富豪層の台頭などにより地方支配のあり方が大きく変わる。そして一〇世紀後期になると受領を中心とする新たな地方支配体制ができあがる。本稿の前半では、その間の変化の様子をいくつかの側面から明らかにした。後半では、地方支配の変化にともない受領と任用国司や郡司・富豪層との対立が深まり、そうしたなかで天慶の乱が起きること、そして乱の意義と影響について述べた。

最後に、二節にわたり、やや長めのスパンで地方と中央の軍事警察制度の変遷を論じた。これまでこの問題については中世史側からの研究が中心で、そのため地方豪族や武士の私的武力の利用拡大にもっぱら焦点があてられていた。それに対し、ここでは健児・臨時兵力や衛府にも考察を及ぼし、軍事警察制度を総体的にとらえるようにつとめた。

九世紀—一〇世紀中期は律令制的な地方支配体制が変容する一方で、中世的な地方支配体制が次第に姿を現してくる時期である。地方支配の実態解明には今後も多方面からの検討が必要とされよう。

(1) 天慶の乱全般を取り扱った最近の研究には、川尻秋生『戦争の日本史4 平将門の乱』(吉川弘文館、二〇〇七年)、下向井龍彦『物語の舞台を歩く 純友追討記』(山川出版社、二〇一一年)、鈴木哲雄『動乱の東国史1 平将門と東国武士団』(吉川弘文館、二〇一二年)などがある。なお、鈴木文献など近年の平将門の乱研究では、紛争地域に河川や湖沼が多いことから将門と水上交通の関係が重視されている。

(2) 拙稿「天慶の乱と承平天慶の乱(一)(二)」『愛媛大学法文学部論集』人文学科編三四・三五、二〇一三年。

(3) 佐藤宗諄「平安初期の官人と律令政治の変質」(『平安前期政治史序説』東京大学出版会、一九七七年、初出一九六四年)など。

(4) 泉谷康夫「受領国司と任用国司」(『日本中世社会成立史の研究』高科書店、一九九二年、初出一九七四年)、北條秀樹「文書行政より見たる国司受領化——調庸輸納をめぐって」(『日本古代国家の地方支配』吉川弘文館、二〇〇〇年、初出一九七五年)など。

(5) 西山良平「〈郡雑任〉の機能と性格」(『日本史研究』二三四、一九八二年)、森公章「国書生に関する基礎的考察」(『在庁官人と武士の生成』吉川弘文館、二〇一三年、初出一九九三年)など。

(6) この点について、かつては国が郡の機能を吸収したと評価されていたが、山口英男は在地支配層が地方行政の実務全般に関わるようになり、彼らの行政上の機能は拡大し重要化したとする(「十世紀の国郡行政機構——在庁官人制成立の歴史的前提」『史学雑誌』一〇〇-九、一九九一年)。一方、佐藤泰弘は一〇世紀末の国衙機構の再編を見通した場合には、旧来の説のように国司による郡務吸収過程の一環として理解するのが妥当としている(「平安時代における国家・社会編成の転回」

『日本中世の黎明』京都大学学術出版会、二〇〇一年、初出一九九五年)。
(7) 森公章「雑色人郡司と十世紀以降の郡司制度」(『古代郡司制度の研究』吉川弘文館、二〇〇〇年、初出一九九八・九九年)、吉川真司「律令体制の展開と列島社会」(『列島の古代史8 古代史の流れ』岩波書店、二〇〇六年)など。
(8) 山口英男「郡領の銓擬とその変遷――任用関係法令の再検討」(『日本律令制論集 下巻』吉川弘文館、一九九三年)、森公章「九世紀の郡司とその動向」(註7『古代郡司制度の研究』)など。
(9) 佐藤泰弘「律令国家の諸段階」(註6『日本中世の黎明』初出一九九五年)、同「受領の成立」(吉川真司編『日本の時代史5 平安京』吉川弘文館、二〇〇二年)など。
(10) 平野博之「平安初期における国司郡司の関係について」『史淵』七二、一九五七年。
(11) 註6山口文献、註7吉川文献など。
(12) 泉谷康夫「平安時代における郡司制度の変遷」(註4『日本中世社会成立史の研究』初出一九七九年)、註7森文献など。
(13) 大石直正「平安時代の郡・郷の収納所・検田所について」『日本古代・中世史の地方的展開』吉川弘文館、一九七三年。
(14) 勝山清次「公田官物率法の成立とその諸前提」『中世年貢制成立史の研究』塙書房、一九九五年(初出一九八七年)。
(15) 中込律子「受領請負制の再検討――摂関期における中央税財政システムの再編」『平安時代の税財政構造と受領』校倉書房、二〇一三年(初出一九九三年)。
(16) 佐藤泰弘「徴税制度の再編」註6『日本中世の黎明』(初出一九九〇年)、拙稿「大帳・正税帳制度の解体」『受領制の研究』塙書房、二〇〇四年(初出一九九四年)。
(17) 院宮王臣家・諸司の問題については、西山良平「平安京と周辺農村」(『新版古代の日本6 近畿Ⅱ』角川書店、一九九一年)、市大樹「九世紀畿内地域の富豪層と院宮王臣家・諸司」(『ヒストリア』一六三、一九九九年)、吉川真司「院宮王臣家」(註9『日本の時代史5 平安京』)などを参照。
(18) 飢疫・災害と九世紀の地方支配の関わりを論じたものとしては、森田悌「地方行政機構についての考察」(『平安時代政治史研究』吉川弘文館、一九七八年、初出一九七三年)、宮瀧交二「環境史・災害史からみた平安時代の在地社会」(『国史学』一九六、二〇〇八年)、今津勝紀「古代の災害と地域社会――飢饉と疫病」(『歴史科学』一九六、二〇〇九年)などがある。

なお、九世紀の自然災害については、保立道久『歴史のなかの大地動乱――奈良・平安の地震と天皇』(岩波新書、二〇一二年)が詳しい。
(19) 拙稿「律令制支配と賑給」『日本史研究』二四一、一九八二年。
(20) 西別府元日によると、弘仁一四年に大宰府管内で始まった公営田制も、弘仁末年の未曽有の飢饉・疫病によって生じた死亡人口分田を活用するために立案されたものである(「公営田政策の背景――弘仁末期の大宰府と西海道諸国」『東アジアと日本　歴史編』吉川弘文館、一九八七年)。
(21) 佐藤宗諄「「前期摂関政治」の史的位置――貞観初年の政治を中心として」(註3『平安前期政治史序説』初出一九六三年)、笹山晴生「平安初期の政治改革」(『平安の朝廷　その光と影』吉川弘文館、一九九三年、初出一九七六年)など。
(22) 戸田芳実「中世成立期の国家と農民」『初期中世社会史の研究』東京大学出版会、一九九一年(初出一九六八年)。
(23) 『続日本後紀』承和一一年五月辛丑条、『類聚三代格』昌泰元年一一月一一日官符、同延喜元年一二月二一日官符。
(24) 中世の武士と区別するため、一一世紀前半までの軍事・武芸に秀でた者を武人と呼ぶことにする。以下では主に四位・五位クラスの武人をとりあげる。
(25) 同伝によると、元慶二年に起きた出羽国の夷俘の反乱も秋田城司良岑近の暴虐な苛政が原因であった。なお、承和の変時に山城国五道を警護するため五人の武人が派遣されるのだが、大原道、山崎橋を担当したのが丹比門成、朝野貞吉である。
(26) 藤原維幾は高望王の女を娶り、その間に生まれた子の為憲は将門と戦っている。為憲はその後土着して工藤氏、二階堂氏などの祖となる。
(27) 川尻秋生「平安貴族がみた坂東――平将門の乱の影響を中心として」(『古代東国史の基礎的研究』塙書房、二〇〇三年、初出二〇〇一年)、上島享『日本中世社会の形成と王権』(名古屋大学出版会、二〇一〇年、第一部第一章・第三章)などを参照。なお、拙稿「藤原純友の乱後の伊予国と東国」(『日本歴史』六四二、二〇〇一年)でも言及した。
(28) 本節の詳細は、拙稿「平安時代中期の地方軍制」(『古代文化』六二―四、二〇一一年)を参照されたい。
(29) 戸田芳実は、東国の平氏のような「辺境軍事貴族」の軍事力は「独自に国衙軍制を補足して反乱鎮定の役割をはたす」(「国衙軍制の形成過程」註22『初期中世社会史の研究』初出一九七〇年)とするが、以下に述べるように地方豪族の私的武力の利用が一般化するのは一一世紀以降のことであろう。なお、東国の平氏は九世紀末以来の群盗鎮圧のため配置されたとする考え方もあるが、推測の域を出るものではない(森田悌「平安前期東国の軍事問題について」『解体期律令政治社会史の研究』国書刊行会、一九八二年、初出一九七五年)。

(30) 石井進「中世成立期の軍制」『石井進著作集第五巻　鎌倉武士の実像』岩波書店、二〇〇五年(初出一九六九年)。

(31) 山田充昭「検非違使成立期前後の京中警備の実態」(『日本史研究』四〇六、一九九六年)、高橋昌明「近衛府と武官系武士」(『武士の成立　武士像の創出』東京大学出版会、一九九九年)など。

(32) ただし、危急時には武官だけでなく非武官の武人も官職に関わりなく動員された。承和の変時には左中弁良岑木連が諸兵を率いて内裏を警護し、少納言清滝河根が諸衛府を率いて兵庫を警衛した。八世紀の藤原仲麻呂の乱時にも非武官の藤原蔵下麻呂らが兵を率いて参戦している。

(33) 戸田芳実は、文室宮田麻呂を例に当時の五位クラスの官人の土地所有について分析し、とりわけ国司については「その任中に、広く山林原野を占取し、田家を設け、良田を囲い込んで営田を行なう動向は禁じ難いものがあった」としている(「領主的土地所有の先駆形態」『日本領主制成立史の研究』、岩波書店、一九六七年)。

(34) 註29戸田文献。

(35) 註31高橋文献。

(36) 政変時も同様であり、諸陣の警固は衛府によってなされているので、武人の鳥曹司への招集は予備的なものであろう。なお、大索・捜盗については、高橋昌明「武官系武士から軍事貴族へ」(註31高橋『武士の成立　武士像の創出』)を参照。

(37) 長山泰孝「古代貴族の終焉」(『古代国家と王権』吉川弘文館、一九九二年、初出一九八一年)、佐藤圭「永承二(一〇四七)年における五位以上の藤原氏の構成」(『年報中世史研究』八、一九八三年)、註31高橋文献など。

(38) 福田豊彦もこれらの武人たちの系統を清和源氏・桓武平氏と同じ「都の武者」の家柄としている(「王朝軍事機構と内乱」『中世成立期の軍制と内乱』吉川弘文館、一九九五年、初出一九七六年)。

(39) 元木泰雄『武士の成立』吉川弘文館、一九九四年。

第４巻

古代国家の軍事組織とその変質

吉永匡史

はじめに

国家は、自らが発展を遂げるにあたり、これを脅かす様々な障害を排除し、自身の秩序を長く保つための権力を必要とする。国家が保有する権力を発現するにあたっては、様々なかたちを取り得るけれども、国家の基幹を形作る法による秩序の貫徹や、政治的決定の実現、民衆に対する収奪などには、強制力を必要とする点に注意しなければならない。

その強制力の最たるもの――かつ、全ての強制力を裏付ける重要なものの一つ――が、国家の暴力、すなわち軍事力である。古代国家は、軍事力をどのように掌握し、編成・行使したのか。これが、本稿に課せられたテーマである。なかでも、律令国家の形成期・確立期の軍事体制と各軍事組織については、官人制に基づく中央集権国家体制下における支配システムの一環として、そのあり方や性質をどのようにとらえるのか、また日本という国家の初期段階において、国家的軍事力がどのように編成されていき、それが東アジアにおいていかなる特色をもっていたのか、という重要な問題をはらんでいると言えるだろう。

本稿では、右のような問題意識に基づき、九世紀以前における古代国家の軍事組織について考察する。具体的には、律令国家の軍事体制を中心に据えつつ、概ね時系列に沿って論を進めることとし、古代国家の初期段階における軍事組織、律令国家の軍事体制、そしてその変質の様態を明らかにしたい。

一　国家的軍事組織の形成過程

1　古墳時代の軍事編成

古墳時代の軍事編成をうかがう手がかりとなるのは、遺跡の発掘調査によって出土する武器・武具である。弥生時代では集落から出土することが顕著であったが、古墳時代に入ると地域首長の墳墓からの出土が増加し、彼らのもとに武器・武具が集積されていくことがうかがえる。そのなかでも注目されるのは、短甲である。古墳時代前期には列島各地で多様性がみられたが、中期に入ると百舌鳥《もず》・古市《ふるいち》古墳群から数多く出土する型式が広く分布するようになる。(1)これは、高い斉一性をもつ甲冑が畿内の政権によって地方へ下賜されたことを示しており、甲冑という軍事的象徴をもって畿内の政権が地方へ政治的影響を及ぼしたことを意味している。そしてこれらの甲冑が各地域内で再配分されていることからすれば、(2)地域首長による武器の集積と、その権威による軍事動員が徐々に進んでいたことがうかがえよう。

右のような考古学的成果は、五世紀後半の雄略朝の状況と符合する。当時の倭は百済《くだら》が主導する朝鮮半島南部の勢力と手を組み、南下政策をとる高句麗《こうくり》と戦っていた。倭王武(雄略大王)が『宋書』倭国伝にみえる上表文で、自らに至るまでの軍事活動を誇示していることは、上述した甲冑に象徴される軍事的権威が重視されていたことを示している。

さらに、同時期の史料である埼玉県稲荷山《いなりやま》古墳出土鉄剣の鉄剣銘によれば、ヲワケは「杖刀人の首」、すなわち刀を佩《は》いて護衛・儀仗を行う軍事的職務をもってワカタケル大王(雄略)に仕えていた。(3)これは熊本県江田船山《えたふなやま》古墳出土鉄刀銘の典曹人と同様に、ある程度分化した職務に従事する人間集団が各地から到来して王宮に仕奉する、人《ひと》制の具体的様相を示している。(4) 政権の膝元に、常に武装した軍事集団が警衛のために存在したとみてよいだろう。

当時の支配論理である人制は、大王と地方豪族の人格的服属関係を体現しており、これが部民制へと展開していく。この点からすれば、畿内の政権が下賜した甲冑が、威信財として王権への帰属を体現するとともに、首長自身の権威強化をもたらしたものと考えられる。そして、大王が主導する列島内外の軍事行動においては、こうした統属関係に基づき、地方の軍事力が動員されたのである。

六世紀に入ると、古墳から主に出土する武器は甲冑から装飾付大刀に移行し、その下賜対象は地方豪族のみならず有力農民層にまで拡大する。これに群集墳の形成をあわせて考えると、新興有力豪族層の台頭による軍事動員主体の拡張がみてとれよう。(5)

こうしたなかで重要なのは、国造制《こくぞうせい》の成立である。国造制については本講座第二巻の森公章論文に譲るが、安閑紀にみえる武蔵国造の乱に明らかなように、王権とのつながりを密接にもち、管轄範囲の統治を権威付けられる国造という官(地位)への就任は、地域社会のなかで大きな意味をもっていた。

そしてこの王権との紐帯は、国造という官および装飾付大刀の下賜という中央からの一方向的なものではなく、大王の身辺に仕える舎人《とねり》や、大伴連によって統率された中央軍事力である靫負《ゆげい》・靫部を国造が供給して王権に仕奉することで、維持されていた。(6) 各地で地方豪族(地方伴造としての性格を帯びる)によって設定された部から、地方伴造の責任で王宮へ供給された建部《たけるべ》などのトモも同様である。なかでも王族の私的兵力の性質をもつ舎人は東国の国造の子弟が主体であったとみられ、(7) 王権と東国の軍事的な関係は、八世紀に至っても残存することとなる。また物部は、その初源的職務については議論があるものの、徐々に軍事警察的職務を主任務としていった。(8)

一方で、地方における軍事力の行使は、各豪族による民衆徴発が主な基盤であった。倭王権は、各地に貢納奉仕の場であるミヤケを設置していったが、これらは国造などが差発する徭役《ようえき》労働によって耕作・経営されていた。(9) こうした徭役労働の徴発と、五世紀以降に進行した地域首長による武器・武具の集積からすると、力役《りきえき》と同様の方式で支配下の民衆を徴発し、必要に応じて国造が保有する武器を貸与することで、国造の軍隊——すなわち国造軍——を編成したものと考えられる。地方伴造も、中央伴造の要請を受けて管理下のトモ・べ集団を徴発するが、国造制と部民制という当時の縦割りの支配システム上では一見両者は異なるようにみえるものの、豪族の民衆徴発の実態は結局のところ同様とみてよい。

国造軍という概念は、岸俊男が行った『万葉集』所載の防人歌の分析によって、具体的に提示された(10)。国造軍は国造の地位を保全する軍事力としては私的なものと言えるが、朝鮮半島に対する軍事行動など、倭王権の命令に基づく軍事動員の際には、これを国家的軍事組織とみなすことができる。

そこで国造軍と目される『日本書紀』の事例をみると、六世紀半ばにおいて、百済王子恵を護送する際に筑紫火君が「勇士一千」を率いており(欽明一七年正月条)、また倭の百済救援軍として筑紫国造が朝鮮半島南部で奮戦したことが知られる(欽明一五年一二月条)。国造軍の指揮系統については、崇峻四年(五九一)の新羅《しらぎ》征討軍では、紀・巨《こ》勢《せ》・大伴・葛城《かずらき》という中央有力氏族が「大将軍」に、「氏氏臣連」が「裨将・部隊」に任命されており(一一月壬午条)、中央氏族が将校団を形成し、地方軍事力を指揮するという構造を見出せる。このような外征軍においては、紀氏出身者が関係記事に多くみえることから、陸上軍だけでなく水軍も大きな役割を果たしていた(11)。

ただ徴兵のあり方については、地域差があるように思われる。畿内氏族の軍事編成を考えるにあたっては、蘇我馬子連合軍と戦った際の、物部守屋軍が参考となる。物部守屋軍の中核は、本人とその子弟、「資人」そして奴から構成されており、これに血縁関係者や同調者が加わるものと推測される。しかし、物部は全国に広く設定されたにもかかわらず、地方の物部が守屋軍に加わった形跡がないことは、中央と地方の物部に強い統属関係が無かったためと判断できる。皇極二年(六四三)に山背大兄王が蘇我入鹿によって襲撃された際にも同様の編成がみえ、東国に落ちのびて乳部《みぶ》を本体とした軍勢を編成して反撃することが提案されている。地域の行政・軍事権をある程度委ねられている国造とは異なり、畿内氏族はあくまで各氏族内部での徴発に限定されていたのだろう。

以上、古墳時代における軍事組織について検討を加えてきたが、この段階では兵役と力役との境界が曖昧なまま、政治的要請に応じて適時徴発されていた。とは言え、これは全ての農民に画一的に負担が課されたということではなく、群集墳から見出せる武器所有の階層性が示すように、徴発される社会階層は、ある程度固定化せざるを得ない面もあった。(12) 広い範囲に拡大した民間の武器保有の状態と、(13) 国造などの地方豪族による大量の武器保有・貸与によって、当時の軍事力は編成されたのである。

2 七世紀における軍事力編成

こうした状況は、激動する東アジア情勢に呼応しつつ、中央集権国家体制の形成とあいまって変化していく。孝徳朝に至ると、律令制的人民支配体制の構築を目指し、評制が全国的に施行された。これに先立ち、大化元年(六四五)にいわゆる東国国司が派遣されたが、その任務のなかに、「閑曠之所」に兵庫を建てて刀・甲・弓・矢を収納することや、「辺国」で蝦夷と境界を接する場合はこれらを記録して本主に返却させることがみえる(八月庚子条)。特に東国に対して先駆けて実施したのは、前述した王権の軍事力供給地としての東国の性格を背景とすると考えられる。また翌月には「四方国」に使者を派遣して種々の兵器を集め、翌年の「改新之詔」には人身ごとに刀・甲・弓・矢・幡・鼓を輸さしめたとある。

これらの政策が現実的にどの程度徹底されたのかは疑わしいとしても、中央政府は評制の施行を通じて、各豪族が動員してきた軍事力の実態に管理の手を伸ばし始めたことは確かだろう。このほか中央武力については、物部宇麻乃が「難波朝衛部」であったことが知られ(『続日本紀』養老元年三月癸卯条)、朝廷守備兵力の統括に衛部があたったとみられるが、[14] 実態は不明である。

このように倭国が地方支配体制を整備するなか、唐王朝を中心として展開する東アジア情勢は、さらなる激動の時代を迎えていた。六六〇年に百済が唐・新羅連合軍によって滅ぼされると、斉明天皇は中大兄皇子・大海人皇子らとともに自ら筑紫へ赴き、百済復興のための援軍を朝鮮半島へ派遣した。この百済救援軍は前軍・中軍・後軍の三軍で編成され、各軍の内部は「正‐副」の将軍の構成をとっていた(天智二年三月条)。[15] しかし救援軍の内実は、従軍した地方豪族の実例によると、評制に基づくものというよりも、むしろ旧来の国造軍が主力であったとみられる。[16] 白村江の戦いにおける倭国軍の戦法は、兵法を考慮せず各隊がバラバラに敵軍へ突撃する未熟なものであり、大敗を喫する結果となった。この段階では、戦術・陣列などを説く兵書の類が仮に大陸から舶来されていたとしても、受容というレベルにはほど遠かったのである。

白村江における大敗の後、倭国は唐・新羅連合軍の侵攻の可能性というかつてない危機に直面した。防衛のための軍事政策を速やかに講じ、防人と烽《とぶひ》を対馬島・壱岐島・筑紫などに設けるとともに、大宰府の附近に水城《みずき》を築き、対馬から瀬戸内海を経由して畿内に至る要地に朝鮮式山城を築城した。さらに天智六年(六六七)三月には近江大津宮へ遷都し、近江国の防衛機能の強化を実施している。高安城が難波方面に対して防備が固いことをあわせて考えると、畿内を最終防衛ラインとした東国への緊急避難も想定していたことがうかがえる。そして天智九年(六七〇)、初の全国的戸籍である庚午年籍《こうごねんじゃく》が作成された。その目的の一つに、有事の際に可能な限りの兵力・物資を徴発することがあったことは疑いない。

六七一年一二月に天智天皇が崩御すると、近江朝廷と大海人皇子との間に皇位をめぐる問題が発生し、翌年六月に壬申の乱が勃発した。乱は計画的なものであったが、[17] 吉野に隠遁していた大海人が勝利するには、当時の軍事上の問題点を衝き、これを自らに有利に動かすことが必要であった。その問題点とは、①大海人の吉野脱出情報を得て即座に強力な追撃隊を派遣できなかったことから、王宮周辺に常備された大規模かつ強力な親衛軍の欠如、②尾張国宰が尾治連をコントロールできなかったことに見出せる、国宰の任地における支配権の弱さ、この二つが指摘できる[(18)]。大海人皇子は、近江朝廷の中枢部を構成していた畿内の有力氏族ではなく、地方豪族をたくみに自陣へ取り込み、勝利したのであった。

天武朝では、これらの是正を通じた軍事改革が進められた。ここで注意したいのは、天武天皇は一政治家として、白村江の敗戦による危機という対外的要因と、壬申の乱という対内的要因をともに体験しており、これらの経験はいずれも天武という一個人の中に収斂される点である。彼が発した著名な言「凡そ政の要は軍事なり」はこれをふまえて理解すべきであり、両要因を峻別して片方を否定してはならない。天武天皇は、双方の要因に対応しうる、王権防衛のための国家的軍事力の創出に着手したのである。

天武朝の軍事政策を先述の問題点にそってみていくと、問題点①は、緊急時の親衛軍を編成するために、畿内官人の武装化を充実させることで当座の解決を図った。さらに、本政策を通じて官人に武官の性質を加えることで、民衆に対する軍事訓練の浸透をもねらっていた[(19)]。次に②については、まず天武一三年(六八四)の国境確定事業によって国宰の支配領域を確定することで、その権限を相対的に強化した[(20)]。そのうえで翌年に、各豪族の恣意が地方軍事力の行使に影響することを極力防ぐために、地方豪族が保有していた軍隊指揮具を評に収公して一本化し、評単位の軍事編成を可能とした(天武一四年一一月丙午条)。そして白村江における戦闘の反省をふまえて、画一的な地方軍事組織の確立を目指し、陣法の訓練も実施された。以上の施策によって、評制軍と呼称することも可能な地方軍事組織が成立したのである。ただ、天武天皇自身が中小豪族の広範な支持を得て壬申の乱で勝利した以上、各豪族の権力の源泉である軍事力の徹底的な掌握は、慎重な歩みをとらざるを得なかった。

このような天武朝における軍事政策は、持統朝でも踏襲される。持統三年(六八九)には、当時の基本武藝である射藝の訓練場を各国に設置した。ここで訓練する兵士が国家的軍事組織の一員であることが、視覚的にも明示されたのである。これをふまえて閏《うるう》八月に詔を下し、庚寅《こういん》年籍の作成と浮浪者(おそらく庚午年籍作成時と同様に盗賊も)の捕縛を命じ、兵士については一国を四分してその一を差点して武藝を訓練させた。本政策の解釈については議論があるものの、戸籍作成を契機として、従来不明瞭だった平時の兵士数に対して新たに制限を設けることで、国宰が行使しうる平時の軍事力を明確化したものと考えられる。(21) 本政策は飛鳥浄御原令の施行と同時期であり、従来力役と渾然一体となっていた兵役は、このときにようやく分離したのである。(22)

次に中央武力に目を向けると、京畿内官人の武装の検閲は文武初年に至るまで引き続き行われていた。さらに藤原宮の宮城十二門号は平城宮とほぼ同様であったとみられるから、その守衛を大伴・佐伯・的《いくは》・建部などの宮城門号氏族——八世紀の門部にあたる——が伝統的に担当していたと考えられる。(23) 南面中央の門が大伴門(朱雀門)であることから、大伴氏を中核として、門号氏族が各門を守衛したのだろう。藤原宮木簡には「御門方大夫」とみえ、宮城門号氏族の大夫がその一族を率いて守衛にあたった様子がうかがえ、「宮守官」の名も見出せる。(24) 軍事政策を担当していた兵政官との名称の類似から推測するに、宮守官の統括のもと、王宮の守衛が実施されていた。

宮城の護衛兵力については、上述の宮城門号氏族のほか、官人の供給源として新たに位置づけ直されたトネリが挙げられる。なかでも兵衛は、壬申の乱で活躍した大分君稚見が実例としてみえ(天武八年三月丙戌条)、天武朝に天皇親衛軍として整備された。さらに大宝律令施行直前の大宝元年(七〇一)八月に、衛門府の衛士を「加差」したことから(『続日本紀』同年月丙寅条)、浄御原令制下では既に衛士も宮城の守衛に就いていた。ただ、軍団を供給母体とした八世紀の衛士とは異なり、この頃は仕丁制《しちょうせい》を援用することで供給されていたものとみられる。(25) 令制衛士の主要任務の一つに御垣《みかき》の守衛があり、石神遺跡の南北溝(藤原宮期)より出土した木簡に「御垣守」がみえる。(26) 実態としては仕丁であったとしても、軍事的任務に従事する様相を見出すことができるだろう。

以上のように、白村江の敗戦と壬申の乱という二つの経験を経て、王権の存立と全国支配を維持・展開すべく、国家的軍事組織が再編成された。しかし、中央軍事力は旧来の遺制を色濃く残すものであり、地方軍事組織との供給関係も構築されていなかった。また地方軍事力については、国宰の権限は上昇したものの、律が未施行であるため恣意的な徴兵と軍事行動を規制する刑罰体系(擅興律《せんこうりつ》など)が存在せず、評のもとへ実際の軍事権が集中することとなった。これらの問題点の解決をめざして成立したのが、律令軍事体制である。

二　律令軍事体制の構造と特質

八世紀初頭の大宝律令の施行により、律令軍事体制が成立した。中央軍事組織については宮衛令、地方のそれは軍防令に主に規定され、唐律令を継受して整備された(27)。そして律令軍事体制は、常備的平時体制と臨時的戦時動員体制に区分される(28)。よって本章でも平時と戦時に分類し、律令軍事体制の構造と特質を考えていきたい。

1　常備的平時体制

(1)　五衛府制

中央武力である五衛府《ごえふ》は、衛門府・左右衛士府《えじふ》・左右兵衛府《ひょうえふ》によって構成される。各衛府は四等官制《しとうかんせい》(長官は督《かみ》)に基づく武官によって運営された。五衛府長官の官位相当は五位であり、他官と比べて特別に高いわけではないものの、勅任官であり天皇との繋がりを強くもっていたことが特徴的である(選叙令3任官条)。

五衛府の主要な職務は、宮城内や諸門・御垣などの警備、行幸における天皇の前後の警衛、および宮城内と京内の夜間巡検である。それぞれの門は担当する衛府が決まっており、宮城門は衛門府、宮門は衛門府と衛士府、閤門は兵衛府が守衛した(『令集解』宮衛令1宮閤門条古記)。門の通行は衛府によって厳密にチェックされており、人は門籍(宮衛令1宮閤門条、同2応入禁中条など)、物は門牓《もんぼう》(宮衛令18儀仗軍器条、同25諸門出物条)により検察された。

その兵力は、衛門府が門部《かどべ》(二〇〇人)と衛士、左右衛士府は衛士、左右兵衛府は兵衛(各四〇〇人)で構成される(職員令《しきいんりょう》)。門部は「負名入色人」すなわち宮城門号氏族から任用され、不足する場合のみ、定員の三分の一を限って他氏から採用した(延喜兵部式)。ただ、藤原宮の衛門府本司がおかれたとみられる藤原京跡左京七条一坊西南坪から出土した木簡には、佐伯氏出身の門部が山部門を守衛した事例があり、大宝年間の段階で既にある程度の官僚制的運用が行われつつあった(29)。

左右衛士府の主兵力である衛士は、各国の軍団兵士が上番することで供給された。衛士の定員は職員令に明示されておらず、時期によって増減があるが、衛門府・左右衛士府ともに最低二〇〇人は配備されていたとみられる(30)。衛士は地方から上番するため、食料は仕丁と同じく庸米が支給され、炊飯の労をとる火頭が配された。衛士は軍団から供給される体制となったにもかかわらず、仕丁制との類似性を依然としてもっている(31)。これは、軍団の一時停止・復活に影響されることなく、宮城守備兵力を常に維持する必要があったからだろう。

兵衛は、五衛府のなかで天皇に最も近い場所を守衛するだけでなく、天皇行幸の際の警衛もつとめた。その選抜は、内六位以下八位以上の官人の嫡子で簡試の評価が中等の者、および諸国郡司の子弟から採用された(軍防令)。兵衛は季禄をうけ毎年勤務評定にあずかるなど、律令官人機構の末端に連なる存在であり、衛士とは根本的に異なっている。また郡司の子弟たちは兵衛としての勤務を終えた後、地方へ戻って郡の大領・少領や軍団の大毅・少毅となる例がしばしばみられる。これは前章で述べた、大化前代からのトネリの伝統を継承したあり方と評価できよう。兵衛の活動については、平城宮木簡や二条大路木簡から、宮城外の皇后宮の警備に派遣されたことが知られ、その具体的な様相が明らかとなった(32)。

このほか、五衛府に関係する軍事的官司としては、朝廷の馬政を司る左右馬寮《めりょう》があり、武器の管理は左右兵庫と内兵庫がこれにあたっていた。また兵部省の被管官司には、兵馬司・造兵司・鼓吹《くすい》司・主船司・主鷹《しゅよう》司があった。以上のような五衛府制は大宝律令の施行によって整備されたが、衛士という名称も含めて、模範としたのは唐の南衙禁軍、すなわち左右十二衛(左右衛、左右驍衛・左右武衛・左右威衛・左右領軍衛・左右金吾衛)である。左右十二衛の衛士は、各地に設置された折衝府から供給され、皇城を守衛する総人数は常時八万人を下らなかった(33)。この大兵力は緊急時に京師防衛の強力な軍隊を編成することを可能にし、左右十二衛の長官は大将軍という将軍号をもっている。これに対し、日本の五衛府では将軍号を排除している点に注意しておきたい。

五衛府制は、衛士の供給母体である軍団と密接に関係する。次に、地方兵制をみてみよう。

(2) 軍団兵士制と防人制

軍団は、律令国家の地方軍事組織である。その創始を明示する史料は現在確認できないが、大宝律令の施行によって成立したと考えられる(34)。評に軍事権が集中した状況をうけて、これを分離独立させることで一応の解決を図ったのである。京師防衛の兵力である衛士、そして西海道北部で防守の任に就いた防人は、この軍団を母体として供給された。

八世紀初頭の段階で軍団は、一律に一〇〇〇人の規模で各国に設置された(35)。しかし国内の全ての郡に存在したわけではなく、郡を越えた広い範囲を単位として設置されており、国によって軍団数は異なっていた。地理・軍事・内政の様々な要因を考慮して置かれたのだろう。軍団制は唐の折衝府制を模範として、軍防令に基づき整備されていた。

しかし設置状況という観点からみると、両者には明確な差異がある。唐の折衝府は、北方の遊牧国家である突厥との関係が悪化した高宗期以降は辺境にも増置されるようになったものの、成立当初は主に京師周辺地域に集中していた。[36] 折衝府制は、あくまで地方軍の中央化を通じた京師防衛を最重要目的として構築された、唐王朝の全国支配を維持するための常備的軍事体制だったのである。一方で日本の軍団は、全国にくまなく設置された点が大きく異なっている。

軍団の本質について、先行研究の理解は大きく二つに大別される。一つは、地方豪族の勢力(軍事力)を削ぎ、国家の常備軍を設置することを目的とする、対内的要因を重視する説、[37] もう一つは、新羅との戦争遂行のための、唐に倣った画一的軍隊の編成を主眼とみる、対外的要因を重視する説である。[38] さらに後者に関連して、朝鮮半島への侵攻を目的とせず、白村江の敗戦によって引き起こされた対外的危機に対応するための、王権防衛軍であるとする見解も提示されている。[39] 七世紀までの状況をふまえると、軍団は評の軍事力を分離独立させるという事情を背景としつつ、今後起こりうる内憂外患に即応する軍事組織として機能させるために、地域に偏りなく全国的に設置されたものと理解できる。

軍団は大毅・少毅・主帳・校尉・旅帥・隊正によって運営され、平時には兵士を訓練して諸任務に従事し、戦時には征討軍の主力となった。軍団の管理官である大毅・少毅は、軍防令では散位・勲位・庶人から採用することとなっていたが、実際には郡司クラスの地方豪族の就任が主であった。[40] 本来であれば、天皇の名代である国司が直接在地の軍事力を掌握することが理想であったはずだが、軍団制創設時点では、まだそれが可能な段階ではなかったことを示している。そして中央政府は大毅・少毅に対し、兵士・武器の管理や、兵士に対する弓馬・陣列の訓練を求めていた(職員令79軍団条)。平時における軍事力の充実があってはじめて、戦時に国家的強制力が発現するのであり、ひとたび出征将軍以下の将校団が任命されれば、軍団はその指揮下に入り、征討行動に従事したのである。

軍団の兵士は、軍防令3兵士簡点条の「其れ点して軍に入るべくは、同戸の内に、三丁毎に一丁を取れ」とある規定に従って正丁から徴発された。先行研究では、この実効性について活発な議論が行われた。大宝二年(七〇二)

の現存戸籍から算出される点兵率が約四分の一弱であり、軍防令の点兵率に合致しないとみたからである。研究史の初期では兵士役忌避の現れなどとされたが、のちに一つの戸から一人の兵士を出す、一戸一兵士説が提唱された。[41]一戸一兵士説では、これを七世紀以前からの慣行の残存であるととらえ、行政単位についても五〇戸は軍事単位の隊、五保は伍に対応して設定されたとした。[42]

しかし、この一戸一兵士説は高橋崇らによる詳細な批判があるように、そのまま従うことはできない。[43]そもそも「三丁毎に一丁を取れ」という規定は唐軍防令の条文を継受したものとみられるが、[44]濱口重國が早くに指摘したように、この点兵率はあくまで最大限度であって、徴兵は軍事組織の定額を満たすだけ行えばよいのである。[45]よって、人口の多寡に対応して点兵率が上下するのは当然である。高橋らの批判にくわえ、兵士を出さない戸や、二人出している戸もある程度存在することを考慮すると、一戸一兵士という点兵原則が存在したとは考えにくい。

軍団の画期性は、定額が不明瞭であった地方軍事力について、一律一〇〇〇人という定額をもつ軍隊を各国に設定し、これを国司の掌握下においた点にある。律令国家の軍事組織である軍団の徴兵対象は公民であるから、軍団兵士となることは公民のみに与えられた義務(権利)である。したがって、支配下の戸から広く兵士を取ることは、国家への帰属意識を民衆に植え付ける点で有益であったと言えよう。一戸一兵士の慣行が七世紀以前に存在したことを否定し去るつもりはないが、大宝二年の戸籍はあくまでも定額をもつ軍団制施行段階の点兵状況を示すのであり、そこから軍団制未施行である七世紀以前の状態を見出そうとするのは、検討手法として無理があるだろう。

さて、兵士が軍団に入営するにあたっては、弓や大刀をはじめとした武器や集団行動用の物資が必要とされた(軍防令7備戎具条)。軍防令は兵士が自弁すると規定するが、軍団が管理する武器は「様《ためし》」に忠実に製作された画一化されたものであることから、これは法的な建前である。実際には官営工房で生産されたものを、兵士が代価を支払った後に官給されたのだろう。[46]現存する正税帳には「年料器仗」がみえ、毎年各国が兵士用の横刀などを一定数製作していたことがわかる。諸国および中央官司の造兵司が製作する戎具《じゅうぐ》の蓄積によって、律令軍事体制下の軍備は充実していったのである。

入営後の軍団兵士は平時において様々な任務に就いたが、軍団に属する兵士一〇〇〇人の全てが常時軍団に詰めていたわけではない。大宝律令の施行後まもなく、慶雲元年(七〇四)の施策によって兵士は一〇番に分けられ、短いスパンで年に数回上番する勤務形態となった(『続日本紀』同年六月丁巳条)。よって、一〇〇人の兵士が諸任務を日々遂行していたことになるだろう。

兵士の主要任務は国内上番である。[47] その具体的な任務は表1のようにまとめられ、大きく①から④に分類される。④は兵士としての大前提であるが、①~③の諸任務からは、兵士が犯罪者追捕の治安維持活動や、関や兵庫といった重要拠点の警護など、軍事力が必要とされる国内行政の諸任務に従事していたことがうかがえる。[48]

そこで、国内行政という観点から国司と軍団の関係を考えてみると、国司は軍毅(大毅・少毅)の勤務評定を行ったのみならず、軍団自体の設置申請権も保有していた(『続日本紀』神亀五年四月丁丑条)。先にみた点兵についても、唐とは異なり、日本の軍防令では軍団の関与を見出すことができない。さらに慶雲元年より、国内の無位帯勲者が軍団へ続労することが許され、これらも国司が直接把握するようになった(『続日本紀』同年六月己未条)。これによって国司は、国内の武藝優秀者の殆どを自らの管理下におくこととなったのである。

軍団の財政面をみても、射田や兵家稲といった軍団に関わる財源は、国郡一般行政に依存して存在していた。[49] したがって軍団は、官司としての独立性が低く、国司の強力な統制下にあったと言えよう。平時において軍団は、軍事業務を担当する国司の下部機構という性格をもち、国司による地方支配貫徹の軍事的保障としての役割を果たしたのである。

このような性質をもつ軍団から供給されたもう一つの兵種が、防人である。史料上の初見は孝徳朝の「改新之

表1　軍団兵士の任務

任　務	具体内容	典　拠
① 守衛・守固	軍糧倉や武器庫等の守衛	養老軍防令6兵士備糒条 (参考)『続日本紀』天平11年6月癸未条 『類聚三代格』延暦11年6月14日官符
① 守衛・守固	関(剗)の守固	養老軍防令54置関条
① 守衛・守固	主船司管轄外の官船看守およびその修理	養老営繕令13有官船条
② 修理・修造	倉庫の修理	養老軍防令39軍団置鼓条
② 修理・修造	城隍の修理	養老軍防令53城隍条
② 修理・修造	器仗の修理・製造	養老営繕令8貯庫器仗条 (参考)『続日本紀』天平宝字5年11月丁酉条
② 修理・修造	堤防の修理・修営	養老営繕令16近大水条
③ 防援・逓送・追捕	蕃使出入の防援	養老軍防令64蕃使出入条 (参考)『続日本紀』慶雲2年11月己丑条 『続日本紀』和銅7年11月乙未条
③ 防援・逓送・追捕	囚徒や浮浪人および軍物の逓送・防援	養老獄令20徒流囚条 伊勢国計会帳 (参考)養老獄令14逓送条
③ 防援・逓送・追捕	犯罪者の追捕	養老捕亡令2有盗賊条 養老捕亡令3追捕罪人条
④ 軍事訓練	武藝訓練(剣・槍・弩・石・歩騎射)	養老軍防令10軍団条 『続日本紀』慶雲元年6月丁巳条 『類聚三代格』天平勝宝5年正月21日官符 延喜兵部式太宰射田条
④ 軍事訓練	鼓吹訓練	養老軍防令39軍団置鼓条
④ 軍事訓練	軍陣訓練	養老職員令79軍団条 (参考)『続日本紀』神亀元年4月癸卯条 『続日本紀』天平宝字5年11月丁酉条

詔」であるが、天智朝には運用されていたことがほぼ確実視でき、持統三年（六八九）には交替制がとられていた。防人の設置は、緊迫する東アジア情勢をうけて、大陸からの侵攻を西海道北部で食い止めることを一つの目的としていた。

八世紀に入ると、軍団制の成立にともない、軍団兵士が防人の任務につくものとして軍防令に規定された。任期は三年であり、大宰府到着後は防人司の管理下におかれ、各防衛拠点へ配備された。軍防令には防人を供給する地域は指定されていないが、実際には東国諸国の兵士が専ら防人の任務を負担していた。[50]防人制自体は軍団兵士制に先行することから、これは七世紀からの慣行であろう。この理由としてまず想起されるのは、六六三年の白村江の敗戦の影響である。西海道からは、その地理的な近さのため大規模な国造軍を投入したであろうから、多大な損害を蒙ったものと推測される。よって、第一に西海道の民力休養という要素が挙げられる。

さらにこれに加えて、東国の兵士を防衛に充てること自体に意味があったと思われる。東国防人は八世紀中葉に停止と復活を繰り返し、最終的には天平宝字元年（七五七）に西海道七国の軍団兵士を防人に充てることとなったが、天平宝字三年と天平神護二年（七六六）の二度にわたり、大宰府は東国防人の復活を要請している。これらは認可されなかったが、西海道出身者よりも、王権とのつながりが深く、勇猛かつ信頼に足る東国兵士を重視したことを示しているのだろう。

西海道は、六世紀末に新羅と誼を通じた磐井《いわい》の乱が発生しており、古来より朝鮮半島と独自のつながりを構築しやすい地域であった。天武一四年（六八五）には、「儲用物」として鉄一万斤や箭竹二千連が筑紫に下されている。西海道南部に至るまで国評制が浸透したのは七世紀末頃とみられ、これを押し進める筑紫大宰の中核兵力は防人軍であった。よって、国評制の全国的展開という観点からすると、防人制は筑紫大宰による西海道支配の根幹を支える軍事力だったのである。[51]

本項でみた常備的平時体制は、その充実によって臨時的戦時動員体制へと転化する。次に、律令軍事体制の戦時動員をみてみよう。

2　臨時的戦時動員体制

(1)　出征将軍の権能

臨時的戦時動員体制の発現は、出征将軍の任命と密接にかかわっている。出征将軍は、征討軍の将校団を規定する軍防令24将帥出征条に「凡そ将帥征に出でむ、兵一万人以上に満ちなば、将軍一人、副将軍二人、軍監二人、軍曹四人、録事四人。(下略)」とあってその首座に掲げられるが、官位相当の官ではなく、天皇より節刀《せっとう》を仮授され、征行のみに従事する臨時の存在であった。

ここで、日本の律令に将軍として規定されるのが、出征将軍のみであった点に注目したい。前節で述べたように、唐の左右十二衛の長官は大将軍であったから、日本律令では意図的に将軍号を出征将軍のみに限定したということになるだろう。

しかし六国史を紐解くと、実際には出征以外の目的で任命された将軍も複数みられる。具体的には、新羅使迎接の際に任命された「騎兵大将軍」(『続日本紀』慶雲二年一一月己丑条)などの中央における臨時の将軍や、陸奥国に設置された鎮守将軍といった令外官としての常置の将軍などが挙げられる。ただ、これらが出征将軍と決定的に異なるのは、天皇からの節刀仮授の有無であった。

節刀は、天皇の名代としての象徴である。そのため節刀自体に軍事的意味はなく、遣唐使にも仮授され、凱旋(帰朝)の際に天皇へ返却した[52]。しかし節刀のもつ性質は、天皇の使者であることの象徴に留まらない。延暦七年(七八八)に征東大将軍紀古佐美《きのこさみ》が辞見する際には、殿上で節刀を授与するとともに「勅書」を賜り、副将軍以下に対する刑罰権の賜与を明言している(『続日本紀』同年一二月庚辰条)。節刀はそれを帯びる者が専殺権を有することを示す、強大な権威をもつシンボルであった。刑罰権の内実が節刀を執る資格のある者以外の殆ど全員に対する死罪専決権であり、遣唐大使や出征副将軍は節刀授与の際に殿上に上がらないことからすれば、出征将軍の権限は遣唐大使のそれより高く、将軍権力の最高性を強化するものであった[53]。

とは言え、出征将軍が任命されても、それ以後の征行の準備を将軍が独自に決定・実行したわけではない。例えば、大伴弟麻呂は延暦一〇年(七九一)七月に征東大使に任命され、翌一一年閏一一月に辞見したが、その間に実施された軍事政策は桓武天皇の命令によって行われており、出征将軍の主体性を見出すことはできない。征討軍の編成にあたっては、桓武天皇の主導のもと、太政官の合議を経て、兵部省が必要な兵士数・戎具・兵糧などの計画を立案し、指令したのである。征討軍の軍事行動は、天皇の権威を背景として、太政官の実質的な指揮のもとに行われるのであり[54]、出征将軍は戦術レベルでの独自性は保有しても、征討の戦略全体を意のままにできるわけではなかったのである。

出征将軍は天皇の名代として戦地に赴くのであり、辞見の際に節刀を仮授されたことをもって、戦時体制が発動した。それでは、征討軍の内部編成はどのようになっていたのだろうか。

(2) 征討軍の編成とその実態

軍防令が規定する日本の征討軍は、中央政府が派遣する将軍・副将軍・軍監・軍曹・録事からなる将校団が、実働部隊を指揮するものであった。そして実働部隊としては、軍団がその兵力基盤かつ指揮系統の支柱として位置づけられていた(軍防令31申勲簿条、賊盗律部内条)。この点は、同様に軍防令で折衝府を行軍の主兵力と規定しつつも、実際には半ば強制的に徴兵された兵募が主力であった唐とは、大きく異なっている[55]。

各軍団は左廂軍・右廂軍に分かたれ、軍監がこれを指揮するという構想だったようであるが(軍防令31申勲簿条)、必ずしも軍防令規定と実態は一致しない。そもそも左右廂軍は唐における行軍の部隊編成の名称であり(『通典《つてん》』巻一四八)、唐軍防令をそのまま引き写した可能性が高い。実例もみえず、実際の戦闘にあたっては作戦に従って各軍に分割されただろうから、どの程度軍防令の規定が貫徹されたのかは疑問である。しかしここで重要なのは、北啓太が指摘するように、分割された各軍の指揮官は副将とされており、その上にただ一人の「将軍」をおいて唯一最高の存在として位置づけ、分割された各軍を一元的に統括した点である(56)。七世紀以前における外征軍のあり方を省みると、唐の行軍制を模範とした、システマティックな征討軍編成に変化したと評価できよう。

征討軍内部の秩序については、出征将軍は節刀に由来する専殺権のみならず、養老軍防令25大将出征条によって、軍団の大毅以下、つまり軍団の構成員全てに対する死罪以下の専決権を法的に与えられていた。中央政府から派遣される将校団と、地方軍事組織である軍団との間には、厳格な指揮系統が構築されていたのである。

ただ、実際には征討軍が軍団のみで構成されたわけではない点に留意したい。八世紀初頭に三度にわたって派遣された征隼人軍には、国司・郡司・郡司子弟などが従軍していたと考えられており(57)、大宰府管内から広く兵力が集められていた。これは、天平一二年(七四〇)に西海道で勃発した藤原広嗣の乱においても同様である。このときは西海道などの辺要を除いて軍団制が一時的に停止されていたため、征討軍は帰農した兵士を召集して編成されたと考えられるが、従軍したのは旧軍団兵士だけではなかった。将軍大野東人の報告からは、豊前国の郡司や一般百姓が征討軍に加わっていたことが確認でき、現地の国司・郡司などの官人が、兵(一般公民・地域有力者・志願兵など)を動員し、征討軍の一部を構成していたのである(58)。

これについては、指揮官クラスも同様のことが指摘できる。延暦八年(七八九)の衣川の戦いにおける「別将」は、現地で合流した軍団以外の兵力を統括した現地の官人もしくは有力者とみられ、軍防令に規定された将軍とは異質の存在と考えられる(59)。日本の征討軍は軍団制を主軸としつつも、実際には指揮官・実働部隊ともに多様な人員が加わっていたのである。

ここで日本律令制下の征討軍と、制度の模範とした唐の行軍とを比較すると、その類似性と相違点が浮かび上がる。唐の行軍は、軍防令の規定では折衝府の府兵が従軍することになっていたが、実際の主力は半ば強制的に徴発された兵募であった。[60] さらに、唐代前半期の行軍は漢人兵だけで構成されたのではなく、特に騎馬戦力においてはテュルク人蕃兵が大きな役割を果たしたことが明らかにされている。[61] 唐の行軍は実に多様な人員で構成されていたのであり、この点は日唐における征討軍編成の共通点とみなせる。しかし一方で、日本の征討軍はあくまで軍団を主体として構成されていた点が、唐と大きく異なっている。国司に統率された軍団が、平時・戦時双方の国家的軍事行動の全ての基軸を為したことが、日本の律令軍事体制の特徴と位置づけられよう。

それでは、右のように構築された律令軍事体制は、八・九世紀を通じてどのように変質していったのだろうか。

三　律令軍事組織の変質

1　五衛府制から六衛府制へ

中央武力は、当時の政治状況を如実に反映する。これは古代日本においても例外ではなく、慶雲年間以後における大赦の赦文で軍器の私的保有をとがめていることに明らかなように、政治的な衝突の激化にともない、中央氏族は独自の武力を蓄積・増強しつつあった。

その一方で、五衛府の衛士は、弱体化の一途を辿っていた。大宝初年の段階で既に逃亡が発生していたことが藤原京跡左京七条一坊西南坪出土の木簡から知られ、和銅四年(七一一)にはその弱体化が問題視されるようになり、武藝優秀者の選抜と一年ごとの交替制が明確化された(『続日本紀』同年九月甲戌条)。しかし天平六年度出雲国計会帳には衛士の逃亡による代替者の番上がみえ、衛士制の抜本的立て直しは困難であった。実際に、物品運送などの雑役に使われたり、甲賀宮における造営事業では現地へ大量に投入されるなど、皇城の守衛という本来の任務外に雑使される有様を呈していた。[62]

このような状況が進行するなか、慶雲四年(七〇七)七月に、首皇子の地位を擁護することを主目的として、授刀舎人寮が設置された。[63] 授刀頭には、寮の長官としては異例の高位高官である参議従三位藤原房前が養老六年(七二二)時点でついていたことが知られ、王権に直結する令外の武力を、藤原氏が掌握しようとしたことがうかがえる。そして神亀五年(七二八)には、授刀舎人寮を吸収合併する形で、五衛府の上位に位置する中央武力として新たに中衛府が設置された(『続日本紀』同年八月甲午条)。中衛の任務および出自は兵衛と類似しており、弓馬に巧みな地方豪族出身者を主力とし、さらに王権と軍事的つながりの深い東国を連想させる「東舎人」という呼称で勇猛なイメージをも付加することで、中央武力の梃子入れを図ったのである。ただ、歴代の中衛大将の殆どが藤原氏出身者であることからすれば、中衛府もまた中央氏族全体のための軍事力ではなく、藤原氏の権力基盤の一つであったと言えるだろう。[64]

その後、皇位継承にからんで政情が不安定さを増す中で、天平一八年(七四六)に授刀舎人が再設置され、天平宝字三年(七五九)には授刀衛が成立し、これが授刀舎人を管理することとなった。孝謙天皇を護持するために再設置された授刀舎人は、やはり勇猛な「東人」と意識されており(『続日本紀』神護景雲三年一〇月乙未朔条)、王権と東国の軍事面における観念的つながりをここでも見いだすことができる。また実態は不明であるが、天平宝字八年(七六四)には外衛府も設置されていた。

授刀衛がその武力を大いに発揮したのは、天平宝字八年に勃発した恵美押勝の乱における、内印・駅鈴をめぐる攻防戦である。乱において孝謙上皇方の軍事力として充分な働きをした授刀衛は、重祚した称徳天皇の権力を護持する武力として、近衛府に改変された（『続日本紀』天平神護元年二月甲子条）。そして同年の再編により、令制五衛府の上に近・中・外衛が位置する新体制が成立したのである。このような授刀舎人をめぐる変遷からは、天皇に直結する令外の武力が、結局のところ衛府制という国家的軍事組織に組み込まれていく傾向にあったことがみてとれよう(65)。

その後、平安京遷都を経た大同二年（八〇七）の官制改革によって、近衛府が左近衛府、中衛府が右近衛府となるなど、衛府制も再編・縮小された（『類聚三代格《るいじゅうさんだいきゃく》』巻四）。しかし弘仁元年（八一〇）に平城太上天皇の変が勃発することで、状況は大きく変化する。変においては、左近衛将監紀清成と右近衛将曹住吉豊継が藤原仲成を射殺するなど、近衛府が嵯峨天皇に直結する武力として重要な役割を果たした。さらに、平城太上天皇が東国を目指した際に、平城宮に配備されていた宿衛兵の多くがこれに従駕したため、天皇側近の武備を再構築する必要が生じた。

そこで弘仁年間には、武藝に優れた長上近衛や異能の近衛・兵衛の設置、諸衛の舎人・衛士の旧数復置などが行われ、天皇権力を支える武力が改めて強化されていった。とくに左右近衛府は、内裏内部の盗賊追捕や鎮火を担当するとともに、天皇不予などの政情不安定時における内裏の警衛、固関使としての派遣など、中央武力として最も重きがおかれていた。くわえて、辺要の状況に応じて大宰府・出羽国に派遣されるなど、天皇の意向を受けて、軍事・警察の幅広い案件に対応したのである。そうしたなかで注目されるのは、左右近衛が「東人」「東舎人」と呼ばれた授刀舎人・中衛を前身としており、実際に走馬・駒牽といった儀式や春日祭などで、東国の歌舞である東舞を舞っていることである。貞観三年（八六一）の東大寺無遮大会の際には、内舎人《うどねり》が倭舞を舞ったのに対して、近衛は東舞であった（『日本三代実録』同年三月一四日戊子条）。律令国家の展開過程で生み出された近衛府にも、七世紀以前からの王権と東国のつながりが受け継がれている点に留意したい。

弘仁二年（八一一）の衛府制再編によって、中央軍事組織は左右近衛府・左右衛門府・左右兵衛府の六衛府に定着し、これ以後平安時代を通じて大きな変化はなく推移することとなった。しかし笹山晴生が指摘するように、前述した近衛府の軍事的・警察的機能は九世紀末以降に殆ど失われてしまう。(66) 弘仁年間に京内の代表的警察機関である検非違使が設置され、衛門府武官がこれを兼摂するようになると、その武力は軍事面よりむしろ司法警察方面で大いに発揮されるようになるのである。(67)

2 地方軍事組織の変容

中央兵制が都における政治的諸関係を如実に反映するかたちで変化したのに対し、地方軍事組織は、律令国家の地方支配そのものの変貌とともに推移していった。

大宝律令が施行されると、国司による兵器と財源の管理が実行に移された。そして大宝二年(七〇二)には南九州地域で隼人の反乱が起き、征討軍を動員している。既に七世紀後葉において、隼人は「疑似民族集団」として設定され、南九州は最終的に内国化することが予定されていた。(68) この征討行動は大宰大弐小野毛野を最高指揮官として行われたとみられ、兵力の基本は軍団兵士であった。(69) 軍団制は、その発足直後から支配の維持・展開に重要な役割を果たしていたのである。

こうした中で重要なのは、養老三年(七一九)一〇月に、全国の軍団の兵士数を減定し、国の規模が小さく維持が難しい志摩・若狭・淡路三国の軍団を停止した点である。これまで軍団は一律一〇〇〇人の兵士を有していたが、本政策によってその規模を大きく三段階に分けることとなった(『令集解』職員令79軍団条件説所引八十一例)。この処置は、同年九月に起きた饑饉への対策として兵役負担の減少を図るとともに、実際に軍団制の運用を開始してから積み上げられてきた、既存兵力に対する現状認識に基づいた調整作業であると位置づけられる。なお、天平一一年(七三九)六月に軍団は三関国と辺要国を除いて一時停止されることとなるが、これは天然痘の大流行や旱《ひでり》による大幅な民力の疲弊をうけて、やむなくとられた処置であった(天平一八年に復置)。そしてこの間、軍団兵士制を補うものとして健児《こんでい》が設置され、両者は平時における国司管下の軍事力として併用された。(70)

天平年間に入ると、新羅との関係悪化をうけて、天平四年(七三二)に東海・東山・山陰・西海各道へ節度使が新置された。北啓太が明らかにしたように、(71)これは対外防衛を目的とした特別警備体制を布くと同時に、計六回の征討軍派遣(征隼人が三回、征夷が三回)をうけて、地方兵制の立て直しと強化を図ったものと位置づけられる。

そしてこのとき、対外防衛の実施マニュアルである「備辺式」が定められた(天平六年度出雲国計会帳、『続日本紀』宝亀一一年七月丁丑条)。天平五年に節度使から所管各国に「備辺式」が下付されたことや、約五〇年後の宝亀一一年に至るまでこれが対外防衛の準拠すべき式とみなされていたことは、実際に使用できる式がこのときようやく完成・頒布されたことを示している。新羅征討計画が表面化した天平宝字三年(七五九)に、新羅を伐つための「行軍式」を大宰府に造らせたことも同様である(『続日本紀』同年六月壬子条)。律令軍事体制自体が、成立当初より対外防衛と新羅征討のどちらかに特化して構築されたわけではないのである。

さて、これまで征討行動についてもたびたび言及してきたが、ここで征夷(蝦夷征討)に目を向けなければならない。征夷軍は、当事国である陸奥・出羽・越後諸国だけでなく、東海・東山・北陸道、なかでも坂東九国を基盤として兵力を動員していた。坂東諸国は、陸奥国の城柵に常駐する鎮兵の供給、および兵糧などの財政的負担も行っており、(72)当事国とならんでその負担は過重であった。

八世紀後半における征夷行動の頻発(いわゆる三十八年戦争への突入)は、征夷軍の主力であった陸奥・出羽・坂東諸国の軍団制の疲弊を早めたとともに、これらの軍役に動員されない地域の軍団制の形骸化をいっそう進める結果となった。この点を示すのが、『続日本紀』宝亀一一年(七八〇)三月辛巳条にみえる太政官奏である。これによると、諸国の軍団では国司・軍毅による兵士の任務とは関係のない恣意的な駆使が横行し、有事の際には戦闘力として使い物にならない状態に陥っていたとある。この奏上の結果、三関国と辺要国を除く諸国の軍団の兵士数が減省されたことから、地域間の軍事的負担と緊張の差異という要因が、大きな影響を及ぼしていたことがわかる。しかも、軍防令の規定によれば、軍団兵士は征討軍への従軍を終えて帰郷すると従軍年数分の国内上番を免除されていたから(『令義解』軍防令14兵士以上条)、征討軍の派遣が短い間隔で繰り返されれば、これを補うために軍団兵士の追加徴兵をしなければならなかった。征夷軍の基盤となった地域の民力が疲弊の一途を辿ったことは、容易に想像できるだろう。こうした状況は、中央政府においても甚だ問題視されていた(『続日本紀』延暦二年六月辛亥条)。

さらにこの太政官奏で注目されるのは、国司による「殷富の百姓の才、弓馬に堪へたる者」の差点・編成と武藝教習が打ち出されている点である。国内の武藝優秀者の国司による把握・使役は帯勲者の上番という形で慶雲元年(七〇四)から始められていたが、征夷の長期化を一つの契機として、軍団兵士以外についても積極的に差点対象とすることに踏み切ったのである。

このような中、延暦八年(七八九)の征夷軍は阿弖流為《あてるい》率いる蝦夷軍に大敗し、桓武天皇は国力を挙げて征夷軍を編成することとなった。しかし太政官は、翌延暦九年の段階で、坂東に征夷の負担が一方的にのしかかっていること、そして軍役に堪え得る「富饒之輩」がこれを免れており、諸国の負担が均等でないことを認識していた(『続日本紀』同年一〇月癸丑条)。

軍団制施行後約九〇年を経て、地域差がもたらす不均衡は坂東諸国と陸奥・出羽両国を疲弊させており、国司と強い統属関係にある軍団のあり方は、長く征討軍に編成されなかった地域で軍事的緊張感を弛緩させ、恣意的な使役が横行する結果となっていた。また、軍団および征討軍への徴用を免れた一般公民も多く存在していた。そして財政的収入についても、軍団兵士は徭役(庸・雑徭《ぞうよう》)免であったことから、兵士でなければ本来確保できるはずの財源を徴収し損ねていた。次回の大規模な征夷を見据えて、中央政府は問題点をはっきり自覚していたのであり、大胆な改革の手を加えるべき段階に達していたのである。

そもそも大宝律令編纂時において中央政府は、国司が在地豪族の影響を蒙ることなく、国内の軍事力を編成することを最終的な目標としていた。現実には軍団の設置という過渡的形態を取らざるを得なかったが、最終目的の実現のために慶雲元年より継続して布石を打ってきたことは、これまで述べてきた通りである。国司が唯一の常備的軍事組織である軍団と密接な関係を保持することを通じて、国司の在地社会に対する軍事指揮権は可視的にも明示され、強化されていった。このような国司の任国に対する民衆徴発権の拡充を背景として、軍団の枠を越えた幅広い徴兵を目論む奏言が行われたのである。

律令軍団制は、延暦一一年(七九二)六月七日の勅によって、辺要である陸奥・出羽・佐渡各国および大宰府所管の西海道諸国を除いてことごとく停廃された(『類聚三代格』巻一八)。そして、従来軍団兵士が担ってきた重要な職務の一つである国内要所の警備は、郡司の子弟を健児として徴発し、これに当たらせることとなった。

従来、停廃の原因については、国司・軍毅の恣意的使役の横行による軍団兵士の弱体化、安史の乱が勃発し唐の国力が低下したことに伴う国際環境の変化などに求められてきた。しかしそれだけではなく、この軍事改革については中尾浩康や鈴木拓也が主張するように[73]、光仁・桓武朝で執拗なまでに遂行された征夷事業との関係において、より直接的にとらえなければならない。つまり、延暦九年以降着々と準備が進められている最大規模の征夷に備え、これまで軍団兵士とそれ以外という二重構造になっていた征討軍の兵力構成について、軍団兵士という枠を取り払うことで軍役から逃れていた人々を取り込み、征夷軍への画一的徴兵を行うことを目的としたのである。そして、征夷に動員されない地域における財政的収入を増加させることで、征夷と造都に必要な物資と労働力を充分に確保することを狙ったのである。

3　国司による軍事指揮の展開

桓武朝の新たな徴兵方式は、国司の民衆徴発権の強化があって、はじめて現実的に実施可能であった。その結果として、軍毅という在地豪族を介在しない、国司による在地社会の軍事力掌握が、ここで実現したのである。軍団制が八世紀初頭の政治と支配のあり方に規制されて成立したように、その停廃も桓武朝という一つの時代の現実を受けて遂行されたものと位置づけられる。軍事力の本質は一義的なものではなく、様々な視点から多角的にとらえるべきであるが、同様に軍事制度も、制定・停廃はそれぞれの時点における政治的・社会的情勢に大きく影響されるものなのである。

九世紀以降の軍事行動(反乱鎮圧や追捕活動)は、国司の軍事指揮権に基づいて遂行された。弘仁一一年(八二〇)二月に遠江・駿河両国で勃発した新羅人の反乱では、当事国でまず発兵して鎮圧に当たるも力及ばず、相模国などの周辺七国が共同して「追討」していることがわかる(『日本紀略』同年月丙戌条)。この反乱鎮圧は、捕亡令の追捕システムに則って実施されたと判断でき[74]、あくまでも当事国内で鎮圧を行うのが原則であり、完遂できない場合のみ、近隣諸国の発兵・援助が行われたとみなせる。この際の兵力は、健児のほか多様な人員で構成されたとみられ[75]、国司による捕亡令の追捕システムは、八世紀を通じて強化されていった国司の軍事指揮権のもと、九世紀においても充分に機能したのである。

このように、名実共に国内の軍事指揮権を一身に帯びた国司は、任国内のみならず反乱が発生した周辺諸国へも、勅命をうけ軍勢を率いて救援に赴くことになる。元慶二年(八七八)に出羽国で発生した夷俘反乱(いわゆる元慶の乱)においては、出羽国の救援奏上をうけて、上野・下野両国から援兵が派遣された。このときの援兵を命じた勅に、「便に国司の目已上《さかんいじょう》一人、史生《ししょう》若しくは品官一人をして、其の事を押領《おうりょう》せしめよ」とあることを重視したい(『日本三代実録』元慶二年四月廿八日癸巳条）。なぜなら、非常時における措置ではあるものの、軍・民双方の統治業務を掌る国司内部に、限時的とは言え軍事的職務を専門に負わせる官人（押領使）を設定したことを意味するからである。実際に元慶の乱においては、上野・下野両国の国司（押領使）が率いる援兵は出羽国司の指揮のもとにあったが、上野押領使と上野国の兵との統属関係は現地到着後も一応保持されていたと推測される[76]。

そもそも八世紀初頭に成立した律令軍事体制は、地方にあっては国司と軍団の双方が存在することを前提として構築されていた。八世紀末に辺要を除く地域の軍団は停廃されたが、その後の地方兵制は、法的には養老律令に規定されたままの国司の軍事指揮権に依拠していたという事実を看過してはならない。元慶の乱における措置は、反乱鎮圧を契機とした一時的なものであったとしても、その軍事力編成のなかに、地方兵制の変化の動きが認められるのである。

とは言え、押領使はこの時点で常置されたものではなかった。地方兵制における国司の軍事指揮権強化は、天慶の乱という国家に対する未曽有の叛乱を受けて、押領使・追捕使の常置という形で実現することになるのである。

おわりに

本稿では、古墳時代から九世紀にかけての国家的軍事組織について論じてきた。中心的に取り上げた律令軍事体制下においては、国司に統括された地方軍事組織である軍団を基盤として、中央兵制や、辺要における軍事組織が維持されていた。これは、唐の律令軍事システムを継受することで、新たに構築・整備された部分が多い。しかし一方で、王権と東国とのつながりといった七世紀以前からの日本独自の要素も、消滅してしまうことなく内部に遺存したことを忘れてはならない。

さらに、古代国家の軍事体制の基本構造は各国に共通するものの、地域によって政治・軍事上の果たす役割が異なることから、基本構造の上に地域差という要素が覆い被さっているという事実に注意する必要がある。この地域差を、各地域に即してミクロ・マクロ双方の視座でどのように評価するかによって、軍事組織のまた新たな位置づけが可能になる。九世紀以前の軍事関係史料は、出土文字資料も含めて決して多いとは言えないが、史料に即した実証的かつ多角的な研究・議論の展開が、今後ますます必要となってくるのである。

(1) 田中晋作『百舌鳥・古市古墳群の研究』学生社、二〇〇一年、松木武彦『日本列島の戦争と初期国家形成』東京大学出版会、二〇〇七年。
(2) 藤田和尊『古墳時代の王権と軍事』学生社、二〇〇六年。
(3) 埼玉県教育委員会編『埼玉稲荷山古墳』(埼玉県自治振興センター内県政情報資料室、一九八〇年)、および本講座第一巻の田中史生「倭の五王と列島支配」参照。
(4) 吉村武彦「倭国と大和王権」『岩波講座日本通史第2巻 古代1』岩波書店、一九九三年。
(5) 新納泉「装飾付大刀と古墳時代後期の兵制」『考古学研究』三〇-三、一九八三年。
(6) 直木孝次郎『日本古代兵制史の研究』吉川弘文館、一九六八年。
(7) 井上光貞「大和国家の軍事的基礎」『井上光貞著作集第四巻 大化前代の国家と社会』岩波書店、一九八五年(初出一九七一年)。
(8) 篠川賢『物部氏の研究』雄山閣、二〇〇九年。
(9) 仁藤敦史「古代王権と「後期ミヤケ」」『古代王権と支配構造』吉川弘文館、二〇一二年(初出二〇〇九年)。
(10) 岸俊男「防人考——東国と西国」『日本古代政治史研究』塙書房、一九六六年(初出一九五五年)。
(11) 薗田香融「古代海上交通と紀伊の水軍」『日本古代の貴族と地方豪族』塙書房、一九九二年(初出一九七〇年)。
(12) 村岡薫「律令国家と軍事組織」歴史学研究会編『歴史における民族の形成』青木書店、一九七五年。

(13) 吉田晶「日本古代の住民の武装」『歴博』七二、一九九五年。
(14) 笹山晴生「「難波朝の衛部」をめぐって」『日本古代衛府制度の研究』東京大学出版会、一九八五年(初出一九七八年)。
(15) 鬼頭清明「白村江の戦いと律令制の成立」『日本古代国家の形成と東アジア』校倉書房、一九七六年(初出一九七四年)、佐藤和彦「斉明・天智朝の兵力動員について」林陸朗先生還暦記念会編『日本古代の政治と制度』続群書類従完成会、一九八五年。
(16) 森公章「評制下の国造に関する一考察――律令制成立以前の国造の存続と律令制地方支配への移行」『古代郡司制度の研究』吉川弘文館、二〇〇〇年(初出一九八六年)。いわゆる評制軍の概念については、磯貝正義「評及び評造制の研究(二)――郡・評問題私考」『郡司及び采女制度の研究』吉川弘文館、一九七八年(初出一九七二年)。
(17) 直木孝次郎『壬申の乱(増補版)』塙書房、一九九二年(初版一九六一年)。
(18) 吉永匡史「律令軍団制の成立と構造」『史学雑誌』一一六-七、二〇〇七年。
(19) 松本政春「七世紀末の王権防衛構想――官人武装政策をめぐって」『日本史研究』五五五、二〇〇八年。
(20) 鐘江宏之「「国」制の成立――令制国・七道の形成過程」笹山晴生先生還暦記念会編『日本律令制論集(上)』吉川弘文館、一九九三年。
(21) 註18吉永文献。
(22) 長山泰孝「歳役制の成立」『律令負担体系の研究』塙書房、一九七六年(初出一九六〇年)。
(23) 佐伯有清「宮城十二門號と古代天皇近侍氏族」『新撰姓氏録の研究 研究篇』吉川弘文館、一九六三年(初出一九五五年)、註6直木文献、西本昌弘「藤原宮と平城宮の宮城十二門号――県犬養小宮門と小子部門」『日本古代の王宮と儀礼』塙書房、二〇〇八年(初出二〇〇五年)。
(24) 奈良国立文化財研究所『藤原宮木簡』一、一九七八年、木簡番号九および四六六。
(25) 井上勝博「仕丁制の創出について」『ヒストリア』一四一、一九九三年。
(26) 奈良文化財研究所『飛鳥・藤原宮発掘調査出土木簡概報』一七、二〇〇三年、木簡番号一四四。
(27) 軍防令は『令集解』の該当巻が散逸しており、大宝令の状態を知ることが困難である。よって本稿では、大宝令と養老令の軍防令には大きな差異が無いと仮定し、論を進める。
(28) 瀧川政次郎「律令制の問題点」『歴史教育』一一 - 五、一九六三年、菊池英夫「日唐軍制比較研究上の若干の問題――特に「行軍」制を中心に」唐代史研究会編『隋唐帝国と東アジア世界』汲古書院、一九七九年。
(29) 奈良文化財研究所『飛鳥藤原京木簡』二、二〇〇九年、木簡番号一五〇九。市大樹「大宝令施行直後の衛門府木簡群」『飛鳥藤原木簡の研究』塙書房、二〇一〇年(初出二〇〇七年)。
(30) 笹山晴生「令制五衛府の成立と展開」註14『日本古代衛府制度の研究』。
(31) 橋本裕「衛士制の運用をめぐって」『律令軍団制の研究(増補版)』吉川弘文館、一九九〇年(初出一九七六年)。
(32) 髙橋周「兵衛関連木簡の再検討――二条大路出土の門号木簡を中心に」『学習院史学』三九、二〇〇一年。
(33) 濱口重國「府兵制度より新兵制へ」『秦漢隋唐史の研究(上)』東京大学出版会、一九六六年(初出一九三〇年)。
(34) 笹山晴生「日本古代の軍事組織」石母田正ほか編『古代史講座5』学生社、一九六二年。
(35) 松本政春「律令制下諸国軍団数について」『奈良時代軍事制度の研究』塙書房、二〇〇三年(初出一九八〇年)。
(36) 註33濱口文献、菊池英夫「唐折衝府の分布問題に関する一解釈」『東洋史研究』二七 - 二、一九六八年。
(37) 直木孝次郎「律令的軍制の成立とその意義」『ヒストリア』二八、一九六〇年、米田雄介「軍団の成立と特質」『郡司の研究』法政大学出版局、一九七六年(初出一九七五年)。
(38) 註12村岡文献、下向井龍彦「日本律令軍制の基本構造」『史学研究』一七五、一九八七年、同「日本律令軍制の形成過程」『史学雑誌』一〇〇 - 六、一九九一年。
(39) 松本政春「序論」『律令兵制史の研究』清文堂出版、二〇〇二年。
(40) 橋本裕「軍毅についての一考察」註31『律令軍団制の研究(増補版)』(初出一九七三年)。
(41) 石尾芳久「日唐軍防令の比較研究」『日本古代法の研究』法律文化社、一九五九年(初出一九五八年)。
(42) 吉田孝「編戸制・班田制の構造的特質」『律令国家と古代の社会』岩波書店、一九八三年。
(43) 高橋崇「律令兵制における軍団数と兵士数」『続日本紀研究』一一二・一一三、一九六三年、松本政春「一戸一兵士説への疑問」註35『奈良時代軍事制度の研究』(初出一九八四年)、永利洋介「「編戸制」の軍事的性格について――吉田・義江両

説の検討」『史学』五七‐三、一九八七年。
(44) 対応する唐令条文は現在未復原であるが、府兵制の沿革を説く『玉海』鄴侯家伝に三丁ごとに一丁を取ったことがみえ、唐軍防令にも同内容の条文が存在したと推測される。註33濱口文献。
(45) 註33濱口文献。
(46) 註38下向井「日本律令軍制の基本構造」、中村光一「令制下における武器生産について――延喜兵部式諸国器仗条を中心として」虎尾俊哉編『律令国家の地方支配』吉川弘文館、一九九五年。
(47) 野田嶺志「日本律令軍制の特質」『日本古代軍事構造の研究』塙書房、二〇一〇年(初出一九六五年)。
(48) 吉永匡史「律令国家と追捕制度」大津透編『日唐律令比較研究の新段階』山川出版社、二〇〇八年、同「律令制下における関剗の機能」『日本歴史』七七四、二〇一二年。
(49) 橋本裕「射田の制度的考察――律令軍団制とのかかわりにおいて」註31『律令軍団制の研究(増補版)』(初出一九八〇年)、註18吉永文献。
(50) 註10岸文献。
(51) 野田嶺志『防人と衛士――律令国家の兵士』教育社、一九八〇年。
(52) 瀧川政次郎「節刀考」『国学院大学政経論叢』五‐一、一九五六年。
(53) 北啓太「律令国家における将軍について」註20『日本律令制論集(上)』。
(54) 註38下向井「日本律令軍制の基本構造」、註53北文献。
(55) 菊池英夫「唐代兵募の性格と名称とについて」『史淵』六七・六八合輯、一九五六年。
(56) 註53北文献。
(57) 山田英雄「征隼人軍について」『日本古代史攷』岩波書店、一九八七年(初出一九六九年)。
(58) 中尾浩康「律令国家の戦時編成に関する一試論――八世紀における「寇賊」と征討」『日本史研究』五八一、二〇一一年。
(59) 北啓太「征夷軍編成についての一考察」『書陵部紀要』三九、一九八八年。
(60) 註55菊池文献。

(61) 山下将司「唐のテュルク人蕃兵」『歴史学研究』八八一、二〇一一年。
(62) 松本政春「衛士小論――雑使をめぐって」註35『奈良時代軍事制度の研究』(初出一九九七年)。
(63) 笹山晴生「授刀舎人補考――和銅元年天皇御製歌の背景」註14『日本古代衛府制度の研究』(初出一九六八年)、井上薫「舎人制度の一考察――兵衛・授刀舎人・中衛舎人」『日本古代の政治と宗教』吉川弘文館、一九六一年(初出一九六〇年)。
(64) 笹山晴生「中衛府の研究――その政治史的意義に関する考察」註14『日本古代衛府制度の研究』(初出一九五七年)。
(65) 関晃「(書評)大阪歴史学会編『律令国家の基礎構造』」『歴史学研究』二五四、一九六一年。
(66) 笹山晴生「平安前期の左右近衛府に関する考察」註14『日本古代衛府制度の研究』(初出一九六二年)。
(67) 森田悌「平安中期左右衛門府の考察」『平安時代政治史研究』吉川弘文館、一九七八年(初出一九七五年)。
(68) 永山修一「隼人の登場」『隼人と古代日本』同成社、二〇〇九年。
(69) 松本政春「征隼人軍の編成と軍団」註35『奈良時代軍事制度の研究』(初出一九九八年)。
(70) 中尾浩康「健児制に関する再検討」『ヒストリア』二一九、二〇一〇年。
(71) 北啓太「天平四年の節度使」土田直鎮先生還暦記念会編『奈良平安時代史論集(上)』吉川弘文館、一九八四年。以下、節度使の位置づけは氏の見解に拠る。
(72) 鎮兵制については、鈴木拓也『古代東北の支配構造』吉川弘文館、一九九八年。
(73) 中尾浩康「延暦十一年の軍制改革について」『日本史研究』四六七、二〇〇一年、鈴木拓也『戦争の日本史3 蝦夷と東北戦争』吉川弘文館、二〇〇八年。
(74) 捕亡令の追捕システムについては、註48吉永「律令国家と追捕制度」を参照。
(75) 寺内浩「九世紀の地方軍制と健児」栄原永遠男ほか編『律令国家史論集』塙書房、二〇一〇年、同「九世紀地方軍制の一考察」『愛媛大学法文学部論集』人文学科編二八、二〇一〇年。
(76) 「押領」の語義や押領使の初見などについては、井上満郎「押領使の研究」(『平安時代軍事制度の研究』吉川弘文館、一九八〇年、初出一九六八年)を参照。

第4巻

古代の土地制度

三谷芳幸

はじめに

本稿では、七世紀半ばから一〇世紀半ばにかけての、国家的な土地制度と支配者層の大土地領有の問題を中心にあつかう。以下、この時代の土地制度全般を指すものとして「律令制的土地制度」、律令法典に規定された田地の給付・管理制度を指すものとして、「律令田制」という言葉を使用する。

律令田制は、国家権力による田地の給付を基軸としたシステムで、百姓と貴族・官人をそれぞれ対象とした、二つの給田の系列から構成されている。具体的には、百姓を対象とする給田が、口分田を定期的に分配・回収する班田収授制(班田制)であり、貴族・官人を対象とする給田が、位階・官職・勲功に応じて支給される、位田・職分田《しきぶんでん》(職田)・功田などの制度である。(1) これらの制度の大要は、令の一篇目である田令に規定されていたが、その諸条文は唐の田令を踏まえて作成されており、日本の律令田制は、当然のことながら、中国の律令田制をモデルとして構築されていた。そのため、従来の古代土地制度研究では、均田制と班田制を中心に日中律令田制の比較分析をおこない、両者の相似と差異を明らかにすることが重要な課題となってきた。これは、日中の律令制の本質を考えることに直接結びついている。

もうひとつ重要な課題となってきたのは、律令制的土地制度の成立・発展・変質の過程を大きな見通しのもとに解明することである。これには、七世紀半ばからの律令制の形成のなかに田制の確立をどのように位置づけるか、墾田永年私財法を契機とする八世紀半ばからの田制の変化をどのように評価するか、といった諸問題が含まれる。これらは、律令国家の展開過程の問題に直結しているが、そこには、屯倉《みやけ》・田荘《たどころ》の存廃、初期荘園の拡大など、支配者層の大土地領有の問題も密接にかかわっている。国家的田制と大土地領有の両面から土地制度の推移をたどり、それによって律令国家の歩みを展望することが、これまでの研究の大きな目標であったといえよう。
以上のような論点を視野に入れながら、以下四つの章節に分けて、古代の土地制度をめぐる議論を整理していきたい。

一　日本律令田制の特質

1　均田制と班田制

まず、日本の律令田制の特質を考えるために、田令をめぐる日唐両令の篇目構成をみることから始める。日本令(具体的に確認できるのは養老令)では、人身の把握・編成にかかわる戸令、田地の給付・管理にかかわる田令、租税の賦課・徴収にかかわる賦役《ぶやく》令の三つが連続して配置され、人民統治に関連する篇目群として、ひとつのまとまりを形成している。これに対して、日本令の手本となった唐令では、田令と賦役令が連続することは日本令と同じであるが、戸令はそれらの篇目から大きく離れ、学令・選挙令などとともに官人の出身法の一部として位置づけられている。唐の戸婚律には、戸令の内容に関係する条文と、田令の内容に関係する条文が一括して収められているが、令の篇目自体において戸令と田令が連結しているのは、中国にみられない日本独自の特徴なのである(2)。このことは、日本の律令制のなかに、人身編成と田地給付とを緊密に結びつける思考が、中国以上に強く働いていたことを示唆している。

では、田令内部の条文構成には、どのような特徴が認められるだろうか。養老田令は、全部で三七の条文からなっている。1~2条は、田積単位と田租の賦課・徴収、3~16条は、百姓に対する口分田の分配や、貴族・官人に対する位田・職分田・功田・賜田の支給など、17~30条は、口分田の分配・回収方法や、田地の占有・用益にかかわる諸問題の処理方法など、31〜35条は、地方官に対する職分田の支給など、36〜37条は、天皇の供御《くご》料田である官田の経営を、それぞれ規定している。この養老田令の条文配列は、近年の北宋天聖令の発見により、唐田令の条文配列をほぼ忠実に継承していることが明らかとなった(3)。日唐田令の条文構成は、基本的に共通の論理に従っていたのであり、これは両国の律令田制が、制度の根本的な枠組みを共有していたことを示している。

唐の律令田制は、百姓に対する口分田・永業田《えいぎょうでん》(桑などの植樹地)の給付、官人に対する永業田・職分田の給付という、二つの給田を軸として組み立てられていた。前者の給田は、生産手段の提供による小農民の創出・保護、後者の給田は、品級に応じた特典の付与による官僚身分の維持・扶養、という機能を担っていたと考えられる。これらは、小経営単位の人民支配と、官僚機構による国家運営という、律令制の二つの大きな命題に対応するものである。日本の律令田制は、このような二元的な給田の枠組みを継承しているのであり、律令制を支える田制として、唐制と共通の機能を持っていたことは間違いない。

ところが、給田の具体的な内容に目を向けると、枠組みの共通性とは対照的に、日唐田制の間にはかなり大きな違いが存在したことがみえてくる。なかでも重要なのは、百姓を対象とした給田にかかわる違いであり、その主要なものとして、以下の三つを挙げることができよう。

ひとつは、唐の均田制では、口分田の支給対象と租税(人頭物納税)の賦課対象とが基本的に一致しているのに対し、日本の班田制では、両者のあいだに明確な対応関係がみられない、という違いである。比較の対象となるのは、唐の租調と日本の調庸であり(日本の租は人頭税ではなく田積賦課税)、次の三つの局面に、日唐両制度の違いが現れている。第一に、唐代均田制では、租調を負担する年齢(丁《てい》=二一—五九歳)が給田対象の中心であるが、班田制では、調庸を負担しない年齢まで幅広く給田対象に含まれている(田令3口分条)(4)。第二に、唐代均田制では、租調を負担しない女性は原則的に給田対象とならないのに対し、班田制では、調庸を負担しない女性にも男性の三分の二の口分田が与えられる(同前)。第三に、唐代均田制では、租調を負担しない奴婢(私奴婢)は給田対象に入らないが、班田制では、調庸を負担しない奴婢にも、それぞれ良民男女の三分の一の口分田が支給される(田令27官戸奴婢条)。

このうち、租調負担年齢と受田年齢との一致は、北魏以来の均田制に一貫したものであるが、女性への給田と奴婢への給田は、唐代にはないものの、北魏・北斉の均田制には存在していた。しかし、北魏・北斉では、夫婦単位に租調が賦課されるのに対応して、既婚女性のみが給田対象となったのであり、また奴婢は給田対象であると同時に、租調の賦課対象でもあった。日本の制度は、租税負担のない女性・奴婢に対して一般的に給田するものであるが、北朝の制度は、租税負担のある一部女性と奴婢に対して給田するものであり、両者はまったく性質を異にしていたのである。隋代になると、既婚女性と奴婢は、租調の賦課対象から外されるが、それに合わせて給田対象からも外されるので、結局ここでも、租調を負担する者に給田するという対応関係は、北魏から唐まで一貫していたことになる。つまり、租税負担に関係なく給田するという班田制の特徴は、どの時代の均田制にもみられないものであり、受田年齢・女子給田・奴婢給田という三つの要素すべてに、日本独自の発想が貫かれていた可能性が高いのである。(5)

二つ目の日唐田制の大きな違いは、吉田孝によって指摘されたもので、おおよそ以下のようにまとめられる。(6)中国の均田制には、限田制的要素(田地を調査・登録し、その占有面積を規制しようとする体制)と屯田制的要素(田地を一定規準で人民に割りつけて耕作させる体制)という二つの側面があったが、日本の班田制には、そのうち後者の屯田制的要素だけが継受されている。そのことを具体的に示すのが、日中の応受田額(田令によって受給すべき田積)の性格の違いである。すなわち、唐代均田制の応受田額は、丁男《ていだん》一〇〇畝《ムー》(口分田八〇畝+永業田二〇畝)を基準とするが、これはフィクションを内包した井田法《せいでんほう》以来の給田の理想額であり、一般には超えるはずのない占田限度額として、明らかに限田制的な意味を持っていた。一方、永業田を切りすてた班田制の応受田額は、男性の口分田＝二段《たん》が基準となるが、これは実際に班給しようとした目標額であり、もっぱら屯田制的な発想に基づいていた。以上の吉田が指摘した違いは、均田制の継受にあたり、特定の要素が選択的に摂取されたことを示すもので、班田制が弾力的な田地占有の規制よりも、画一的な田地分配を優先したことを物語っている。

もうひとつの重要な違いは、戸籍・計帳の作成と給田との関係である。[7] 唐では、戸籍が三年ごとに作成され、計帳の作成と給田が毎年行われる。これに対して日本では、戸籍の作成(造籍)と給田(班田)が六年ごとに行われ、計帳が毎年作成される。一年目に造籍、二年目に校田(土地調査)、三年目に班田という一連の作業を、六年ごとにくりかえすのが、日本の制度の大きな特徴である。唐の制度では、ともに毎年行われる、計帳作成と給田が密接な関係にあると考えられるのに対し、日本では、ともに六年ごとに行われる、造籍と班田が密接な関係にあると考えられる。計帳は租税徴収の資料となるもので、その作成と給田が連動しているとみられることは、租税負担と給田が対応関係にあるという、先に述べた均田制の特徴と符合する事象であるといえよう。一方、戸籍の作成は、人身を把握して戸に編成する作業(編戸)を中核としており、造籍と班田が連動していることは、班田制における給田が戸の編成と緊密に結びついていることを示していよう。これは、日本令の篇目構成において、戸令と田令が連結していた事実とも呼応しているとみられる。

以上のように、日本の班田制には、給田と租税負担が給付・反対給付の関係で対応していないこと、画一的な田地分配がとりわけ重視されていること、造籍による戸の編成と給田が一体的な関係にあることなど、唐の均田制と異なる独自の特徴が認められる。年齢・男女・良賤の別を問うことなく、国家によって把握・編成された人身に網羅的に口分田を分配し、人民支配の基礎単位となる小経営(戸)の形成に寄与するという点に、班田制の役割を見出すことが可能であろう。小経営農民の創出・維持という点で、均田制と班田制は共通の機能を持ちながら、前者は担税能力のある農民の確保に、後者は経営単位そのものの形成に要点を置いているという、機能の重心の違いがあったと考えられる。唐とは大きく異なる社会構造のうえに、急速に律令制を樹立する必要のあった日本の古代国家にとっては、あらゆる人民支配の基礎となる経営単位を作りあげることが、まずは最優先の課題だったのであろう。

以上、均田制と班田制とを比較し、その共通点と相違点を確認してきたが、もうひとつ比較の対象とする必要があるのは、朝鮮諸国の田制である。実際に比較が可能なのは、相対的に史料に恵まれた新羅の田制になる。いわゆる新羅村落文書(正倉院中倉伝来)は、村落ごとに戸数・口数・田積などを集計したものであり、有力な年代比定として、六九五年説・七五五年説・八一五年説がある。ここには、百姓の耕作地である「烟受有田《えんじゅゆうでん》」(田はハタケの意)「烟受有畓」(畓は水田の意)が記載されているが、その面積は戸数・口数・丁数のいずれとも相関関係がなく、それらの田地が一定基準に従って分配されたとは考えにくい。また、『三国史記』巻八・聖徳王二一年(七二二)八月条には「始めて百姓に丁田を給う」とあり、百姓に対する何らかの給田を実施したことがうかがえるが、他に同様の記事がなく、定期的な収授が行われたかどうか疑問がある。

こうした点から、統一的基準にもとづいて定期的収授を行うという意味での、中国均田制的な土地制度は、新羅では施行されていなかったとする見方が強い。新羅の田制には、村落全体が支配単位になるという固有の性格が認められ、中国均田制を本格的に継受した日本の田制とは、かなり様相の異なるものであった可能性が高い(8)。このような日本と新羅の田制の違いは、日本が唐令を逐条的に継受して体系的な律令法典を編纂したのに対し、新羅はそのような律令法典を編纂しなかった蓋然性が高いという、律令継受のあり方の違いにも関係していると考えられる。新羅の田制を媒介として比較すると、律令田制としての均田制と班田制との共通性が、より明瞭に浮かび上がってくるといえよう。

2　開墾と官人への給田

均田制と班田制をめぐって、さらに考える必要があるのは、百姓によって開発された新たな開墾田の扱いである。唐の均田制では、現実をはるかに超える理想額として応受田額が設定されており、その枠内に収まる小規模な開墾田は、当該百姓の已《い》受田《じゅでん》（実際に受給した田地）のなかに自動的に組みこまれる仕組みになっていた。[9] ところが、日本の班田制では、熟田《じゅくでん》（既墾田）を実際に班給すべき目標額として応受田額が設定されていたので、新たに開発された開墾田を当該百姓の已受田のなかに含みこめる仕組みにはなっていなかった。ここに、日本の律令田制では百姓の開墾田がどのように位置づけられていたのか、という問題が浮上してくるのである。

議論の焦点になるのは、大宝田令荒廃条の復原である。同条は荒廃田の再開発にかかわる条文で、その養老令文には百姓の新たな開墾田に関する規定はなかったが、大宝令文には養老令文にみられない「荒地」（開発対象となる未墾地）という語句が存在したことが知られ、この語句との関連で、大宝令荒廃条における百姓墾田規定の有無と内容をめぐる議論が続いている。これまでの有力な見方として、次の三つを挙げることができよう。[10] 第一に、百姓による「荒地」の開墾を奨励し、一定期間の用益を許したあと、その開墾田を収公する規定があったとするもの。第二に、「荒地」には荒廃田の再開発手続きを適用しないという規定があるのみで、百姓墾田に関する積極的規定はなく、百姓による新たな開墾は抑止あるいは放置されていたとするもの。第三に、「荒地」は官人による開墾のために規定されていたのであり、百姓墾田の存在は想定されていなかったとするものである。

第一の見方をとれば、大宝令の制定者は、均田制との違いを十分に認識したうえで、百姓墾田の一般的な存在を想定し、それを班田収授の体系に包摂するための独自の仕組みを用意していたことになる。百姓墾田を収公して乗田（剰余の田地）に組みこみ、その乗田を口分田として他の百姓に分配するわけであり、乗田を媒介として百姓の開墾田と已受田が全体的に連関する構造になっていると理解できよう。一方、第二・第三の見方をとれば、大宝令の時点で百姓墾田に対する国家の関心は薄く、班田収授制は百姓による開墾の契機を織りこむことなく設計されていたことになろう。それぞれの見方の違いは、班田収授制の全体構想にかかわる重大なものであり、現段階で断案を示すことはむずかしい。

ただ、ひとつ荒廃条に関して注目されるのは、官人による未墾地の開発を許可し、その開墾田を交代時に収公する規定があることで、この規定は唐田令の対応条文に存在せず、また大宝令と養老令とで内容に大差がなかった可能性が高い。「所部《しょぶ》界内」の未墾地が対象なので、ここでの官人は管轄地域のある地方官を意味するはずであり、実質的には国司を指していると解釈される場合が多い。任期中の国司に新たな開墾を認め、その成果を任期終了時に収公することで、口分田に充てるべき乗田を拡充することを可能にする仕組みといえる。地方官の開発した開墾田を、口分田の班給体制に取りこむ仕組みを制度化していることは、唐の均田制にみられない班田制独自の特徴として注意してよいであろう。

最後に、貴族・官人を対象とする給田にも触れておきたい。この給田の中核をなすのは位田と職分田であり、位田は品階《ほんかい》を有する親王・内親王と五位以上の貴族に(田令4位田条)、職分田は大納言以上の議政官(田令5職分田条)、大宰府官人・国司(田令31在外諸司職分田条)、郡司(田令32郡司職分田条)に与えられる。唐の律令田制で位田に相当するのは、爵を有する皇帝親族と五品《ごひん》以上の散官(実職をともなわない官名)に与えられる官人永業田であるが、これは「無主荒地」を申請して開墾するもので、位田が熟田の支給を原則としているのと異なっている。また、位田が本人の死亡時に収公されるのに対して、官人永業田は子孫に伝承されるのが特徴であるが、この伝承可能という属性は、日本では国家的功績をあげた者に与えられる功田に受け継がれている(田令6功田条)。中央官人の職分田に関しては、日本では議政官にしか支給されないのに対し、唐では一品から九品までのすべての職事官(実職をともなう官)に支給される点が大きな違いである。日本の律令田制は、職分田の支給範囲を大幅に縮小しているのであり、六位以下に対する給田がないこと(唐では、官人永業田は六品以下の職事官にも支給される)とあわせ、給田対象が官人身分の一部に止まっていることが顕著な特色といえる。日本では、官人を対象とする給田が、唐の田制のように全面的な体系化を遂げていなかったのである。

二　国家的土地支配の方法

以上のような律令田制の運用のために、国家はさまざまな田地把握の方法を案出した。田地の面積と位置を特定し、その受給者などとともに公的記録に登載するわけであるが、そのための前提条件となるのが田積単位の整備である。日本古代の田積法は、律令制の導入(浄御原令施行あるいは大宝令施行)とともに、代《しろ》制から町段歩《ちょうたんぶ》制へと大きく転換する。代の単位は、束代《そくしろ》とも表記されるように、もともと稲一束(一握り〈一把《わ》〉の稲を一〇個束ねた量)を生産できる面積を示すもので、やがて固定した面積を表示するようになるが、本来は土地の生産力によって広狭が変化しうる原始的な田積単位であった。これに対して、町・段・歩の単位は、唐で使用された頃・畝・歩の三段階の単位にならいつつ、町・段という独特の用語を採用して作られたもので、稲の収穫量を基準としない絶対面積を表示する単位であった。日本では、律令田制の施行とともに固有の田積法が放棄され、独自の改変を加えた中国的な田積法に置き換えられたのである。しかし、実態としては代制を完全に排除することはできず、町段歩制が一般化する大宝令施行以後も、天平七年(七三五)の弘福寺《ぐふくじ》領讃岐国山田郡田図、山垣遺跡(兵庫県)・上田部《かみたべ》遺跡(大阪府)の出土木簡など、代(尻)の単位を使用した例が少なくない。

こうした日本の田積法との対比で注目されるのが、朝鮮半島の田積法である。朝鮮には固有の田積法として結負《けっぷ》制が存在したが、これは結・負・束(・把)の単位からなるもので、束の単位がもともと稲一束を収穫できる面積を示すといわれるように、元来は日本の代制と同じく、穀物の収穫量を基準とする田積法であったらしい。ある時期に中国の頃畝制がそのまま継受され、結負と頃畝は互換可能な単位として、ともに絶対面積の表示に使われるようになるが、結負は頃畝に駆逐されることなく、古代を通じて一般的な田積単位として使用され続けたとみられる。日本では、独自の改変を加えて中国的な田積法が導入され、固有の田積法が遺存しながらも、前者が一般化していったのに対し、朝鮮では、中国の田積法をそのまま継受しながら、それが全面化せず、固有の田積法が性格を変えつつ、強固に存続したということであろう。朝鮮古代の田積法については不明な点が多いようであるが、日朝の律令制の継受のあり方を比較するうえで、田積法の問題はひとつの有効な材料となりうる。(11)

田積法が田地の面積を確定する手段であるとすれば、田地の位置(所在地)を確定する手段となるのは、いわゆる条里制である。それは二つの要素からなっている。ひとつは、一町方格(一辺約一〇九メートルの正方形の格子)に土地を区画した条里地割、もうひとつは、その一町方格の区画を「坊」(平安時代になると「坪」)、坊を縦横六つずつ合わせた正方形を「里」、里を東西または南北に連ねた列を「条」と称し、それぞれに数詞を付して「一条二里三坊(坪)」のように呼ぶ、条里呼称法である。二つのうち、条里地割は先行して存在していたが、条里呼称法は八世紀中頃に遅れて導入されたもので、七世紀後半に開始された班田収授とは直結せず、三世一身法・墾田永年私財法などによる墾田の増加に対応する位置表示法であったと指摘されている。この八世紀中頃に成立した、条里地割と条里呼称法とが一体化した土地管理システムを、それ以前の段階と区別して「条里プラン」と呼ぶことも多い。(12)

条里地割に関しては、考古学的調査の進展のなかで、施工範囲が大きく拡張し、現代につながるような条里景観が成立するのは、平安時代以降であると認識されるようになった。しかし一方では、奈良時代以前にさかのぼる条里遺構も確認され、条里地割の出現が決して新しいものではないことも判明している。たとえば、大阪府の美園《みその》遺跡、長原遺跡、池島・福万寺遺跡などでは、七世紀後半の条里地割とされる遺構が発見されている。また、静岡県の静清平野では、八世紀前半に古代東海道を基準線として、広域的な条里地割の施工が開始された可能性も指摘されている。少なくとも畿内では、部分的にせよ、大宝令施行以前に国家権力が条里地割の施工に着手していた可能性が高い(13)。これは班田収授の開始年代と矛盾しないものであり、班田制と条里地割が何らかの関連を持っていたことを推測させる。

この点と深くかかわるのが、日唐田令の田積規定の違いである。唐田令では、基準となる田積が「一歩×二四〇歩＝一畝」と規定されているのに対し、大宝田令では「三〇歩×一二歩＝一段」と規定されている(田長条)。後者の規定は、一辺を一歩とする単純な田積表記になっておらず、いわゆる半折《はおり》型の土地区画が具体的に想定されていたと判断される。こうした面積一段の単位区画をつくるには、一町四方の区画を一〇等分すればよく(半折型の場合、横〈縦〉に二等分、縦〈横〉に五等分)、男二段を基準とする口分田班給にとって、一町方格の条里地割はきわめて便利なものであったと思われる。このような意味でも、条里地割は班田収授との密接な関連のもとに構想されたと考えられ、後者の実施とともに、七世紀後半から八世紀にかけて、その施工が漸次推進されていったとみられよう。

この条里地割に条里呼称法が組み合わされて、八世紀中頃に、かつてない合理的な田地把握の手段が生み出される。それ以前に位置表示法として機能していたのは、いわゆる小字地名的名称と四至《しいし》であった。小字地名的名称は、田地の所在する一定範囲に付された土地の名称で、一町方格の地割に対応している場合もあるが、それを越えて広がっている場合もあり、田地の位置を特定する手段としては不完全なものであった。四至の方式は、東西南北の四つの境界(隣接地・物)によって田地の位置を特定するもので、田令3口分条に「具《つぶ》さに町段及び四至を録せよ」と規定されている。敦煌・吐魯番《トルファン》で発見された中国唐代の戸籍・給田関係文書などには、一筆《ひとふで》(一区切り)ごとの田地の所在が四至によって記載されており、四至という田地の位置表示方式は、唐の制度に由来するものと考えられる。

これに対して、条里呼称法のような数詞による機械的な田地の位置表示方式は、唐代中国で一般的に使用されていた形跡がみられず、こうした方式が全面的に発達したのは日本特有の現象といってよい。(14)条里呼称法がまったくの独創であったかどうかは不明であるが、それが日本独特の発達をみせたことは、東アジアのなかで周辺国(日本)が中心国(中国)にならって文明化する際に、手本となった中心=文明国以上に合理的な制度を発展させる場合があるという、貴重な事例を提供しているといえよう。

以上のような方法によって、田地の面積と位置が特定されるわけであるが、それを記録する公的帳簿・地図として設けられたのが、六年に一度の班田ごとに作成される田籍・田図(班田図)である。いずれも諸国から太政官に提出され、中央政府による田地把握の基本資料となると同時に、それぞれの国府にも保管され、国司による田地管理に利用された。田籍は、戸主・田主ごとに所属田地の面積・所在などを一筆ずつ書きあげた名寄《なよせ》形式の帳簿で、口分田を対象とする一般田籍のほかに、位田・職田・寺田などの田種ごとの特殊田籍が作成され、全体として一回の田籍を構成していたと考えられている。このうち寺田籍の形態を伝える史料として、天平一五年の山背《やましろ》国久世《くぜ》郡弘福寺田籍が知られている。田籍の作成は、班田制施行のごく早い時期から制度化されていたとみるのが一般的で、条里呼称法の成立までは、それぞれの田地の位置を四至によって記載していた可能性が高い。(15)唐代中国では、各戸の所属田地の情報は戸籍に記載されるので、戸籍とは別に田籍が作成されるのは、日本独特のあり方といえる。

一方、条里呼称法の整備とも関連して、八世紀中頃から本格的に作成されるようになるのが田図である。条里地割にもとづいて描かれた方格図であり、一町方格=坊(坪)の枠のなかに、そこに所在する田地の田種・田主・面積などが記入される。条ごとに一巻をなし、その条に所属する里=六町方格の図が巻首から順次配列されていたらしい。そうした形態をうかがわせる史料として、八・九世紀の田図をもとに作成された、大和国添下《そうのしも》郡京北《けいほく》班田図・山城国葛野《かどの》郡班田図がある。田図の存在は天平元年には確認されるが、統一様式で全国的に作成されるようになるのは、天平一四年の班田からであろうと推測されている(16)。唐代中国では、このような地図が国家的な田地把握に用いられた徴証がなく、田図の発達は日本独特のものであった可能性が高い。これは、条里呼称法が日本で独自の発達をみせたことと呼応する現象といえる。

田籍が戸主・田主ごとに所属田地を集約して人間主体に田地を把握するのに対し、田図は所在の条里区画に即して空間的に田地を把握する。原理を異にする帳簿と地図が相互補完的に機能することによって、八世紀半ば以降、律令国家の田地把握はより万全なものとなったのである。ほかにも、田地把握にかかわる重要な帳簿としては、校田帳・青苗簿などが知られる。校田帳は、班田に先立つ校田の結果を記録したもので、中央政府が来るべき班田の実施内容を審査するための材料となった。青苗簿は、田地の作付状況・賃租(小作)関係を把握するために、戸主からの申告書にもとづいて毎年作成され、戸ごとの収穫状況の確認や田租の徴収などに活用された。あわせて「図籍」とも称される田図・田籍を中核として、さまざまな帳簿が体系的に整備されることで、律令田制の円滑な運用は可能になっていたのである。

三　大土地領有の諸相

1　ヤケの継承

律令田制の施行にあたって問題となるのは、それまでの伝統的な土地所有の実態と、どのように折り合いを付けるかということである。なかでも重要なのは、強力な権利に支えられてきた、王族・貴族・豪族・寺院などによる家産制的な大土地領有を、どのように扱うかという問題であろう。具体的には、屯倉・田荘の田地をめぐる収公と継承の可能性が問われることになる。律令制以前、堀や垣に囲まれた一区画に複数のヤ(屋)やクラ(倉)が建っている施設は、ヤケ(宅)という観念で捉えられていた。それは有力者の所有する施設であり、ひとつの重要な機能に農業経営の拠点となることがあった。[17] 屯倉や田荘は、まさにこのヤケに該当する。したがって、ここでの問題をいいかえれば、ヤケとそれに付属する田地は律令田制のもとでどのように処理されたのか、ということになる。

まず、想定されるのは、従来の領有関係を解消してヤケの田地が収公され、乗田などの無主の田地として蓄積された可能性である。いわゆる大化改新詔が、屯倉・田荘の廃止を方針として掲げている以上、律令国家はヤケの田地の収公を目指す方向にあったと考えるのが自然であり、律令田制の施行にともなって、実際に収公が行われる場合があったことは否定できない。一方、実態として確認されるのが、律令制的なものに姿を変えながら、実質的に従来のヤケとしての領有関係を維持している場合である。その代表的な例として、天皇の食料を生産する官田(大宝令では屯田)と官営の園《その》を挙げることができる。官田は供御の稲を生産する水田で、宮内省によって管理され、官営の園は供御の蔬菜類を生産するハタケで、宮内省管下の園池司によって管理される。いずれも令制以前に設置された畿内屯倉の耕地を継承したものであり、律令官司によって経営されながら、王権に帰属する家産としての性格を存続させている。[18]

これに類したあり方は、貴族のヤケについても指摘されている。『万葉集』巻四・巻八には、大伴氏関係の田荘として、大和国に所在する竹田庄・跡見《とみ》庄がみえ、八世紀前半の貴族による田地経営の実態を伝える貴重な例とされてきた。これらの庄は、各地に存在した大伴氏のヤケの一部であったと考えられ、一族の坂上郎女《さかのうえのいらつめ》らが、現地に下向して農作業に関与している。律令田制の施行後も、前代的な貴族のヤケと、それに付属する田地が存在していたわけであるが、その田地は、従来の領有関係を維持したまま、田令に規定された位田などの給田枠に振り向けられていたのではないか、と推測されているのである。[19] ヤケとともに継承されてきた古い田地が、位田・職田などの律令制的給田に名目を変えつつ、その貴族の家産として領有され続けた可能性は十分に想定できるだろう。

これに対して、律令制的給田の枠外でヤケの田地が継承されていた可能性を示すのが、長屋王家木簡にみえる御《み》田《た》・御薗《みその》の例である。長屋王家の所領である御田・御薗は、大和・河内・山背《やましろ》国などに分布し、同家で消費される米や蔬菜類を生産・進上していた。平城京の邸宅に置かれた家政機関の全般的統括のもと、現地には帳内《ちょうない》・資人《しじん》が派遣され、その管理下に功食《こうしょく》を支給した雇用労働力による直接経営が行われていた。その立地状況から、飛鳥・藤原を都としていた時期に設置されたもの、すなわち父の高市《たけち》皇子から継承された所領が少なからず含まれていたと考えられている。注目されるのは、所領の全体としての規模であり、すべての御田・御薗をあわせると、当時の長屋王(および妻の吉備内親王)が受給可能であった位田の面積を大幅に超えるとみられている。この点から、長屋王家の所領には、律令田制とは無関係に継承されてきたものが存在する、との認識が導かれるのである。[20] ここに、律令制下における屯倉・田荘のひとつの存続形態が見出せるわけであり、王族・貴族のヤケの耕地が、位田・職田などの律令制的給田に衣替えすることなく、純然たる家産として継承される場合があったと考えてよいのであろう。

律令制下へのヤケの土地の継承は、寺院の所領についても認められる。その代表的な例として言及されてきたのが、法隆寺と弘福寺の所領である。まず、法隆寺については、天平一九年の法隆寺伽藍縁起幷流記《るき》資財帳から、この時期の所領の全容が明らかになる。そのなかに、令制以前のヤケの土地を継承したものが確実に含まれている。たとえば、大和国平群《へぐり》郡の所領は、法隆寺の周辺に展開するものであるが、それは七世紀初頭ごろに厩戸王の上宮王家によって開発された屯倉の土地に由来する。一方、弘福寺(川原寺《かわらでら》)は天智朝の創建といわれる飛鳥の官大寺であり、和銅二年(七〇九)の弘福寺水陸田目録から、八世紀初頭までに合計二〇〇町を超える所領を各地に成立させていたことがわかる。そのうち讃岐国の所領を記録したのが、天平七年の讃岐国山田郡田図であり、そこには田・畠とともに、「屋」と「倉」を備えた「三宅」(ミヤケ)が描かれている。この山田郡田図では、田積単位として代が使用されており、同図に描かれた所領は、町段歩制が確実に導入される大宝令施行以前に形成されていた可能性がある。つまり、経営拠点としてのヤケとそれに付属する田・畠が、七世紀のあいだに寺領として占定《せんてい》され、それが大宝令制下まで継承されたと推測する余地があるわけである。

このように、七・八世紀にまたがって、ヤケとその付属地が継承されたとみられる例が少なくないが、さらに注目されるのは、そこで実現されていた土地領有の形態である。前記の法隆寺資財帳には、同寺の所領が、水田・薗地・山林岳嶋・池・荘などの地目に分類して記載されている。これを実地に即してみると、水田以下の複数の地目が、一定地域にまとまって存在していた様子が浮かび上がってくる。たとえば、播磨国揖保《いぼ》郡の所領は、のちの鵤荘《いかるがのしょう》の地域において、水田・薗地(ハタケ)・岳・池・荘(ヤケ)が一体となって形成していたものであり、大和国平群郡の所領なども、それに近似した形態をとっていたらしい。ヤケを拠点とする大土地領有は、一定の広がりを持つ領域のなかに、多くの地目が一体化した複合的な経営体として展開する場合が多かったと考えられるのである。

こうした領有形態を示す例としては、ほかにも額田寺《ぬかたでら》伽藍並条里図に描かれた額田寺の所領が挙げられる。大和国平群郡に所在した額田寺は、同郡額田郷を本拠とする額田部氏の氏寺で、天平宝字(七五七—七六四)頃に作成された伽藍並条里図には、同寺の伽藍とその周辺所領が描写されている。八世紀後半の時点で、経営拠点ともなる寺院の周辺に、「寺田」「寺畠」「寺岡」「寺林」「寺栗林」「寺小手池」などの、多様な地目の寺領が展開していたことがわかる。同図に「額田部宿禰《すくね》先祖」の古墳が描かれているように、この一帯は古くから額田部氏によって開発されてきた地域であり、ヤケを中心にさまざまな地目を結合させた同氏の所領が、七世紀にはすでに形成されていたとみられる。それが氏寺とその周辺寺領に転化して、八世紀まで継承されたと推定されよう。ここでも、ヤケを拠点とする大土地領有は、一定の領域のなかに、多くの地目から構成される複合体として実現していたのであり、その領有形態は、七・八世紀を通じて基本的に変化していないのである。

以上のように、七世紀までの大土地領有の典型であった、王族・貴族・豪族・寺院などによるヤケを拠点とした土地領有は、ある場合は律令田制のなかに組みこまれ、ある場合は律令田制の枠外に置かれたまま、八世紀まで連綿と存続していたと考えられる。(21) しかも、その領有形態として、田地以外の多くの地目を包含する領域的・複合的なものがあり、田地把握を主眼とする律令田制の施行にもかかわらず、その領域性・複合性は、七・八世紀を通じて強固に維持されたとみられる。(22) ヤケを拠点とする家産制的な大土地領有は、伝統的な領有形態を保存したまま、律令制下に継承された可能性が高いのである。こうして、律令田制の施行にあたり、律令制以前の家産制的な大土地領有が必ずしも排除されなかったことは、律令制の本質をめぐる議論に大きな問いを投げかけている。伝統的な家産制の抑止を目指しながら、ある程度それを許容する側面も持っているという、律令制の二面的性格をどのように評価するかが問われているのである。

2 初期荘園の成立

ヤケが七世紀から継承されたものであるのに対し、八世紀半ばから新たな大土地領有の様式として展開していくのが、いわゆる初期荘園である。(23) その特徴は、開墾・買得《ばいとく》・寄進などを手段とする墾田の集積によって所領を形成していることで、貴族・豪族の場合は天平一五年の墾田永年私財法、寺院の場合は天平勝宝元年(七四九)の「寺院墾田地許可令」が、それを可能にする法的根拠となっていた。寺院に関しては、田令に規定された所領として寺田が存在するが(21六年一班条)、熟田を主体とする寺田が田租を賦課されなかった(不輸租《ふゆそ》)のに対し、初期荘園における墾田は田租を賦課される(輸租)という違いがあった。そのため、同じ寺領のなかでも、後者を「寺領墾田」と呼んで、狭義の寺田と区別することが多い。

まず、初期荘園の重要な意義として、その設置・経営を通じて、中央勢力が本格的に地方へ進出するようになったことがある。たとえば、橘奈良麻呂は、天平宝字元年に奈良麻呂の変で失脚するまで、越中国砺波《となみ》郡に一〇〇町を超える墾田地を所有し(変後没収され、のち東大寺領石粟《いさわ》荘となる)、また藤原仲麻呂は、同八年に仲麻呂の乱で敗死するまで、越前国に二〇〇町もの土地(墾田地)を所有していた(乱後没収され、のち西隆寺《さいりゅう》領となる)。中央政権の有力者が、墾田永年私財法をよりどころに、畿外の未開発地域に勢力を拡大していった状況を示している。注目されるのは、各国に派遣された国司が、このような勢力拡大の媒介者になったとみられることである。奈良麻呂の場合は、橘氏と親密な関係にあった大伴家持の越中守在任中、仲麻呂の場合は、息子の薩雄《さつお》・辛加知《からかち》の越前守在任中に、かれら国司の協力を得て、墾田地を占定した可能性が高い。これは、墾田永年私財法の規定によって、国司が墾田地占定の許可権を握っていたことを利用したものである。

先に触れた諸例のように、七世紀以来のヤケを拠点とする中央貴族の所領は、畿内を中心に分布していたと考えられる。それに対して、初期荘園の段階では、北陸を始めとする地方にまで、中央貴族の所領が広く分布するようになるのである。これは、かれらを担い手とする律令制が、地方社会のなかに本格的に浸透していく過程としても理解できる。このような八世紀半ばからの動向と無関係ではないと思われるのが、天平勝宝年間(七四九—七五六)に初めて史料にみえる勅旨田《ちょくしでん》の開発である。(24) 勅旨田は、官田と同じく王権に帰属する官営田であるが、官田が畿内の屯倉の耕地を継承したものであるのに対し、新たな開墾や再開墾によって全国的に設置されるのが特色である。この官田と勅旨田との関係は、中央貴族の所領における、ヤケの耕地と初期荘園との関係にほぼ対応している。こうした点で勅旨田を、初期荘園と同じ位相にある、墾田開発の一類型として捉えることが可能であろう。

初期荘園のなかで、もっとも史料に恵まれ、多くの研究が蓄積されているのは、東大寺領の北陸荘園(越前・越中国)である。(25) その経営方式の大きな特徴は、造東大寺司《ぞうとうだいじし》という国家機関の指示のもとに、国-郡という地方行政機構が最大限に利用されたことにある。造東大寺司関係者を国司として送りこんで、郡司とともに荘園経営に専従させ、国司-郡司の系列による在地支配に依拠して収取を実現するのである。これは、東大寺領荘園の経営が、律令国家の支配体制に大きく依存していたことを物語っているが、このことは国家的支援を受けられるという意味で、経営安定化の要因になりうると同時に、一方では中央・地方の権力関係のあり方に、経営内容が強く影響されることをも意味している。太政官を中心とする中央政界の動向と、それを反映した国司の人選、そして郡司を頂点とする在地勢力の関与の仕方が、経営の行方を大きく左右することになるのである。そのため、従来の研究では、中央の政治情勢、在地の支配秩序という二つの要素と、荘園経営との関連を分析することが重要な課題とされてきた。

　中央の政治情勢との関連については、政権と東大寺との関係の変化から、荘園経営の展開を三つの時期に区分する見方が提示されている。すなわち、第一期(成立期)は、天平宝字三年頃までで、権勢をふるう藤原仲麻呂と東大寺僧良弁《ろうべん》との提携関係を背景に、造東大寺司が中心となって荘園経営が進められた。第二期(衰退期)は、天平宝字八年の仲麻呂政権の崩壊までで、全盛期の仲麻呂と東大寺との対立関係により、荘園経営は政府から圧迫され、衰退することになった(越前国では、国守の薩雄が圧迫を実行した)。第三期(復活期)は、天平神護元年(七六五)からの道鏡政権の時期で、仏教重視の政治のもと、東大寺三綱《さんごう》の主導によって荘園経営は回復した、というものである。[26] 政権との関係が荘園経営の盛衰に直結したこと、またその推移と密接に関連しながら、俗官である造東大寺司から僧官である三綱へと経営主体が移行していったことを示している。

　在地の支配秩序との関連については、郡レベルの地方豪族(郡司氏族などのいわゆる在地首長層)と、村落レベルの有力者(いわゆる村落首長層)との、どちらの役割を重点的に評価するかが大きな論点となる。前者の役割を重視する見方では、在地首長の影響力を十分に利用できるかどうかが、荘園経営の成否を分けることになる。具体的には、越前国坂井郡の桑原荘では、隣郡(足羽《あすわ》郡)の郡司(大領)である生江臣東人《いくえのおみあずまひと》を参加させ、坂井郡の在地首長を介在させることがなかったために、経営の安定化が実現できなかったのに対し、同じく坂井郡の鯖田《さばた》国富《くにとみ》荘では、同郡の郡司(大領)である品治《ほむち》部君広耳《べのきみひろみみ》が賃租を一括して請け負い、影響下にある農民をその労働力として組織できたために、経営の安定化が可能になったとされる。これに対し、郡司＝在地首長は必ずしも郡内全体に影響力を行使できたわけではなく、むしろ農民の動員には村落レベルの農耕祭祀が有効であったとして、村落首長層の役割をより重視するのがもうひとつの見方である。

この議論は、初期荘園の類型化の問題とも密接にかかわっている。在地首長の機能を重視する立場は、その機能の仕方によって、初期荘園の経営を二つの類型に分けることができるとする。農民労働力の編成などにおいて、在地首長の影響力に全面的に依存している「北陸型」(畿外型)の経営と、在地首長の力に依存することができず、荘園領有者が農民を直接掌握しようとする「畿内型」の経営である。このうち後者の典型とされるのが、九世紀近江国の東大寺領愛智《えち》荘・元興寺領依智《えち》荘である。愛智荘は、大国郷売券《おおくにごうばいけん》とよばれる土地売買証文群の伝来で知られ、寺の直営田である佃《つくだ》からの収穫稲の一部を種子として農民に分与することで、賃租経営を維持していたらしい。依智荘では、寺から派遣された検田使が、有力農民を預作名《よさくみょう》(地子《じし》〈小作料〉納入単位)の責任者として編成し、地子収取の確実化をはかっている。前者にみえる佃＝直営田は、収穫稲のすべてを荘園領有者に納入する田地で、畿内型の経営に特徴的なものとされる。大和国の宮所《みやどころ》荘では、荘田の大半をこの佃が占め、九世紀初頭の木簡から、その収支状況の詳細が明らかになっている。以上に対し、佃の収益率の悪さから、直接的経営に資する佃の機能をあまり高く評価せず、また北陸荘園・畿内荘園とも、村落首長クラスの有力者による農民編成に依拠しているのは同じであるとして、北陸型・畿内型という類型化を疑問視する立場もあるのである。(27)

各荘園の経営は、荘所《しょうしょ》(荘家《しょうけ》)を拠点として行われた。荘所の機能は、事務管理や稲穀《とうこく》の収納などであったが、さらにその下に、「秦広人《はたのひろひと》所」「倭画師《やまとのえし》池守《いけもり》所」のような人名を冠した「所《ところ》」が配置され、末端の経営機能を担っていた可能性もある。(28)荘所については、北陸地方を中心に、各地でその遺構とされるものが発掘されている。著名な例として、石川県の東大寺領横江荘荘家跡・上荒屋《かみあらや》遺跡、富山県のじょうべのま遺跡などがある。このうち上荒屋遺跡からは、「東庄」「西庄」「南庄」「北庄」と記された墨書土器が出土し、じょうべのま遺跡からも、「西庄」の墨書土器が数多く発見されている。西大寺食堂院《じきどういん》跡出土木簡にも、越前国坂井郡の同寺領赤江荘に関して、「赤江南庄」「赤江北庄」と記した荷札があり、同一荘園のなかに、方位を冠して区別される複数の荘所を設置する場合があったとみられる。荘所遺構のなかには、主屋《しゅおく》の左右に脇屋を配する、官衙《かんが》に類した建物配置をとるものがあり、倉が付属することとあわせ、郡家《ぐうけ》の構成に近いことが指摘されている。桑原荘の荘所の収納物が「官物《かんもつ》」と認識されていたように(天平宝字二年三月二日越前国田使《でんし》解《げ》)、荘所は在地においてまさに郡家にも通じる官的施設であり、そこには、中央勢力の浸透を農民に実感させる権威の象徴としての効果もあったのだろう。

初期荘園は、律令国家の支配体制を前提とした大土地領有であった。東大寺は、天平宝字三年一一月一四日付の「越中国諸郡荘園総券第一」と同日付の同国諸荘園の開田図のように、帳簿と地図のセットによって荘田を把握していたが、これは田籍・田図のセットによる国家的な田地把握と共通する方式である。初期荘園は、田地把握の方法においても、律令国家が作り出したシステムを借用していたといえよう。ヤケを拠点とする大土地領有が、律令制の成立に先行する存在であったとすれば、初期荘園は逆に、律令制の発展のうえに初めて成立しうる存在だったのである。

四　律令制的土地制度の展開

律令制的土地制度は、以上にみてきた国家的田制と大土地領有との相互関係のなかで展開していった。ここでは、その展開過程を三つの時期に分けて追ってみたい。

まず、七世紀半ばから八世紀前葉にかけてを、律令制的土地制度の成立期と位置づけることができよう。その端緒を開いた大化年間(六四五―六四九)の諸政策では、校田による田地面積の把握、臣《おみ》・連《むらじ》・伴造《とものみやつこ》・国造《くにのみやつこ》などによる土地占奪と賃租的行為の抑止、堤溝《つつみうなて》の造成と墾田の開発などが目指されている。一般農民の耕作地と支配者層の領有地とを分離して、前者の数量掌握と後者の規模抑制を図り、同時に耕地の拡大を推進しようとしたものといえる。ただし、この段階の校田や開発は、国造層の力に頼る部分が大きく、前者は国造が自らの支配領域の総田積を申告する程度のもので、班田収授にともなう後の校田とは程遠いものであったと考えられる。

班田収授制に関しては、いわゆる大化改新詔の第三条でその採用が明言され、白雉三年(六五二)正月紀にも班田実施の記事があるが、いずれも記事の造作・潤色・錯誤の問題があり、事実の認定・解釈に困難をともなう。これに対して、確実な班田実施の例として認められているのが、持統天皇四年(六九〇)の造籍(庚寅年籍《こういんねんじゃく》)を受けて行われた、同六年の班田である。同五年には校田が実施されたと推測され、造籍(一年目)―校田(二年目)―班田(三年目)という一連の作業を六年ごとに実施するというシステムが、浄御原令の段階で成立したと考えられている。この六年一籍・六年一班のシステムは、中国にみられないまったく独創的なものであり、以後、人民支配の根幹をになう制度として重視され続ける。そうした独自の基本制度が、浄御原令制で生み出された意義は大きく、律令法典の完成度や班田の実施程度(畿内での実施に止まるかどうか)とは別に、その画期性を評価する必要がある。その意味で、浄御原令制を班田制の「本質的な確立」、大宝令制をその「総仕上げ」とした虎尾俊哉の見通しは、依然として有効であるといわなければならない。

大宝令が完成すると、田領《たつかい》と呼ばれる田地関連の役職が廃止され、その権限を吸収した国司が、各国内の田地に対する支配権を強化する。大宝二年(七〇二)の西海道戸籍には、国ごとの基準額を踏まえた各戸の受田予定額が記入されており[29]、国司が国内の校田結果を集計し、班田実施に向けて給田額を算出する作業を行ったことを示唆している。養老元年(七一七)になると、青苗簿の書式が諸国に頒布されるが、その作成にあたっては各戸の手実《しゅじつ》=申告書を徴収・確認することが求められており、戸を単位とする田地把握の進展をうかがわせる。養老三年には、雑穀を栽培する陸田についても戸ごとの支給面積が定められ、ハタケに対しても戸を単位とする国家管理が強まっている。墾田に関しては、和銅四年に、国司への申請と太政官の許可を条件に空閑地の開墾が認められ、さらに養老七年には、いわゆる三世一身法が施行される。同法は開墾奨励策としての意味を持っていたが、「給伝三世」「給其一身」とあるように、開発した墾田の所有を国家からの給田として捉えており、墾田を口分田と同じ枠内に位置づける法令でもあった。

こうして大宝令制定以後の八世紀前葉に、試行錯誤しつつ、国家による土地支配が強化されていったとみられるが、そこに大きな飛躍をもたらしたのが、天平元年の班田である。この班田以後の、八世紀半ば(天平年間)から九世紀初頭(延暦年間)までを、律令制的土地制度の完成期として理解することができよう。天平元年班田は、律令田制との関係で、二つの大きな意義を持っている。ひとつは、口分田をすべて収公して全面的に班給し直したことで、従来にない徹底した班田収授が可能になったことを示している。もうひとつは、位田の交換規則を定め、賜田・位田の未支給状態に対処し、職田に充てるべき田地を確保するなど、貴族・官人に対する給田の実質的な整備が行われたことである。これと引き換えに、従来からのヤケを拠点とする大土地領有の切り崩しが図られた可能性は大きく、摂津国で同年の班田の実務に携わっていた丈部竜麻呂《はせつかべのたつまろ》が自殺した事件(『万葉集』巻三)は、既得権益に介入された貴族・官人層の抵抗の強さを暗示している。

天平一四年の班田では、先述のように、田図が整備された様式で全国的に作成されるようになり、田籍とのセットによる田地把握の方式が完成すると考えられる。時期を同じくして条里呼称法も導入され、高度な位置表示法と登録媒体を完備した、きわめて精緻な田地把握のシステムが実現されるのである。これ以降、図籍(田図・田籍)のセットが田地管理のための基本資料となり、延暦年間(七八二—八〇五)には特に重視すべき図籍として、四回の班田時のものが指定される。天平一四年・天平勝宝七歳・宝亀四年(七七三)・延暦五年という四年度の図籍、いわゆる「四証《ししょう》図籍」である。鹿《か》の子《こ》C遺跡(茨城県)出土漆紙文書には、「天平十四年田籍」以下の四証田籍を引照したとみられる検田関係文書があり、四証図籍が拠るべき資料として利用されていたことが確かめられる。こうして、精度の高い図籍が作成されていた八世紀半ばからの半世紀ほどが、律令国家の田地支配がもっとも徹底していた時期であるといえよう。

一方でこの時期は、天平一五年に墾田永年私財法が施行されたことで、それまでの田制の枠組みが大きく変化した時期でもあった(30)。同法は三世一身という墾田の収公期限を撤廃し、墾田の永年所有を認めたが、同時に位階に応じて墾田地占定の限度額を定め、また開墾に国司の許可が必要であることを明確化した。これは、国司による管理のもとに、階層的身分秩序に即した墾田の所有規制をめざすもので、墾田が図籍に登録され、田租を賦課されることとあわせ、国家による田地支配の深化という側面を持っている。何よりも同法は、稀にみる「大開発の時代」を招来し、国家全体の生産力を増大させたと推測される。しかし、収公されない私財田の存在を公認したことは、国家による田地の給付・回収という律令田制の原則を大きく変更するものであった。班田収授の枠外にある私財田の拡大は、校田による確認作業を煩雑化・長期化させ、同法施行以後、班田の実施は造籍の三年後・四年後としだいに遅れていく。図籍による徹底した田地支配にもかかわらず、八世紀後半に、班田収授の遂行は確実に困難になっていったのである。

それでも延暦一一年の班田までは、六年一班と諸国共班、すなわち六年ごとの全国一斉班田という原則が維持されていたが、同一九年の班田では、六年一班の原則が事実上破綻し、大同年間(八〇六―八〇九)からは、諸国共班の原則もまったく遵守できなくなった。令制本来の班田の原則が完全に崩れてしまった、この九世紀初頭(大同年間)から一〇世紀半ばまでを、律令制的土地制度の変質・解体期とみることができよう。この期間に、国家の田制は大きな変化を経験する。たとえば、弘仁一一年(八二〇)に、畿外諸国からの田籍の進上が停止され、田図のみが中央政府に提出されることになる。これは、条里空間による田地把握が重視され、もともと令制が意図した、戸(戸主)を媒介とする田地把握が後退したことを意味するであろう。また、九世紀の班田では、租税負担に応じて口分田の班給額を改定する場合が多くなり、延喜一四年(九一四)の「意見十二箇条」では、口分田の班給は調庸収取のためであると明言されるにいたる。令制には存在しなかった、口分田班給を租税負担の反対給付ととらえる認識が、班田実施の遅滞のなかで強まってくるのである。

田制が租税や財政との関連を強めるのは、この時期の一般的な傾向で、そのような例として、公営田《くえいでん》と元慶官田を挙げることができる(31)。弘仁一四年に大宰府管内で実施された公営田の制度は、口分田・乗田から割き取った良田一万二〇九五町を徭丁《ようてい》に耕作させ、その収穫稲で補填することを前提に、あらかじめ正税《しょうぜい》を支出して調庸物を買い上げるもので、調庸の現物確保を大きな目的としている。元慶三年(八七九)に畿内の良田四〇〇〇町を割いて設置された、いわゆる元慶官田は、位禄・王禄、時服、月料《げつりょう》などの官人給与の財源を新たに用意し、それを負担してきた諸国の財政危機を回避しようとしたものである。太政官の財源となる乗田について、その一定数の確保が強調されるようになることを含め、九世紀には中央政府の田制に対する期待の重心が移動し、人民編成の一翼としての意義よりも、経済・財政的な意義の方が重視されるようになっているといえよう。

このほか、耕作されていない荒廃田の問題が大きく浮上してくることも、九世紀の特徴のひとつである。天長元年(八二四)には、長年耕作を放棄され、班田の対象外となった「常荒田」について、再開墾した者の終身間の用益を許可し、荒廃田の再開発を促進しようとしている。承和年間(八三四—八四七)になると、広大な面積の荒廃田を、賜田として皇親などに与える例が急増するが(いわゆる親王賜田)、これには支配者層の力を借りた再開発の推進という意味もあった(32)。班田の対象でありながら、その年には荒廃状態にあり、佃作(耕作)に堪えない不堪佃田《ふかんでんでん》についても、その増大が諸国から報告されるようになり、承和以降、政府はその実態把握と減少に努力するようになる。荒廃田が増加する一因には、あまりに開墾が拡大したために、すべての耕作の維持が難しくなったことがあると思われ、九世紀における荒廃田の問題化には、墾田永年私財法がもたらした「大開発の時代」の副産物という側面もあるといえよう。

政府の不堪佃田に対する関心は、一〇世紀前葉になっても持続し、実検のための不堪佃田使の派遣や国司への再開発命令など、実際的な措置がとられていた。しかし、天暦年間(九四七—九五六)には対処の緩みが目立つようになり、一〇世紀後半には、不堪佃田奏(各国の不堪佃田の扱いを天皇に奏上する政務)の運営も大幅に形式化したとみられる。そこには、国家による土地支配を儀礼的に確認するという意味はあるものの、もはや不堪佃田対策としての実効性は認められない。班田収授に関しても、延喜二年に改めて一二年ごとの実施を命じる法令が出され、現実には困難でありながら、まだ一〇世紀前葉には班田を実施しようとする努力がなされていた。だが、一〇世紀半ばには、そうした努力の跡もみられなくなり、ここに班田制の実質的な運用は放棄されたと考えられる。こうして、七世紀半ばに誕生した律令制的土地制度は、一〇世紀半ばにその歴史的役割を終えるのである。

おわりに

律令国家の土地支配は、何によって維持されていたのだろうか。重要な要素として留意されるのは、田租の収取であろう。唐令では人別賦課の税(丁租)として賦役令に規定されていた租が、日本令では田積賦課の税(田租)として田令に規定されている。これは、班田制と田租との強固な結びつきを示すもので、口分田の班給と田租の収取とは、明確に給付と反対給付の関係にある。この田租の収取は、土地からの収穫物の一部を初穂として、神あるいは神を祀る共同体首長に貢納する慣行から発生し、もともと宗教的意義を持っていたとされる。そして、その慣行は、首長による共同体領域内の土地の支配を確認する儀礼でもあったとみられる。国造制下では、このような性質を持った原田租を収取することで、国造によるクニの土地の支配が維持されていたのであろう。

八世紀には、諸国で田租を蓄積した不動倉《ふどうそう》のカギが中央に進上され、中務省で保管されて天皇の進止のもとに置かれるようになる。田租に対する権限が旧国造層から奪われたことを意味し、これによって律令制下の田租は、律令国家を統合する神＝首長である天皇への捧げ物となる(33)。こうして田租が天皇に貢納されることで、全国の土地に対する天皇の支配権が確認され、それによって律令国家による土地支配も正当化されるということだろう。天皇の人身支配権が戸籍の御覧《ぎょらん》によって象徴的に確認されていたのに対し、田籍は御覧に供されることがなかったとされるが(34)、それは田租の収取が天皇の土地支配権を象徴する機能を代わりに担っていたからであろう。租が田租として田令に規定された理由のひとつは、こうした田租と土地支配との本質的関連にあったと思われる。

以上のように、班田制を始めとする律令国家の土地支配の根幹には、天皇と穀物(稲)にかかわる宗教的要素があったと考えられる。これからの古代土地制度研究には、こうした視点からの考察も不可欠であろう。古代の人々の土地をめぐる営為は、法・経済・宗教などが未分化な「全体的社会事象」(マルセル・モース)にほかならないのである。

(1) 律令田制の基本的内容については、弥永貞三「律令制的土地所有」(『日本古代社会経済史研究』岩波書店、一九八〇年、初出一九六二年)、宮本救「律令制的土地制度」(『律令田制と班田図』吉川弘文館、一九九八年、初出一九七三年)参照。

(2) 以上、吉田孝「「律令国家」と「公地公民」」(『律令国家と古代の社会』岩波書店、一九八三年)、吉村武彦「律令制国家と百姓支配」(『日本古代の社会と国家』岩波書店、一九九六年)などを参照。

(3) 唐田令の条文配列に関する専論に、松田行彦「唐開元二十五年田令の復原と条文構成」(『歴史学研究』八七七、二〇一一年)がある。

(4) 口分条の解釈をめぐり、六歳以上が受田年齢であったのか、受田年齢の制限はなかったのか、という議論がある。山尾幸久『日本古代国家と土地所有』(吉川弘文館、二〇〇三年)参照。

(5) 以上、租税負担と給田との関係については、虎尾俊哉『班田収授法の研究』(吉川弘文館、一九六一年)、堀敏一『均田制の研究』(岩波書店、一九七五年)参照。なお、北魏太和九年(四八五)に均田制を初めて施行したときの詔(『魏書』巻七高祖紀)には「還受は生死を以て断と為す」とあり、太和一六年令以前の均田制では、班田制と同じく、受田年齢と租税負担が対応していなかった可能性もある。

(6) 吉田孝「編戸制・班田制の構造的特質」「墾田永年私財法の基礎的研究」註2『律令国家と古代の社会』。

(7) 以下の記述は、拙稿「律令国家と校班田」(『律令国家と土地支配』吉川弘文館、二〇一三年、初出二〇〇九年)での考察を踏まえている。

(8) 以上、新羅の田制については、虎尾俊哉「ミヤケの土地制度に関する一試論」(『日本古代土地法史論』吉川弘文館、一九八一年、初出一九七四年)、浜中昇「統一新羅における均田制の存否」(『朝鮮古代の経済と社会』法政大学出版局、一九八六年、初出一九八二年)などを参照。なお、扶余宮南池出土木簡と羅州伏岩里遺跡出土木簡のなかに、丁数・口数と田積を小単位のまとまりで記載した木簡があり、百済において戸を単位とする田地把握がなされていた可能性も指摘されている。

(9) 註6吉田「編戸制・班田制の構造的特質」。ほかに、坂上康俊「均田制・班田収授制の比較研究と天聖令」(『史淵』一五〇、二〇一三年)も参照。

(10) 近年の論文に、小口雅史「国家的土地所有の成立と展開」(『新体系日本史3 土地所有史』山川出版社、二〇〇二年)、坂上康俊「律令国家の法と社会」(『日本史講座2 律令国家の展開』東京大学出版会、二〇〇四年)、伊藤循「大宝田令荒廃条の荒地と百姓墾田」(吉村武彦編『律令制国家と古代社会』塙書房、二〇〇五年)、服部一隆「大宝田令荒廃条の復原」(『班田収授法の復原的研究』吉川弘文館、二〇一二年、初出二〇〇六年)などがある。

(11) 以上、田積法については、岸俊男「方格地割の展開」(『日本古代宮都の研究』岩波書店、一九八八年、初出一九七五年)、

亀田隆之「古代の田租田積」(『奈良時代の政治と制度』吉川弘文館、二〇〇一年、初出一九五五年)、水野柳太郎「面積計算法と方格地割」(『日本古代の食封と出挙』吉川弘文館、二〇〇二年、初出一九七五年)など。
(12) 金田章裕『条里と村落の歴史地理学研究』(大明堂、一九八五年)など。
(13) 広瀬和雄「条里制」(『考古学による日本歴史16 自然環境と文化』雄山閣出版、一九九六年)参照。奈良盆地の条里地割については、井上和人「条里制地割施工年代考」(『古代都城制条里制の実証的研究』学生社、二〇〇四年、初出一九九四年)など、七世紀後半の施工を認めるかどうか議論がある。
(14) 以上、田地の位置表示方式については、註12金田文献、同『古代荘園図と景観』(東京大学出版会、一九九八年)参照。
(15) 以上、田籍については、鎌田元一「律令制的土地制度と田籍・田図」(『律令公民制の研究』塙書房、二〇〇一年、初出一九九六年)。
(16) 以上、田図については、岸俊男「班田図と条里制」(『日本古代籍帳の研究』塙書房、一九七三年、初出一九五九年)。田図・荘園図の調査・研究は大きく進み、史料集として、東京大学史料編纂所編『日本荘園絵図聚影』(東京大学出版会)の各巻が刊行されたほか、総合的論集として、金田章裕ほか編『日本古代荘園図』(東京大学出版会、一九九六年)がある。
(17) ヤケについては、吉田孝「イヘとヤケ」註2『律令国家と古代の社会』。
(18) 拙稿「令制官田の構造と展開」註7『律令国家と土地支配』(初出一九九八年)、柳沢菜々「古代の園と供御蔬菜供給」『続日本紀研究』三八九、二〇一〇年。
(19) 吉田孝「律令制と庄」網野善彦ほか編『講座日本荘園史2 荘園の成立と領有』吉川弘文館、一九九一年。
(20) 以上、舘野和己「長屋王家木簡の舞台」(『日本古代の交通と社会』塙書房、一九九八年、初出一九九二年)、森公章「長屋王家木簡と田庄の経営」(『長屋王家木簡の基礎的研究』吉川弘文館、二〇〇〇年、初出一九九八年)など。仁藤敦史「「長屋王家」の家産と家政機関について」(『国立歴史民俗博物館研究報告』一一三、二〇〇四年)は、このような長屋王家領の実態を、国家的に承認された合法的なものとみる。
(21) このような、七・八世紀の大土地領有を連続的にとらえる視点は、石上英一『古代荘園史料の基礎的研究(上・下)』(塙書房、一九九七年)、鷺森浩幸『日本古代の王家・寺院と所領』(塙書房、二〇〇一年)によって広く提示された。下鶴隆「日本律令における「宅」と「田宅」(『ヒストリア』一六四、一九九九年)は、そうした連続性に法制面から接近するもので、大宝令にみえる「宅」と令制以前のヤケとの関係を追究している。

(22) 領域的・複合的な領有形態については、註21鷺森文献、北村安裕「古代の大土地経営と国家」(『日本史研究』五六七、二〇〇九年)など。

(23) 初期荘園の全般的研究として、藤井一二『初期荘園史の研究』(塙書房、一九八六年)がある。

(24) 勅旨田については、古尾谷知浩「平安初期における天皇家産機構の土地集積」(『律令国家と天皇家産機構』塙書房、二〇〇六年、初出二〇〇三年)など。

(25) 小口雅史編著『デジタル古文書集 日本古代土地経営関係史料集成 東大寺領・北陸編』(同成社、一九九九年)に、関係史料(写真・翻刻・解題)が集成されている。

(26) 小口雅史「律令制下寺院経済の管理統制機構」註25文献(初出一九八〇年)、同「初期庄園の経営構造と律令体制」土田直鎮先生還暦記念会編『奈良平安時代史論集 上巻』吉川弘文館、一九八四年。このような政治史的分析に先鞭をつけたのが、岸俊男「越前国東大寺領庄園をめぐる政治的動向」「越前国東大寺領庄園の経営」(『日本古代政治史研究』塙書房、一九六六年、初出はともに一九五二年)である。

(27) 以上、首長の役割と経営の類型については、小口雅史「九世紀に於ける「畿内型」初期庄園の経営構造」(『ヒストリア』一一九、一九八八年)、同「初期庄園の諸様相」(註19『講座日本荘園史2』)、加藤友康「初期荘園」(『岩波講座日本通史5 古代4』岩波書店、一九九五年)参照。

(28) 松原弘宣「越前国東大寺領荘園における「所」」(『日本古代の支配構造』塙書房、二〇一四年、初出一九七六年)。小口雅史「安都雄足の私田経営」(『史学雑誌』九六‐六、一九八七年)は、この「所」に関する史料群を、東大寺領荘園の経営ではなく、安都雄足《あとのおたり》(造東大寺司主典)の私田経営にかかわるものとみる。

(29) 鎌田元一「大宝二年西海道戸籍と班田」(註15『律令公民制の研究』初出一九九七年)参照。

(30) 以下、墾田永年私財法の評価については、註6吉田「墾田永年私財法の基礎的研究」、註10坂上文献、吉川真司「律令体制の展開と列島社会」(『列島の古代史8 古代史の流れ』岩波書店、二〇〇六年)参照。

(31) 公営田については、阿部猛「弘仁十四年の公営田制について」(『日本荘園史の研究』同成社、二〇〇五年、初出一九九一年)、元慶官田については、堀部猛「延喜式に見える「官田」について」(『延喜式研究』二四、二〇〇八年)参照。
(32) 西別府元日「九世紀の賜田と土地政策」『日本古代地域史研究序説』思文閣出版、二〇〇三年(初出一九七八年)。
(33) 以上、大津透「クラとカギ」(『古代の天皇制』岩波書店、一九九九年、初出一九九九年)参照。
(34) 岩宮隆司「「公地」成立の諸契機」『ヒストリア』一七九、二〇〇二年。

第4巻

古代の生産と流通

三上喜孝

はじめに

「古代の生産と流通」とひとくちにいっても、その意味するところは多岐にわたる。(1)すでに本シリーズ第一巻の菱田哲郎「古墳時代の社会と豪族」の中で、古墳時代の生産と流通の事例として鉄器、塩、玉、窯業、布などを取りあげている。本稿では、おもに七世紀後半に律令国家が成立して以降、国家がどのように生産や流通を掌握していったのか、さらには、それらが地域社会の中にどのように展開していくのかといった点について、いくつかの具体的な品目に注目しつつ論ずることにしたい。

律令制下においては、各地の生産物が調や庸といった貢納物として都に運ばれるが、これは列島の地域社会における生産物の多様性という問題と深くかかわっている。そうした観点から、生産の問題を、地域社会とのかかわりにおいて注目する必要がある。

周知の通り律令制下においては、調・庸を主体とする現物貢納が、税負担の主体となっていた。その中でも布、絁《あしぎぬ》、絹、糸、綿《わた》といった繊維製品が、法制度上はその主体となっていたことが、養老令の賦役令《ふやくりょう》1調絹絁条や同2調皆随近条をみても明らかである。これらは「郷土の所出」、すなわち各地域での生産の実態にしたがって貢納させるのが原則であった。実際、一〇世紀に成立した法制史料である『延喜式』(主計上)によれば、国ごとに調庸物や交易雑物としてあげられており、そこには実にさまざまな特産物があげられている。繊維製品に限って大まかな特徴をみてみると、西国においては絹・綾・羅などが繊維製品の貢進物の多くを占めているのに対して、東国においては布と絁を主体としている、といったような地域的な特徴がみられる。

次に庸は、歳役《さいえき》をつとめるかわりに布・米・塩・綿などを納める物税である。律令制下では、実質的には歳役の実役徴発は行われず、すべて庸として収取された。庸の古訓は「チカラシロ」であり、その物品は衛士・仕丁・采女など、地方から貢進される労働力に対する食料、また、都城の雇役民への功直の支給などに用いられた。庸として中央に貢納される物品はおもに布・米・綿・塩の四種類であり、貢納品目に地域的な偏りがある。そうした偏りがみられるのは、これらの四品目がそれぞれの地域において貨幣的な役割をはたしていた物品であることによると考えられる(2)。すなわち、東国の布、西国の米、西海道の綿、沿岸国の塩は、各地域でそれぞれ最も一般的な交換手段として流通していた物品なのである。

本稿の前半では、繊維製品や塩や鉄など、交換手段や価値基準物としての機能もはたす物品の生産と流通の実態について取りあげることにしたい。なお、米の生産と流通の問題については、それだけで問題が多岐にわたるため、本稿ではとくに米以外の物品に重点を置いて考察することにする。

また、律令制下の流通経済を考える際に、七世紀後半から登場する銭貨の問題を避けて通ることはできない。後半では、七世紀後半から一〇世紀にかけて列島社会にあらわれる古代銭貨の問題を取りあげることにしたい。

一　律令制下における生産と流通

1　東国における布の生産と流通

東大寺の正倉院には、調庸として諸国から貢進された布や絁《あしぎぬ》に、その貢進者、税目、貢進年月日を記載したものが伝わっている(3)。これらは律令によって規定された調庸物としての布や絁の実例である。調絁としては、甲斐、阿波、丹後、遠江、伊予、讃岐、上野《こうずけ》、越中、伊豆、土佐、紀伊、常陸、武蔵、播磨、伯耆《ほうき》などの諸国から貢進されたものが確認される。調庸布としては、武蔵、安房《あわ》、相模、信濃、佐渡、下野《しもつけ》、上野、常陸、下総《しもうさ》、上総《かずさ》、越後、伊豆、駿河の諸国から貢進されたものが確認され、そのほとんどは、東国から貢進されたものである。

調絁、調庸布に直接貢進主体(地域)についての情報が墨書され、国印が捺されることの意味について、これを律令国家が支払い手段として行使する貨幣機能にあったとする考え方もある。(4) 正倉院文書の事例にもみられるように、少なくとも消費される都においては、たとえば「信濃布」「武蔵布」のごとく、貢進主体に関する情報が意識されており(後述)、墨書や国印は、繊維製品の品質を保証する意味も持っていたと考えられる。

布の規格についてみてみると、調布は養老賦役令1調絹絁条によると、長さ五丈二尺、幅二尺四寸を一端(「端」は調布の規格)とし、これを正丁二人分の負担と定めた。大宝元年(七〇一)成立の大宝令においてもこの規定は同様であったと考えられる。庸布は大宝令で正丁一人あたり長さ二丈六尺、幅二尺四寸と定められるが、慶雲三年(七〇六)の制では庸が半減され、一丈三尺となった。和銅六年(七一三)の格《きゃく》で庸布は長さ二丈六尺を一段(「段」は庸布の規格)と定め、正丁二人分の負担とし、さらに養老元年(七一七)には一段が二丈八尺に変更された。庸布は、貨幣的機能を持ついわゆる「常布」の規格に由来しており、仕丁等の功直として中央で消費されていることからも、現物貨幣的性格の強い布であった。

こうした調庸布は、おもに古代東国の社会において生産され、流通していたことが、文献史料などからも確認できる。『万葉集』には「庭に立つ　麻手刈り干し　布曝す　東女を　忘れたまふな」(巻四、五二一)など、東国各地で布の原料となる麻を広く栽培していた様子をうかがわせる歌が残っている。

また、近年では織布生産に関わる出土文字資料もあらわれている。よく知られているのは、次に示す長野県千曲市屋代遺跡群出土木簡(以下、屋代木簡と称す。(三二六＋二三七)×(三二)×五ミリ、〇八一型式)である。(5)

［　　　　］　金刺部富止布手、　［　　　］布手
刑部真□布、　酒人□〔石〕布手、　金刺舎人清布手、

屋代遺跡群では、七世紀後半―八世紀前半の自然流路や湧水溝から大量の祭祀具を初めとする各種の木製遺物や木簡が出土した。木簡の内容などから、この遺跡周辺が七世紀後半―八世紀前半にかけての信濃国埴科郡家《はにしなぐうけ》、あるいは初期国府にかかわる遺跡であると考えられている。

この木簡にみえる「布手」は、布の織り手のことを意味していると考えられ、信濃国の埴科郡家において、織布生産の技術や労働力が集約されていたことがわかる資料である。(6) また記載されている人名がいずれも男性であり、布の製織が男性を動員して行われているという点も興味深い。『万葉集』の歌にみられるように、一般に女性の労働と考えられている織布生産が、(7) 実態としては男性もかかわっていた作業であったことを示している。

織布生産について、『万葉集』にみえる女性労働のイメージと、屋代木簡にみえる男性労働のイメージという違いは、一見矛盾するようにも思えるが、これは「生業」と「生産」という違いに由来するとみることができるのではないか。「生業」とは、「その地の人びとの生活を物質的に支えるために、食物やなんらかのかたちで商品になるものを生産すること」であり、同時に「人びととの個別の文化のなかで、独自のかたちに社会的に組織され、固有の意味づけや文化的拘束のもとにおこなわれる」という概念である。(8) これに対して「生産」は、「経済としての効率性やら多くの要素の計量化とその統計処理などの方法とを用いて、地域の人びとの営みを経済活動として定式化する」という概念であり、屋代木簡にみえる「布手」は、郡家における効率的な織布生産を念頭に置いた労働形態とみなすことができる。このように構造化した生産体制の上に、貢納物生産が成り立っていたのである。

では郡家ではどのような生産体制がしかれていたのだろうか。東村純子は地方官衙《かんが》における生産体制を、「伊場遺跡型」と「屋代遺跡型」の二類型に分類している。(9)

遠江国敷《ふ》智《ち》郡家に関連する伊場遺跡から出土した紡織具を検討すると、郡家関連施設において製織が行われていたことは確認できるが、製糸については、伊場遺跡内にはとくにみられず、周辺遺跡から鉄製の紡錘《つむ》が出土していることから、郡家周辺の集落で作られた麻糸が、綛《かせ》のかたちで郡家の工房に持ち込まれ、そこで製織が行われたと推定される。これに対して屋代遺跡群では、製織具とともに紡錘などの製糸具も出土していることから、麻などの製糸から製織までを一貫して郡家の工房内で行っていたのではないかと推定される。つまり律令制下の地方社会における紡織体制は、製糸と製織が分業化されたかたちや、分業化が徹底されず、製糸から製織までを一貫して郡家が行うかたちなど、多様なあり方が想定されるのである。いずれの場合も、郡家が生産活動の拠点として労働力の管理を行っている点は注目される。

次に流通と消費についてみてみる。屋代木簡の例を出すまでもなく、信濃国が布の産地で、それが八世紀当時の都においても使われていたことはよく知られている[10]。たとえば正倉院文書の天平年中の某年正月一八日付「河村福物布進上状」(『大日本古文書』二四－五六〇)には、「下総一端三百五十文」「下野一端三百廿文」「信濃一端三百卌文」という記述がみえるが、「端」という規格からして、下総、下野、信濃各国の調布一端の価格について記しているものである。

また、天平宝字六年(七六二)の「石山院禄物班給注文」(『大日本古文書』五－一四五)にも、禄の布として「布四端沽価銭一貫四百廿文信濃二端別三百六十文、武蔵二端別三百五十文」とあり、ここでは信濃、武蔵の調布が、造石山院所《ぞういしやまいんしょ》の禄物の財源になっていることがわかる。さらに、天平宝字六年五月一七日付「造石山院所公文《くもん》案」(『大日本古文書』一五－二〇八)にも、「禄布」の布二五端の内訳として「三端信濃、九端陸奥、十一端越後、三端佐土(ママ)」とあり、やはり造石山院所の禄物の財源として、信濃、陸奥、越後、佐渡の調布がみえる。こうして、都で禄物に使われる調布には、地域名が冠せられている場合があり、これには調布に直接墨書された貢進地域の情報が大きな役割をはたしていたものと考えられる。このほか『延喜式』にも「信濃布」「信濃調布」が祭料や調度品の材料などとして使用されたことがみえる。

かくして八世紀の信濃国において、郡家などを生産の拠点とした織布生産が行われ、調庸布として中央に貢進され、消費されていたことが確認できるが、中央ばかりではなく、在地社会にもかなり供給され、流通していた。『類聚国史』弘仁七年(八一六)八月二七日には、「信濃国言《もう》す、去年登らず、国内の食乏す、伏して請ふらくは、穀《こく》一万斛、商布と交関し、以て窮弊の者を救はんと。これを許す」とあり、信濃国において、正税穀《しょうぜいこく》一万斛を商布と交換するとして、商布を百姓のもとから集めている。この商布は正税穀を放出するための代価の役割をはたしており、正税(稲)を百姓に売却し、商布を納めさせた実態がうかがえると、梅村喬は指摘している。[11] 東国では在地に流通する布と正税とを交易することで、布を国衙《こくが》財政の一部に組み込んでいた可能性がある。

布が正税の代価として国に納入される事実は、茨城県石岡市の鹿の子C遺跡から出土した「出挙《すいこ》帳」の漆紙文書によっても確認される。[12] これによれば、春三月と夏五月に農民に出挙された稲が、九月に返納される様子が記されているが、そこで注目されるのは、その返納の際に、布による代納が行われている例があることである。[13] たとえば、三月と五月に稲を借り受けたある人物が、九月二八日に「布一段」を稲の代わりに返納したことが、この出挙帳にはみえる。種稲の貸付と利息付返済を目的とする出挙において、布が代納されているという事実は、東国の常陸国で布による支払行為がいかに一般的であったかを示すものである。

こうした、東国における布の優位性は、律令制以前からの東国における布の生産と流通がその前提になっていたと考えられ、その意味で「布の生産と流通」の問題は、東国社会の地域的特質を考える上で重要なキーワードになりうるのである。

2 絹・絁の生産と栽桑・養蚕

次に、地域社会における絹・絁の生産体制についてみていきたい。両者のうち、絁は、布と同様、東国を中心に

表1 『延喜式』にみえる，調絹，調絁，交易絹，交易絁の輸貢国

調絹の輸貢国	調絁の輸貢国
伊賀，伊勢，尾張，三河，遠江，近江，美濃，若狭，越前，加賀，能登，越後，丹波，丹後，但馬，因幡，伯耆，出雲，播磨，美作，備前，備中，備後，安芸，紀伊，阿波，讃岐，伊予，土佐，筑前，筑後，肥前，豊前，豊後	駿河，伊豆，甲斐，相模，武蔵，上総，下総，常陸，美濃，上野，下野
交易絹の輸貢国	**交易絁の輸貢国**
伊賀，伊勢，尾張，三河，遠江，駿河，近江，美濃，越前，加賀，能登，越中，越後，丹波，丹後，但馬，因幡，出雲，播磨，美作，備前，備中，備後，安芸，紀伊，阿波，讃岐，大宰府	武蔵，上総，常陸，上野

生産され、中央に貢納されている。絁と絹の違いについては必ずしも明確ではないが、『延喜式』にみえる絁貢納国が麁《そ》糸《し》貢納国とほぼ一致しており、絹貢納国は上糸または中糸の貢納国であることから、両者の違いは糸質の差によると考えられている[14]。

和銅六年(七一三)五月に相模・常陸・上野・武蔵・下野の東国五ヵ国に、布のほかに絁の貢進を課したとあり、それを受けて翌和銅七年正月に、東国五ヵ国がはじめて調として絁を輸《いだ》したとある(『続日本紀』)。ただし布を輸すことも同時に認めており、この時点では絁の貢進がまだ円滑に進められていなかったようである。さらに養老元年(七一七)五月には、上総・信濃の二国にも絁の調を賦課することになり、絁の貢進国がさらに広がっていく。このように八世紀前半には、東国を中心に、絁を調として貢進させる政策が進められた。

『延喜式』(主計上)には、調として絹・絁を納める国と、交易進上物として絹・絁を納める国を、それぞれ規定している。それをまとめたものが、表1である。

『延喜式』によれば、絹の輸貢国はほぼ全国にわたっているのに対し、絁の輸貢国は東国に集中していることがわかる。東国を中心とした絁の貢進は、八世紀前半以降、律令国家が政策的に進めた結果であろうと思われる。

奈良時代における絁の貢進国は、史料から三二国が確認できる。このうち、二一国が延喜式段階で絹貢納国に転じている。延喜式段階では、東国を中心に絁の貢納が残るのである。さらに、一〇世紀半ば頃を境に、表記上において東国の「絁」も消え、最終的には「絹」に一本化されている(『別聚符宣抄』天禄二年〈九七一〉太政官符)。

一〇世紀半ばはさまざまな分野で技術革新が行われた時期であるとする指摘もある。(15) 絹織物の分野においても、ある種の技術革新がこの時期におこり、それが「絁・絹」から「絹」への表記の統一に反映されているとみることはできないだろうか。この点は今後の課題であるが、ただこのことと軌を一にして、一〇世紀末以降に衰退する銭貨に代わって、絹が価値交換基準物としての役割を占めていくことは注目される。

絹生産に密接にかかわるものとして、栽桑や養蚕の問題がある。(16) 養老田令16桑漆条によると、律令国家は戸の上中下に応じて桑三〇〇本から一〇〇本を植えることを課していた。以後、律令国家は桑漆催殖法令をたびたび出し、桑漆を一貫して統制しようとした。

八世紀前半の和銅年間には東国で絁の貢進が行われていることと軌を一にして、栽桑や養蚕もこのころ東国で普及していった。『続日本紀』和銅七年(七一四)二月辛丑条には出羽国にはじめて養蚕をおこなわせたという記事がみえる。出羽国はこの二年前の和銅五年に建国され、和銅七年には尾張・上野・信濃・越後等の国の民二〇〇戸を出羽柵戸《さっこ》として移住させている。律令国家の版図拡大の象徴として、出羽国で養蚕がはじめられたのだろう。

また『日本後紀』延暦一五年(七九六)一一月乙未条には、伊勢・参河・相模・近江・丹波・但馬等の国の婦女各二人を陸奥国に遣わして、二年を限りとして養蚕を教習させたとある。この時期に陸奥国で養蚕の技術が教習されたことは、桓武朝期における北方拡大政策と軌を一にしている。養蚕の技術の陸奥への伝習は、「農桑」を基本とする律令国家の版図拡大を、やはり象徴的にあらわしているといえるだろう。

かくして、八世紀を通じて栽桑・養蚕が政策として広まっていったことが確認できるのだが、こうした桑漆生産の統制をするために行われたのが、桑漆帳の作成・進上であった。だがこの桑漆帳は九世紀初頭には形骸化し、大同年間には国司交替の際の解由《げゆ》制度の整備にともない、桑漆催殖が国司の責任として明確に位置づけられるようになる（『類聚三代格』大同二年〈八〇七〉八月一九日格）。

こうした観点から注目されるのは、有名な石川県津幡町加茂遺跡出土の「嘉祥二年加賀郡牓示札」である。[17] これは九世紀半ばの嘉祥二年（八四九）に、加賀国の命令をうけた加賀郡が、配下の民衆に八カ条にわたり勧農などを命じたものだが、この中に「一つ、桑原无《な》くして蚕を養ふ百姓を禁制すべきの状」という一条がある。他の条文の多くが、農業労働に関する内容であることをふまえると、この八カ条は、当時の国家が「農桑」を基本とするという理念をまさに体現したものであるといえる。

この八カ条が、もとは在地に対する国司の命令に由来していることを考慮すると、鈴木景二が述べるように、国司着任時の政《まつりごと》始めの儀礼において発せられたものであり、後の吉書《きっしょ》へとつながる役割をはたしたものと考えるべきだろう。[18] となれば、九世紀初頭以降の、国司の「桑漆催殖」に対する責任の明確化が、この牓示札の背景にはあるとみるべきだろう。

栽桑・養蚕の広がりやその統制は、日本の古代国家の理念や政策と密接にかかわっているといえる。その意味で蚕糸を材料とする絹織物は、先にみた布とくらべると、著しく政治的な色彩の強い生産物である。銭貨が衰退した一〇世紀末以降、米と絹が交換手段として台頭するようになるが、この二つはいずれも、「農桑」すなわち、国家の理念や政策に左右される政治的作物[19]であるという点が共通している。国家による管理という性格の強い米と絹が、古代銭貨の衰退後、それに代わる信用貨幣のような役割をはたすことになり、平安中期の流通経済を支えていったのは、こうした背景によるためではないだろうか。

3 綿の生産と流通

綿は、蚕の繭から作る真綿のことをいう。繭から糸を引かず、これを煮て切り開き四方に引き伸ばして作るもので、絹織物の織成のような高度な技術的、集約的な労働を必要としなかった。このため、より広い社会層の保温衣料として使用されたのである[20]。

調庸ともに綿が賦課されている西海道では、綿が特産物であるとされ、大宰府から京進《きょうしん》された唯一の調庸物が綿であった。八世紀代、西海道では約二〇―四〇万屯の綿が生産・貢納され、うち約半数が京進、残りが大宰府に蓄えられ、西海道諸国で消費された。大宰府管内では、①大宰府官人の季禄、②大宰府工房での生産の原料、③雑用として種々の使に支給、④新羅との交易の代価、などに利用された[21]。

ここで注目されるのは④である。綿が新羅との交易の代価として用いられていることの最も代表的な例は、正倉院の鳥毛《とりげ》立女《りつじょ》屏風の下貼《したばり》文書として残る「買新羅物解」である[22]。日本側が新羅との交易で代価としたのが綿、糸で、そのうち最も多かったのが綿であった。綿は対外交易において貨幣的役割を担っていた。

また、『続日本紀』神護景雲二年(七六八)冬一〇月甲子条には、新羅商人との交易のために、左右大臣に大宰府の綿を各二万屯、大納言らに各一万屯を賜ったとあり、大宰府管内の綿がここでも新羅交易の代価として支給されている。

対外交易の対価としての綿は、七世紀代にまでさかのぼる。『日本書紀』斉明五年(六五九)是歳条によれば、「高麗の使人、羆皮《ひぐまのかわ》一枚を持ちて、其価《そのあたい》を称《はか》りて、「綿六十斤」といふ。市司咲ひて避去《さ》りぬ、高麗画師子麻呂《こまのえしこまろ》、同姓の賓《まろうと》を私の家に設《あえ》する日に、官の羆皮七十枚を借りて、賓の席にす。客等、羞ぢ怪びて退りぬ」とあり、「高麗の使人」が、「羆皮一枚」の対価を「綿六十斤」としている。ここでも、高句麗との交易の代価は綿であり、交易の対価として綿が古く七世紀ごろから重視されていた。

興味深いのは、韓国出土の木簡からも、このことが確かめられることである。百済の最後の都が置かれていた扶余の双北里遺跡から、七世紀前半代とみられる完形の付札木簡（八一×二三×六ミリ）が出土している。[23]

外椋部鉄
代綿十両

この木簡の発見により、『周書』百済伝に百済内官十二部の一つとして登場する「外椋部」という官司の存在が確かめられたことは大きいが、「鉄代綿十両」（鉄の代わりの綿十両）と記されている点も注目される。百済の外椋部などの官司においては、「綿十両」に対応する鉄の数量を敢えて記すまでもないほど、「綿十両」が鉄の一定量と等価と認識される環境があったと想定されるのである。[24] このことは、百済の国内においても、綿が交易の対価として一般的であったことを示しており、綿は、古代の朝鮮半島と倭国との間で、対外交易の対価として広く用いられていたのである。

そしてそのことが、西海道を中心とする地域社会の流通経済にも大きな影響を与えた。[25] 端的に示す事例が、『日本霊異記』上巻第三〇の説話にみえる綿の出挙である。ここでは豊前国宮子郡の少領 膳臣広国《かしわでのおみひろくに》の父が、綿と稲を不当な利息で出挙していた様子が描かれている。この説話は、西海道諸国において貸借の対象物として綿が一般的に用いられていた社会状況が背景にあるのである。

つぎに国内に目を転じ、京進された綿の用途についてみてみたい。天平宝字三年（七五九）から翌年にかけての法華寺阿弥陀浄土院金堂造営の際には、絁、糸などとともに「筑紫調綿」「豊後綿」「肥後綿」などが財源として「丹波宅」「院中平章」などで銭貨に換えられている（「造寺雑物請用帳」『大日本古文書』二五－三〇七）。[26] 綿は中央において、布や絁などと同様、銭貨との換算が比較的容易になされており、その意味で基準的物品であった。しかも、先にみた「信濃布」などと同様、西海道諸国の国名を冠した綿が、ブランドとして流通していたのである。

綿はまた、北方社会との交流においても重要な特産物だった。延暦六年(七八七)には、王臣家や国司といった中央の貴族が競って「狄馬《てきば》」や「俘の奴婢」を買い求めるため、国内の「綿」や「鉄」が蝦夷社会に流出してしまうことが問題となっていた(『類聚三代格』延暦六年正月二一日太政官符)。綿は寒冷な北方社会において甲冑の防寒対策として重宝されていたのであろう。西海道を中心に生産され京進された綿が、王臣家や国司を通じて北方社会へ流出していったのである。

4　塩の生産と流通

塩もまた、律令国家の支配の根幹にかかわる生産物である。『延喜式』(主計上)によれば、調庸塩の輸貢国として、筑前・安芸・備後・備前・伊勢・尾張の六カ国、調塩のみの輸貢国として薩摩・肥前・周防・備中・播磨・伊予・讃岐・淡路・紀伊・若狭の一〇カ国、庸塩の輸貢国として三河の一国があげられている。地域的な特徴としては、西海道、山陽道、南海道、北陸道に偏っている。平城京からは、塩の荷札木簡が多数出土しているが[27]、木簡に記された貢納国は、『延喜式』に記された塩の貢納国とよく合致している。

むろん、生業としての塩生産は、列島各地で行われていた。たとえば『常陸国風土記』信太郡浮島村条には「居《す》める百姓は、塩を火《や》きて業《なりわい》とす」とあり、調庸塩輸貢国以外でも、生業としての製塩が行われていたことは明らかである。

また、塩は貢納品としてだけではなく、交換手段としても利用された。『日本霊異記』下巻第二七の説話に、備後国葦田郡屋穴国郷の穴君の弟公と伯父の秋丸が備後国深津市で正月の物を購入するために、「馬布綿塩」を携えて行ったと記されている。備後国は調庸塩の輸貢国であり、深津市は沿岸部にある市と考えられるが、内陸部の葦田郡から来た穴君が塩を持ってきたのだとすると、塩は製品としてだけでなく、交換手段そのものとしても意識されていたのである。(28)

塩の形態には、斗・升を計量単位とする散状塩と、顆《か》を計量単位とする固形塩が文献史料上から確認されるが、このうち、散状塩は税として貢納されたが、固形塩は交換手段として流通していた可能性が指摘されている。(29)

貢納品や交換手段として需要の高い塩は、必然的に大量生産が要請されることになり、その生産手段の掌握が、地方官衙や有力寺院、有力豪族などによりめざされた。東大寺領である播磨国赤穂郡石塩生荘《いしおいのしょう》にみえる「塩山」、宝亀一一年(七八〇)の「西大寺資財流記帳」にみえる讃岐国の「塩木山」、播磨国の「取塩木山」などは、製塩に必要な燃料を採取するための広大な山林を有していた。また、採鹹場《さいかんば》となる海浜も「塩浜」として領有される場合があったが、当初は入会的性格が強かった可能性もある。

『日本後紀』延暦一八年(七九九)一一月甲寅条によると、「備前国言す、児島郡の百姓等、塩を焼きて業となす。よりて調庸に備ふ。而るに今、格に依りて、山野浜島、公私これを共にす。勢家豪民、競ひて妨奪を事とし、強勢の家いよいよ栄へ、貧弱の民日に弊《へい》す」とあり、もともと公私共利を原則とする海浜における塩生産を、「勢家豪民」が「妨奪」していったという論理が展開されている。実際「勢家豪民」による塩生産の掌握は、個々の「生業」を、より効率的な「生産」活動へ吸収していった過程を示しているにほかならない。

こうした事例として知られるのが、京都府舞鶴市の浦入《うらにゅう》遺跡である。この遺跡は奈良~平安時代における広大な製塩遺跡として知られるが、脚部底面に「笠百私印」という円印が刻印された製塩土器が出土した点が注目されている。(30)この円印に見える「笠」とは、この遺跡が存在する丹後国加佐郡の笠氏を指していると考えられ、この地における塩生産が、郡領氏族である笠氏の掌握のもとに行われていたことが推測できる。個々の民衆の「生業」とはまったく異なる次元で、大規模で効率性の高い「生産」が、郡司層の主導により行われていた点は、(31)先にみた布生産の場合と同様である。

塩はまた、軍事物資としても欠かせないものであった。八世紀末から九世紀にかけては、東北地方の城柵への塩の供給の記事が史料上に散見する。この時期は東北地方における軍事的緊張が高まった時期でもある。延暦七年(七八八)三月には、東海・東山・北陸道の諸国に仰せて糒《ほしいい》二万三千余斛と塩を陸奥国に搬入した(『続日本紀』)。延暦二一年(八〇二)正月には、越後国の米一万六百斛と佐渡国の塩百二十斛を年ごとに出羽国の雄勝城《おがちじょう》に送り鎮兵の粮とした(『日本紀略』)。さらに翌二二年(八〇三)二月には、越後国の米三十斛と塩三十斛を造志波城所(志波城の造営機関)に送らせたという(『日本紀略』)。ここで注目すべきは佐渡国の塩だが、実際、佐渡島では八世紀以降、北陸系の平底製塩土器による塩生産が開始され、七〇ヵ所以上の製塩遺跡が集中している。佐渡国や越後国の北陸道諸国は、調塩や庸塩の輸貢国ではなかったものの、北方の軍事体制との関わりから、国家による塩の生産や収奪と無関係ではあり得なかったのである(32)。

同様に陸奥国多賀城周辺の松島湾沿岸部には、平安時代初期の製塩遺跡が集中している(33)。また、多賀城跡から出土した九世紀初頭の木簡には、「塩竈木運廿人」「所出塩竈」と書かれているものがあり(34)、製塩用の燃料である木を運ぶ労働力が編成されていたことが確認できる。これは多賀城で製塩の一連の工程が一定の分業体制で行われていたことを意味する。八世紀末から九世紀初頭にかけての東北地方における軍事的緊張を背景に、日本海側、太平洋側の両地域で塩の生産が活発化したのである。

5　鉄の生産と流通

次に、鉄の生産と流通について見ていきたい(35)。『養老令』雑令9国内条には、「凡そ国内に銅・鉄出す処有らば、官、未だ採らざれば、百姓の私採を聴《ゆる》せ」とあり、令制の原則では、官採が優先され、私採も認められていたことがわかる。

鉄の生産の実態に関する文献史料はほとんど残っていないが、『常陸国風土記』香島郡条に、「慶雲元年、国司采女朝臣、鍛、佐備大麻呂らを率ゐて、若松の浜の鉄を採りて、剣を造りき」とあり、また『日本霊異記』下巻第一三に、「美作《みまさか》国英多郡の部内に、官の鉄を取る山あり。帝姫阿倍(孝謙)天皇の御代に、その国司、役夫十人を召し発して、鉄山に入れ、穴に入れて鉄を掘り取らしむ」とあるなど、国司が主導して鉄を「官採」していた実態が、わずかながらうかがえる。

養老賦役令1調絹絁条には、「若《も》し雑物を輸さば、鉄十斤、鍬三口毎口三斤」とあり、調の品目として鉄と鍬があげられている。実際、平城宮跡などからは、播磨国、美作国、備前国、備中国、備後国といった山陽道諸国から鉄や鍬が貢進されたことを示す荷札木簡が出土している。さらに『延喜式』(主計上)によれば、伯耆国から調の鍬・鉄、庸の鍬、美作国から調の鍬・鉄、備中国から調の鍬・鉄と庸の鉄、備後国から調の鍬・鉄と庸の鉄・鍬、筑前国から調の鉄と庸の鉄を貢進すべきことが定められている。なお備前国は、延暦一五年(七九六)に、鉄の産出がないことを理由に、鉄・鍬を調納することが停止されており(『日本後紀』延暦一五年一一月庚子条)、『延喜式』(主計上)ではそれを反映して、備前国の調庸の品目に鉄・鍬はみえない。

調として都に納められた鉄・鍬は、季禄(禄令1給季禄条)や東宮一年雑用料《ぞうよう》(禄令10食封《じきふ》条)、皇親時服《じふく》(禄令11皇親条)などの一部として、官人に支給された。なかでも興味深いのが、季禄として支給された鍬である(表2)。

鍬は、絁、綿、布など、この当時の現物貨幣と並んで支給されている。このことから、鍬もまた、貨幣と同様の役割を期待されていたと考えざるを得ない。官人に農具を支給するのは、官人が生産手段を掌握するということを意味するという見方もあるが[36]、一方で素材の鉄を鍬に加工することで、貨幣的な役割が期待されていた。

『東大寺要録』巻第二「造寺材木知識記」に、「奉加財物人」として「少田根成」という人物が「銭一千貫、車一

表2　養老禄令1給季禄条にみえる季禄の品目と数量

位階	絁	綿	布	鍬
正従一位	30疋	30屯	100端	140口
正従二位	20疋	20屯	60端	100口
正三位	14疋	14疋	40端	80口
従三位	12疋	12疋	36端	60口
正四位	8疋	8疋	22端	40口
従四位	7疋	7疋	18端	30口
正五位	5疋	5疋	12端	20口
従五位	4疋	4疋	10端	20口
正六位	3疋	3疋	5端	15口
従六位	3疋	3疋	4端	15口
正七位	2疋	2疋	4端	15口
従七位	2疋	2疋	3端	15口
正八位	1疋	1疋	3端	15口
従八位	1疋	1疋	3端	10口
大初位	1疋	1疋	2端	10口
少初位	1疋	1疋	2端	5口

両、鍬二百柄」を施入したとあり、また、『続日本紀』天平神護二年(七六六)九月丙寅条には、伊予国の大直《おおしのあたえ》足山《たるやま》が「私稲七万七千八百束、鍬二千四百卌口、墾田十町」を当国の国分寺に献納したとある。このように鍬は、地方豪族たちのもとにも集積され、しかも銭や稲などと並ぶ財物として認識されていたのである。

したがって中央貴族や地方豪族たちによる鍬の大量所有は、農業生産の集積という象徴的な意味をもつ一方で、素材としての鉄を意識した財物としても認識され、それが貨幣的な役割をはたしていたのではないだろうか。時代も地域も異なるが、古代中国の春秋戦国時代に、農具(鍬)の形を模した布銭《ふせん》とよばれる銅銭が流通することも合わせて思い起こされる。いずれも鍬が歴史的に貨幣と分かちがたく結びついている点が興味深い。

鉄はまた、対蝦夷政策に不可欠な武器の素材としても重視され、福島県の相馬地方では、七世紀後半から九世紀にかけての大規模な製鉄遺跡群が数多く発見されている(37)。

その一方で鉄は、重要な交易品として、北方の境界世界にももたらされていった。先にあげた延暦六年(七八七)の太政官符(『類聚三代格』)には、「綿は既に賊に襖冑を着せ、鉄はまた敵に農器を造る」とあり、中央の王臣家が、北方の蝦夷との間で鉄を対価に交易を行っていたことが問題視されている。そもそも養老関市令《げんしりょう》6弓箭条《くぜんじょう》には、「其れ東辺北辺、鉄冶を置くを得ざれ」という規定があるが(38)、先の相馬地方の大規模製鉄遺跡群の存在や蝦夷との鉄交易の実態の存在をふまえると、この規定がどれほどの効力があったのかは疑問である。実際問題として、律令

たのだろう。国家による東北経営に際しては、円滑な鉄供給を行う必要があり、陸奥南部において大規模な鉄生産が必要とされ

北方だけではない。南方の境界世界とも、鉄による交易が行われていた。奄美諸島の遺跡からはヤコウガイの加工が行われた遺跡が数多く発見されており、そこで加工されたヤコウガイが、日本の本土地域へもたらされた可能性が指摘されている。しかもそれらの遺跡からは多数の鉄器も出土していて、奄美諸島の社会のなかにすでに鉄器が普及している様子がうかがえるのである。このことから、鉄器が南方の島嶼社会との主要な交換物資だったのではないかとも推定されている[39]。鉄器は、境界世界との交易にも不可欠な存在だったのである。

二　古代国家と銭貨流通

1　初期貨幣――富本銭と無文銀銭

日本の前近代の貨幣の形態的特徴は、円形方孔(円形で、中央に正方形の孔をあけた形態)の銅銭の上に漢字が鋳込まれているというもので、古代から近世に至るまで銅銭は基本的にこの形態をとっていた。これは秦代の半両銭以降、やはり中国の前近代において作られる円形方孔の銅銭の影響を受けたもので、その意味できわめて東アジア的な貨幣であるといえる。

古代の列島社会では、七世紀後半に成立した律令国家が、八世紀初めから一〇世紀前半にかけて、一二種類もの独自の貨幣を発行することになる。これは、唐で発行された「開元通宝」銅銭が、日本列島の古代貨幣の誕生に、大きな影響を与えた結果である。

ところで、日本最古の鋳造貨幣(銅銭)は、和銅元年(七〇八)に発行された「和同開珎《わどうかいちん》」である、というのがかつ

ての日本史の常識であった。しかしながら一九九九年、奈良県明日香村の飛鳥池遺跡から、七世紀後半の大規模な工房跡が発見され、その中に、「富本」という漢字が鋳込まれた円形方孔の銅銭(富本銭《ふほんせん》)が大量に出土し、しかもその鋳造遺物までもが一緒に発見されたことにより、和同開珎より古い銅銭が、七世紀後半の段階で、すでに作られていたことが、確実になったのである。

このことは、従来の文献史料の解釈にも光明を与えるものであった。『日本書紀』天武一二年(六八三)四月壬申条に「今より以後《のち》、必ず銅銭を用ゐよ。銀銭を用ゐることなかれ」とあり、これまでは、ここにみえる「銅銭」が何を指すのか明らかではなかった。富本銭の出土により、天武朝の記事にみえる「銅銭」が富本銭そのものを指すことが、明らかになったのである。富本銭は、その形態や法量が唐の開元通宝とほぼ同じであり、開元通宝をモデルに作られたものであることは間違いない。

富本銭の発見により、和同開珎以前の七世紀後半の天武朝段階で、銅銭が作られていたことは確実となったが、実際に流通貨幣として使用されたかどうかについては議論が分かれている。流通貨幣とみる立場の研究者はこれを、日本初の本格的都城である藤原京における消費活動を円滑にするために、国家が銅銭を発行して流通をめざしたとする。(40)

だが一方で、七世紀後半段階では流通貨幣としての銅銭を発行するための準備がまだととのっておらず、流通貨幣としてよりも儀式や祭祀などで用いるための厭勝銭《ようしょうせん》(まじないの銭)として作られた貨幣ではないか、とする考え方もある。この議論は、古代における「モノとしての貨幣」に対する認識を考える上でも、重要な問題である。

日本列島で貨幣が独自に作られる以前にも、「貨泉」や「五銖銭」など、古代中国で作られた銅銭がしばしばもたらされていたが、いずれも貨幣として列島内で流通したわけではなく、古墳の副葬品としてなど儀礼や祭祀を目的として使用されていた。(41) この傾向は朝鮮半島においても同様である。六世紀の百済の武寧王陵(在位五〇一―五二三)からは、中国の南北朝梁代の鉄製五銖銭が一緡《さし》(約九〇枚)、副葬品として納められていた。[42] 古代の朝鮮半島でも、中国の銅銭の存在は当然知られていたが、半島では現実の経済活動の中ではなく、儀礼や祭祀の中で用いられていたのである。日本列島においても同様で、「富本」という文字の意味や、左右に配置された七曜というデザインは、和同開珎以降の四文字の銭文を持つ銅銭とは一線を画する、呪術的な内容であり、銅銭のもつ呪術的側面をむしろ際だたせているものといえる。

実際、藤原宮跡の発掘調査では、二〇〇七年に富本銭と水晶を入れた須恵器の壺が出土し、富本銭が宮殿建設の無事を祈る地鎮具として使用されていたことが明らかになった。むろん、これは富本銭の機能の一つを示したに過ぎず、流通貨幣としての可能性の否定にはならないが、祭祀的な役割がかなり期待されていたこと自体は、動かしがたい事実である。七世紀後半段階に作られた富本銭が、現実の経済活動において積極的に使用されたかどうかは、なお検討を要するものである。

では七世紀における経済活動を成り立たせていた貨幣とは、どのようなものであったのだろうか。さきにみた天武一二年の記事にあらためて注目すると、「必ず銅銭を用ゐよ。銀銭を用ゐることなかれ」とあり、七世紀には銀銭が使用されていたことが読みとれる。

考古学的にも、七世紀代の遺跡から円形で平らな銀板が出土する例がある。これは、ちょうど銅銭に類似の形態でありながら文字がないという特徴を持つことから、無文《むもん》銀銭と呼ばれている。そしてこの無文銀銭こそが、天武紀にみえる「銀銭」を指すと考えられている。ただし、製作の方法は、銅銭のような鋳造ではなく、鍛造と呼ばれる作り方である。

しかしながら、この銀銭もやはり経済活動において積極的に用いられていた貨幣であるかどうかについては、議論がある。[43] そもそも、天武一二年のこの記事が、経済活動における銀銭や銅銭の使用について述べたとは限らず、儀礼に貨幣を用いる場合の規定である可能性も考えられるからである。(44) 実際、無文銀銭や、素材としての銀の地金は、七世紀から八世紀にかけての地鎮のための埋納物として使用されている例がみられ、(45) やはり、経済活動以外での使用が確認できるのである。むろん、地金の銀の貨幣的流通は古代社会において認められるが、(46) 当時の銀の流通量が、経済活動の全般を支えるほどのものであったかどうかは不明である。

むしろ七世紀段階において、貨幣として現実の経済活動の中で用いられていたものは、稲、布、綿(真綿)、塩、といった、現物貨幣であった。(47) これらは、八世紀の和同開珎発行、銅銭が経済活動に用いられるようになって以降も、その貨幣的役割が確認されるが、銭貨発行以前においては、これらが、貨幣的な役割を担っていたのである。

和銅元年(七〇八)に発行された和同開珎は、こうした複雑に流通する現物貨幣の上に作られた、新たな貨幣であった。それは複数の現物貨幣による複雑な価値尺度を統合する役割をもはたしていたと考えられる。同三年の平城京遷都をめざし、その財源を確保するために律令国家が発行した和同開珎は、平城京の人々を支える貨幣として都を中心に流通するようになるのである。

2　奈良時代の銭貨流通——和同開珎の発行と流通

『続日本紀』によれば、和銅元年(七〇八)正月に武蔵国秩父郡から「自然《おのずから》に作成《な》れる和銅」が祥瑞として献上され、同二月に「催鋳銭司《さいじゅせんし》」が設置されたことを受けて、本格的に銭貨の鋳造が行われた。同年の五月に始めて和同開珎の銀銭を発行し、つづく八月に和同開珎の銅銭を発行したのである。

和銅が献上されたことが契機となり銭貨が発行されたことからもわかるように、律令国家は銅銭に重きを置いたが、当初発行されたのは、銅銭ではなく銀銭であった。その理由としては、前代の銀の貨幣的機能を銅銭に受け継がせるための媒介の役割をはたしたとする見方や、(48) 銅銭発行が間に合わず銀銭をまず発行することで貨幣発行高を大きくしたとする見方[49]などがある。その後和銅二年(七〇九)八月とその翌年の九月の二回にわたって銀銭禁止令が出されるが、これは銅銭鋳造が軌道に乗ったことや、銀銭の私鋳銭がたちまち横行したことなどが背景にあったと考えられる。

律令国家が和同開珎をこの時期に発行した大きな理由は、平城京建設に伴う費用の捻出にあった。とりわけ人件費を銅銭でまかなうことで、平城京周辺の消費や流通を円滑にする必要があった。と同時に、地金の銅より高い法定価値を銅銭に付与することにより、銭貨発行による政府の収入を図るねらいもあった[50]。ただし和同開珎を流通させるためにはそのための政策を周到に行う必要があり、和銅四年(七一一)には穀六升を銭一文と定め(『続日本紀』)、翌年には銭五文を布一常と定めるなど(同)、現物貨幣である布や米との交換基準が示される[51]。また同四年には蓄銭叙位法を定めて蓄銭者を報奨するなど(同)、流通のための施策を怠らなかった。一方で、私鋳銭の横行が発行当初から問題化していたことから、私鋳銭への厳罰規定を定め、首謀者を死刑とした。

和同開珎が畿内とその周辺に広まったことは、畿内と周辺諸国から調として銭を納めさせたことからもうかがえるが、ではそれまでの現物貨幣とは異なり、政府が一方的に高い法定価値をつけた銅銭が、都の社会を中心に貨幣として受け入れられ、流通していったのはなぜだろうか。

ひとつは、銭貨を使用させるためのさまざまな施策が行われたことである。たとえば和銅五年(七一二)には、諸国の役夫や運脚が帰郷する際に銭貨を持たせて、路次の郡は郡稲を割いて粮食として銭と交換させよ、と詔している(『続日本紀』和銅五年一〇月乙丑条)。つまりは地方の豪族に、銭貨とひきかえに稲を供出させる施策をとったのである。都を往来する運脚たちが都で手にした銭貨を、地方豪族にひきとらせ、その粮食を彼らに肩代わりさせることで、銭貨の使用を地方豪族にまで行き渡らせることを期待したのである。地方社会では、郡家などが銭貨流通の拠点であった[52]。

また、銭貨を使用することに対する奨励が、平城京の寺院などを中心に行われていたと考えられることも見のがすことができない。『日本霊異記』中巻第二四では、聖武天皇の時代のこととして、平城京左京六条五坊の住人である楢磐嶋《ならのいわしま》が、大安寺に施入された銭三〇貫を借りて、奈良から越前の敦賀津に行き、交易を行って利益を得たという説話を伝えている。

もちろんこの説話は事実ではないが、都やその周辺の寺院が多額の銭貨を所有しており、しかもそれを交易用の銭として運用していたということ自体は、一般に行われていたとみてよいだろう。正倉院文書の中に「商銭」として五貫文を借りた際に作成された月借銭解《げっしゃくせんげ》が残っている(「丸子人主月借銭解」続修二五、『大日本古文書』四-五〇八)。ここにみえる「商銭」とは交易用の銭を意味するものであろう。(53) 寺院の所有する銭を交易のために運用することが、むしろ奨励されていたのである。

そのことは、この説話の締めくくりに「大唐の徳玄は般若の力を被《こうむ》りて、閻羅王の使に召さるる難を脱れ、日本の磐嶋は寺の商銭を受けて、閻羅王の使の鬼の追ひ召す難を脱る」と書かれていることからも明白である。平城京の寺院では、寺院所有の銭貨を商銭として運用することを積極的に奨励していたのであり、このことが都における銭貨の使用を積極的に後押ししていたのである。正倉院文書の中には、写経事業の財政運営に際して銭貨が交換手段としての役割をはたしていたことを示す帳簿や、(54) 写経事業に従事した写経生たちの月借銭解などが数多く残っており、(55) 寺院の経済活動が銭貨なしには存立し得なかったことを示している。

奈良時代後半になると、発行数の増加や私鋳銭の横行が物価の高騰、銭貨価値の下落を招き、天平宝字四年(七六〇)に和同銭の一〇倍の価値を付与した「万年通宝」が発行されるに至る。このとき同時に、和同銭の一〇〇〇倍の価値を付与した「開基勝宝」金銭と、一〇〇倍の価値を付与した「大平元宝」銀銭も発行された。そのとき出された勅に、「このごろ、私鋳稍《よう》く多くして、偽濫すでに半ばせり」(『続日本紀』天平宝字四年三月丁丑条)とあり、私鋳銭の横行を断ち切るために、新しい銭貨を発行することが表明されている。ただしこのときの銭貨発行に、ときの権力者である藤原仲麻呂の意志が強くはたらいていることは明らかであろう。

藤原仲麻呂は、天平宝字二年(七五八)に恵美押勝《えみのおしかつ》の名を賜り、特に鋳銭・挙稲《ことう》・および恵美家印《えみけいん》を用いることを許された(『続日本紀』天平宝字八年〈七六四〉九月壬子条)。本来は天皇の大権であるはずの鋳銭権を得たことが、三種の銭貨発行の背景にはある。しかも「開基勝宝」「太平元宝」「万年通宝」といった銭文は、唐の「開元通宝」の銭文を意識したものであり、ここにも、仲麻呂の唐風趣味(56)の一端をかいま見ることができる。

ところで唐では七五八年七月に、安禄山の乱による財政難への対策として、開元通宝の一〇倍の価値をつけた乾元重宝と、五〇倍の価値をつけた重輪乾元が発行されているが、この点も意識されていたと考えられる(57)。おそらくこの情報は、安禄山の乱の情報とともに、仲麻呂のもとにもたらされたのであろう。さらに、天平宝字三年(七五九)から本格化する新羅征討計画という国家事業にかかわる膨大な軍事費用の捻出が、発行の背景にあった可能性も考えられており(58)、いずれにしても仲麻呂による銭貨発行は、東アジア情勢の変動と深くかかわっているのである。

藤原仲麻呂の失脚とともに万年通宝は廃され、天平神護元年(七六五)に神功開宝の発行が命ぜられる(59)。これには仲麻呂の乱の収束や「天平神護」への改元が密接にかかわっていたことは間違いない。ただし仲麻呂が打ち出した銭貨政策のうち、新銭の価値を旧銭の一〇倍とするという政策は、平安時代以降の新銭発行の際にも引き継がれた。その意味で仲麻呂の政策は、平安時代以降の銭貨政策の礎になったともいえるだろう。

3　平安時代の銭貨流通

平安時代に発行された銅銭は、隆平永宝(七九六年)、富寿神宝(八一八年)、承和昌宝(八三五年)、長年大宝(八四八年)、饒益《にょうやく》神宝(八五九年)、貞観永宝(八七〇年)、寛平大宝(八九〇年)、延喜通宝(九〇七年)、乾元大宝(九五八年)である。

これらの銭貨のうち、おそらくは貞観永宝が発行された頃までは、新鋳発行が奈良時代における銭貨発行と同様の意図——造営事業に対する支払い手段としての意味——を持っていたものと思われるが、寛平大宝以後は、そのような大規模な造営工事との関連は史料上確認できない。つまり寛平大宝以後の銭貨は、それ以前と異なり大規模造営工事と銭貨発行との関連が失われていったと考えられる。(60)

貞観永宝が平安初期における銭貨政策の過渡期に位置するものであることは、いくつかの史料からうかがえる。まず、鋳銭の段階では、それまで進納させていなかった備中や備後から銅を進納させるようにしたり、山城の葛野《かどの》に新たな鋳銭所をおいて鋳銭にあたらせる(『日本三代実録』貞観一二年〈八七〇〉一一月八日丙辰条)など、従来にはない新体制をしく。一方で、銭貨の材料としての銅を確保するために旧銭の回収を積極的に推し進めるようになる。貞観九年には、正税を対価として諸国にある銭を回収し、官納させるべきことを定めており(『類聚三代格』貞観九年五月一〇日太政官符)、実際、同年九月三日には、美濃国勘納帳の年銭一五一貫、播磨国一二五貫、備中国八四貫を官納している(『日本三代実録』貞観九年九月三日己亥条)。また、貞観永宝が鋳銭された後も、「新鋳の貞観銭、文字破滅し、輪郭全きものなし。凡そ売買に在りて、太半を嫌《いと》ひ弃《す》つ。鋳銭司を譴責し、令分明に鋳作せしむ」(『日本三代実録』貞観一四年九月二五日壬辰条)とあり、貞観銭の流通に政府が積極的な姿勢をみせていたことがわかる。このように貞観永宝は、その前後にはみられないような意欲のもとに発行されたのである。

さらに貞観永宝に関して注目されるのは、『日本三代実録』貞観一二年一一月一七日乙丑条に、貞観新銭を初穂として神社に奉納する記事がみられることである。(61)これによると、饒益神宝に代わって貞観永宝が新たに発行された際に、上賀茂・下賀茂両社、松尾社、稲荷社、石清水社、平野社、梅宮社、春日社、大原野社といった京都周辺の諸社や、葛野鋳銭所に近い場所にある「宗像《むなかた》・櫟谷《いちいだに》・清水・堰《い》・小社《こもり》」の五神に、新鋳した銭を奉納したとあり、注目されるのは、「宗像神」に新銭を奉納した際の告文に「早穂廿文」、「堰神」に新銭を奉納した際の告文に「早穂十五文」とみえる点である。「早穂」とは「初穂」のことであり、鋳造されたばかりの銭を稲の初穂に見立てた表現と考えてよいだろう。

早穂として奉納された新銭のうち、廿文という数は、『日本三代実録』仁和二年(八八六)六月二〇日戊辰条に「勅すらく、清和院の稲一千束の直、新銭廿貫文を以て、山城国に付し、正税に加挙し、其の息利を収めて円覚寺長明燈料に充つ」とあるように、稲一束分の価直に換算される。つまり稲一束分の初穂に見立てて、新銭を奉納したものと考えられる。(62)この記事は、古代における米と銭の互換性を考える上で、きわめて興味深い史料である。財物出挙である銭貨出挙が、なぜ、稲の出挙と同様の理屈で行い得たのか。その背景には、銭と米の互換性という問題(63)が潜んでいることを、この史料は示しているのである。貞観永宝は、そうした「初穂としての新銭」がとくに意識された意味でも、平安期のターニングポイントとなる銭貨である。

当初は平安京造営と銭貨発行が不可分の関係にあったが、九世紀半ば以降、造都が一段落すると、銭貨は京内の消費活動としての役割に重きを置き始め、流通範囲も次第にその範囲を狭め、最終的には平安京を中心とする地域に限定されるようになる。平安京の都市民には賑給などを通じて銭貨が下層民にまで行き渡るが、(64)物価の高騰により銭貨による物品の購入は必ずしも容易ではなかった。古代国家の銭貨発行は、改元などと同様、天皇の代替わりの儀礼的な意味合いが強くなり、(65)銭貨の質も、時代がくだるにつれ、径が小さくなり、銅の含有量が減って鉛が増えるようになるなど、著しく低下した。このため、民間では銭貨を忌避する風潮が高まり、律令国家の銭貨鋳造意欲の低下、原料の銅の産出量減少ともあいまって一〇世紀後半に銭貨発行を諦めることとなる。

『日本紀略』永延元年(九八七)一一月二日辛酉条には、「検非違使に仰せて上下の人々の銭貨を用ゐざる事に制止を加ふ」とあり、銭貨を用いないことに対する制裁が加えられたとあるし、同一一月二七日丙戌条には、「十五大寺において、七箇日の間、寺ごとに八十口の僧をして、銭用ゐるべきの由を祈らしむ」とあり、銭貨の使用を祈禱した事例もみられ、一〇世紀末には、銭貨忌避の風潮がみられた。

しかし、まったく忌避されたわけではなく、一〇世紀後半以降も平安京内で銭貨は使用されていた。康保三年(九六六)の「清胤王書状」(九条家本延喜式紙背文書、『山口県史　史料編　古代』)には、銭貨の恒常的な使用をうかがわせる記載がある。一〇世紀末頃に成立したとされる『うつほ物語』にも、囲碁の賭物や贈答品として、銭貨による価値表示が行われている場面があり、おそらくは一一世紀初頭頃まで銭貨は平安京内で価値表示の基準としての役割をはたしていたものと思われる(66)。銭貨忌避の原因は品質の劣化が大きくかかわっており、銭貨そのものの持つ利便性に対する記憶は残り続けたのである。

その後、列島内で銭貨の使用は途絶え、京において銭貨のはたした機能は絹や米にとってかわられるようになる。そして一二世紀半ばになって、中国からの良質な渡来銭の流入により銭貨が再び列島内で流通するようになるのである(67)。

おわりに

冒頭で述べたように、古代の生産と流通の問題は、きわめて多岐にわたり、本稿ではそのごく一部を略述したにすぎない。たとえば、これらの生産品が流通した場の問題や、生産や流通の担い手の問題についても、考察すべき重要な論点である。

流通の場としては、都城に市が置かれたほか、各地に市や津といった交易の拠点が形成された。かつては、国府に附属の市(国府市)が設定されたと想定し、国府市を拠点にして交易圏が形成されていたとする国府交易圏という概念が提唱されたが(68)、近年多くの批判が出されており(69)、古代地方社会における流通経済圏がどのように形成されたのか、あらためて検討する必要が生じてきている。

流通の担い手に関しては、奈良時代に「商旅」(『続日本紀』和銅七年〈七一四〉二月庚寅条)と呼ばれる遠距離交易従事者がいたことが確認され、平安時代初期の仏教説話集である『日本霊異記』にも、遠距離交易に従事した人々がたびたび登場する(70)。時代がくだって、一一世紀後半に藤原明衡《ふじわらのあきひら》によって書かれた職人尽《づく》し風の書である『新猿楽記』には、「商人の主領」の典型として「八郎真人《はちろうのまひと》」なる架空の人物が、「東は俘囚の地に至り、西は貴賀《きかい》が嶋《しま》に渡」りながら交易をしていた様子が描かれている。そこで扱われている物品は、唐物《からもの》として「赤木《あかぎ》」「蘇芳《すおう》」「紫檀《したん》」、本朝物として「金」「銀」「阿古夜玉《あこやだま》」「夜久貝《やくがい》」「鷲羽《わしのは》」「色革」など、広域的で多岐にわたる。そこには、奈良時代の「商旅」とは質的に異なった商人像が垣間見られるのである。

こうした遠距離交易を担った商人たちは、どのようにして形成されたのか。櫛木謙周は、一〇世紀後半ごろを画期として広域的な商品流通圏が形成されたという見通しを立てている(71)。銭貨発行が途絶えた一〇世紀後半に、広域的な商品流通圏が形成されていくというのは、なんとも不思議な現象のようにも思えるが、むしろ自立的で広域的な商業活動が展開したことにより、国家発行の銭貨の役割が低下していったとみるべきなのかも知れない。そう考えると一〇世紀後半という時期は、生産技術の革新、広域的な流通経済圏の形成、銭貨発行の途絶など、生産や流通の分野で、大きな画期を迎えた時期であると評価できるのではあるまいか。今後はその実態解明を行っていく必要がある。

(1) 古代の生産や流通に関する近年の研究としては、古尾谷知浩『文献史料・物質資料と古代史研究』(塙書房、二〇一〇年)がある。ここでは、鋳銅、土器生産、瓦生産などを事例に、律令制下における手工業生産の問題を文献史料、考古資料の両面から論じている。本稿では、これらの事例については取りあげないが、古代におけるモノの生産を考えるうえで重要な論点を含んでいる。

(2) 三上喜孝「律令国家と現物貨幣」『日本古代の貨幣と社会』吉川弘文館、二〇〇五年(初出一九九七年)、今津勝紀「律令税制と流通」田中琢・金関恕編『古代史の論点3 都市と工業と流通』小学館、一九九八年。

(3) 松嶋順正編『正倉院宝物銘文集成』吉川弘文館、一九七八年、亀谷弘明「調庸布絁墨書銘と徴税機能――国印の押印箇所を手がかりに」『古代木簡と地域社会の研究』校倉書房、二〇一一年(初出一九九九年)。

(4) 中村太一「古代日本における墨書押印貢進物」『栃木史学』一四、二〇〇〇年。

(5) (財)長野県埋蔵文化財センター『長野県屋代遺跡群出土木簡』一九九六年。

(6) 平川南『全集日本の歴史2 日本の原像』小学館、二〇〇八年。

(7) 服藤早苗「古代の女性労働」女性史総合研究会編『日本女性史第一巻』東京大学出版会、一九八二年。

(8) 松井健「「生業と生産の社会的布置」と民族誌という企図」松井健・野林厚志・名和克郎共編『生業と生産の社会的布置――グローバリゼーションの民族誌のために』岩田書院、二〇一二年。

(9) 東村純子『考古学からみた古代日本の紡織』六一書房、二〇一一年。

(10) 田島公「『正倉院文書』に見える「信濃使」・「信濃人」と信濃産の布」『市誌研究ながの』七、二〇〇〇年。

(11) 梅村喬「正税帳の世界」『新版古代の日本7 中部』角川書店、一九九三年。

(12) 茨城県教育財団『茨城県教育財団文化財調査報告書第20集――鹿の子C遺跡漆紙文書』一九八三年。

(13) 平川南「律令制と東国」『新版古代の日本8 関東』角川書店、一九九二年。

(14) 栄原永遠男「技術における中央と地方」『奈良時代流通経済史の研究』塙書房、一九九二年(初出一九八二年)。なお正倉院に残る調絁を検討したものとして、尾形充彦「裂地としてみた正倉院の調絁」(『正倉院紀要』二一、一九九九年)参照。

(15) 註6平川文献。ただし、勝野雄大「平安後期における絹生産の動向」(豊田武教授還暦記念会編『日本古代・中世史の地方的展開』吉川弘文館、一九七三年)は、絹生産拡大の画期を一一世紀後半であるとしている。

(16) 永松圭子「律令制下の栽桑」『ヒストリア』一一八、一九八八年。

(17) 平川南監修、(財)石川県埋蔵文化財センター編『発見！古代のお触れ書き　石川県加茂遺跡出土加賀郡牓示札』大修館書店、二〇〇一年。
(18) 鈴木景二「加賀郡牓示札と在地社会」『歴史評論』六四三、二〇〇三年。
(19) 古代国家にとって米が政治的作物であったということは、支配者層によって稲の品種が管理されていたことからもわかる(平川南「種子札と古代の稲作」『古代地方木簡の研究』吉川弘文館、二〇〇三年、初出一九九九年)。なお、大津透「農業と日本の王権」(『岩波講座天皇と王権を考える3　生産と流通』岩波書店、二〇〇二年)も参照。
(20) 永原慶二『苧麻・絹・木綿の社会史』吉川弘文館、二〇〇四年。
(21) 岡藤良敬「大宰府財政と管内諸国」『新版古代の日本3　九州・沖縄』角川書店、一九九一年。
(22) 東野治之「鳥毛立女屛風下貼文書の研究――買新羅物解の基礎的考察」「正倉院氈の墨書と新羅の対外交易」『正倉院文書と木簡の研究』塙書房、一九七七年(初出一九七四・七六年)。
(23) 早稲田大学朝鮮文化研究所・大韓民国国立加耶文化財研究所編『日韓共同研究資料集　咸安城山山城木簡』雄山閣、二〇〇九年。
(24) 田中史生「倭国史と韓国木簡」鈴木靖民編『日本古代の王権と東アジア』吉川弘文館、二〇一二年。
(25) 註2三上文献、吉川真司「国際交易と古代日本」紀平英作・吉本道雄編『京都と北京』角川学芸出版、二〇〇六年。
(26) 註21岡藤文献。
(27) 狩野久「御食国と膳氏」『日本古代の国家と都城』東京大学出版社、一九九〇年(初出一九七〇年)、舘野和己「若狭・越前の塩と贄」小林昌二・小嶋芳孝編『日本海域歴史大系第一巻　古代篇Ⅰ』清文堂出版、二〇〇五年、馬場基「文献資料からみた古代の塩」奈良文化財研究所編『第16回古代官衙・集落研究会報告書　塩の生産・流通と官衙・集落』二〇一三年。
(28) 鈴木景二「塩からみた古代地域間交通」、向林八重「内陸部における塩の流通と消費――甲斐国を中心に」『山梨県考古学協会二〇〇七年度研究集会　塩の考古学』山梨県考古学協会、二〇〇八年。
(29) 積山洋「律令制期の製塩土器と塩の流通」『ヒストリア』一四一、一九九三年。
(30) 『京都府舞鶴市　浦入遺跡群発掘調査報告書　遺物本文編』舞鶴市教育委員会、二〇〇二年。

(31) 郡司層による塩生産の掌握の実態については、すでに井上辰雄「古代製塩の生産形態――肥君五百磨を中心として」(『正税帳の研究』塙書房、一九六七年)で指摘されている。
(32) 岸本雅敏「古代国家と塩の流通」註2『古代史の論点3 都市と工業と流通』。
(33) 東北歴史資料館編『東北歴史資料館資料集25 宮城県の貝塚』一九八九年。
(34) 釈文は、青森県史編さん古代部会編『青森県史 資料編 古代2 出土文字資料』(二〇〇八年)による。
(35) 古代における鉄の生産と流通に関しては、古尾谷知浩「文献史料からみた古代の鉄生産・流通と鉄製品の生産」(奈良文化財研究所編『第14回古代官衙・集落研究会報告書 官衙・集落と鉄』二〇一一年)が、文献史料を博捜した全般的な考察を行っている。
(36)『日本思想大系 律令』岩波書店、一九七六年、禄令頭注(三〇四頁)、伊達祥子「律令制社会における鉄鍬の生産と流通について」『寧楽史苑』二〇、一九七四年。
(37) 飯村均『律令国家の対蝦夷政策 相馬の製鉄遺跡群』新泉社、二〇〇五年。
(38) もともとこの条文は、母法となった唐令では、関市令ではなく、雑令に収められていたと考えられる(三上喜孝「北宋天聖雑令に関する覚書――日本令との比較の観点から」『山形大学歴史・地理・人類学論集』八、二〇〇七年)。
(39) 高梨修『ヤコウガイの考古学』同成社、二〇〇五年。
(40) 松村恵司「富本七曜銭の再検討」『出土銭貨』一一、一九九九年、栄原永遠男「飛鳥池遺跡からみた七世紀後半の銭貨」「日本古代国家の銭貨発行――富本銭から和同開珎へ」『日本古代銭貨研究』清文堂出版、二〇一一年(初出一九九九・二〇〇一年)。
(41) 国立歴史民俗博物館展示図録『お金の玉手箱――銭貨の列島二〇〇〇年史』一九九七年。
(42) 金元龍『武寧王陵』近藤出版社、一九七九年。
(43) 松村恵司「無文銀銭と和同銀銭――飛鳥藤原地域出土銀銭を中心に」(『出土銭貨』九、一九九八年)、三上喜孝「古代銀銭の再検討」(註2『日本古代の貨幣と社会』初出一九九八年)、三上隆三『貨幣の誕生――皇朝銭の博物誌』(朝日新聞社、一九九八年)、今村啓爾『富本銭と謎の銀銭――貨幣誕生の真相』(小学館、二〇〇一年)、江草宣友「古代日本における銀と銀銭――和同開珎発行の前後」(『史叢』七四、二〇〇六年)など。
(44) 東野治之『貨幣の日本史』朝日新聞社、一九九七年。
(45) 無文銀銭が鎮壇具として用いられたと推定される例は、七世紀後半の建立とされる滋賀県の崇福寺跡出土のものがあり、地金の銀が鎮壇具として用いられた例は、八世紀前半の興福寺のものがある。
(46) 弥永貞三「奈良時代の銀と銀銭について」『日本古代社会経済史研究』岩波書店、一九八〇年(初出一九五九年)。
(47) 註2三上文献。
(48) 栄原永遠男「和同開珎の誕生」『日本古代銭貨流通史の研究』塙書房、一九九三年(初出一九七五年)。
(49) 註44東野文献。
(50) 註48栄原文献。
(51) 森明彦「奈良朝初期における和同開珎の性格」(大阪大学文学部日本史研究室創立五〇周年記念論文集『古代中世の社会と国家』清文堂出版、一九九八年)は、和同開珎の当初の法定価値は、銀一分=銀銭一文=銅銭一〇文であり、これが和同開珎の唯一の価値規定であると主張している。
(52) 金沢悦男「八・九世紀における銭貨の流通――とくに畿外を中心として」虎尾俊哉編『日本古代の法と社会』吉川弘文館、一九九五年、山本享史「八世紀における地方の銭貨の存在形態」『国史談話会雑誌』四六、二〇〇五年。
(53) 白石ひろ子『『霊異記』からみた遠距離交易」平野邦雄編、東京女子大学古代史研究会著『日本霊異記の原像』角川書店、一九九一年、三上喜孝「日本古代の銭貨出挙に関する覚書」註2『日本古代の貨幣と社会』(初出二〇〇四年)。
(54) 黒田洋子「八世紀における銭貨機能論」『弘前大学國史研究』八七、一九八九年。
(55) 吉川敏子「借金証文」『文字と古代日本3 流通と文字』吉川弘文館、二〇〇五年、註53三上文献。
(56) 藤原仲麻呂の唐風趣味については、岸俊男『人物叢書 藤原仲麻呂』(吉川弘文館、一九六九年)を参照。
(57) 喜田新六「奈良朝に於ける銭貨の価値と流通とに就いて」『史学雑誌』四四-一、一九三三年。
(58) 江草宣友「藤原仲麻呂政権下の銭貨発行と新羅征討計画」『国史学』一八二、二〇〇四年。
(59) 寺西貞弘「神功開寶流通試論――社会・政治史的一考察」『古代史の研究』三、一九八一年。

(60)鬼頭清明「平安初期の銭貨について」土田直鎮先生還暦記念会編『奈良平安時代史論集(下)』吉川弘文館、一九八四年。
(61)栄原永遠男「提供から見た銭貨の呪力」註40『日本古代銭貨研究』(初出二〇一〇年)。
(62)三上喜孝「稲・銭と富の観念」『朱』五〇、二〇〇七年。
(63)新谷尚紀「貨幣には死が宿る――民俗学からみた貨幣」国立歴史民俗博物館編『歴博フォーラム　お金の不思議　貨幣の歴史学』山川出版社、一九九八年。
(64)保立道久「中世前期の新制と沽価法」『歴史学研究』六八七、一九九六年、栄原永遠男「日本古代銭貨の流通と普及」註40『日本古代銭貨研究』(初出一九九八年)。
(65)金沢悦男「日本古代における銭貨の特質」『歴史学研究』七五五、二〇〇一年。
(66)滝沢武雄「平安後期の貨幣について」『史観』八二、一九七〇年、註44東野文献。
(67)三上喜孝「皇朝銭の終焉と渡来銭のはじまり」註2『日本古代の貨幣と社会』(初出一九九九年)、江草宣友「平安期における銭貨流通と渡来銭」『ヒストリア』一九三、二〇〇五年、井原今朝男「宋銭輸入の歴史的意義――沽価法と銭貨出挙の発達」池享編『銭貨　前近代日本の貨幣と国家』青木書店、二〇〇一年。
(68)栄原永遠男「奈良時代の流通経済」註14『奈良時代流通経済史の研究』(初出一九七二年)。
(69)国府交易圏についての批判と反批判については、栄原永遠男「国府市・国府交易圏に関する再論」(註40『日本古代銭貨研究』初出一九九五年)参照。なお、中村修也「出雲地方にみる商人と民衆」(『日本古代商業史の研究』思文閣出版、二〇〇五年)、宮川麻紀「律令国家の市支配」(『ヒストリア』二二四、二〇一一年)も参照。
(70)栄原永遠男「奈良時代の遠距離交易」註14『奈良時代流通経済史の研究』(初出一九七六年)。
(71)櫛木謙周「商人と商業の発生」桜井英治・中西聡編『新体系日本史12　流通経済史』山川出版社、二〇〇二年。

第４巻

古代の家族と女性

今津勝紀

はじめに

ここでは、日本古代の家族と女性について取り上げる。この分野の研究は、一般に女性史の範疇で理解されるのが通例であろう。女性史研究は、男性史に解消されない女性の歴史を問うことに固有の意義があり、多くの成果をあげてきたことは周知のとおりである。元来、この問題は戦後古代史研究の中心的課題であった社会構造の理解に関わるものとして取り上げられてきたのだが、近年ではこうした関心はいたって低調である。これまでの課題認識のリアリティが共有されなくなったことが背景にあるのだが、古代という時代全体を理解する上で、社会構造の解明が不可欠であることに変わりはない。その際、人々の生活に即して、地域や国家、世界像を再構築することは現代社会にとっても意味のあることだと思う。検討すべき論点は多岐に及ぶが、この問題の原点に立ち返って、古代の家族と女性について捉え直してみたい。

以下、これまでの研究をふり返った上で、古代における男女の関係や家族のあり方、女性のライフヒストリーを復原する。

一　古代家族論争をめぐって

1　家父長制学説の成立

古代の家族をめぐる議論は、明治期の法制史研究にまで遡る。これは近代日本の家族制度の歴史的前提についての関心から出発したもので、親族法研究の一環として、三浦周行・新見吉治・中田薫らが古代の戸籍・計帳などをもとに婚姻制度の解明に取り組んだ。[1]

これらを前史として史的唯物論を方法として新たな家族論を打ち立てたのが、石母田正・藤間生大である。[2]理論的背景にあったのは、いまや古典理論とも称される一九世紀の社会進化論であるが、かつてエンゲルスは、バッハオーフェン『母権制』、モルガン『古代社会』に依拠して、『家族・私有財産および国家の起源』において、人類史の初発では無規律な性交・群婚が支配的であり、社会集団は母系によって出自が確認されるに過ぎないため、母系制が先行し、牧畜の発生などをつうじて父系制社会が出現することで、女性の地位が「世界史的敗北」を迎えると考えた。

戸籍・計帳は、大宝二年(七〇二)の戸籍をはじめとして平安期までのものが残されており、それぞれの戸籍・計帳は独自の個性をもっているのだが、石母田・藤間らは、そこに示される戸が当時の家族の実態をあらわすとして、日本古代の家族が母系制から父系制への歴史的展開のどの段階に位置するかを論じた。それぞれの戸籍・計帳で夫と妻の同籍率が著しく異なること、当時の戸はいくつかの世帯を含むが、戸主と血縁でつながらない非血縁者が含まれる場合もあることから、戸籍・計帳にみられる戸の構成上の特徴を発展段階差とみなし、奈良時代は夫婦別居制から同居制への移行段階にあると考え、家族形態は家父長制へと展開する過程にあるとした。そうして描かれた構想が、原初の氏族共同体から、大化前代において親族共同体が形成され、さらにその内部に夫婦別居による大家族である家族共同体が生じ、その上で、同居の進行とともに家父長権が発生し、奴婢などの奴隷を内包した家父長的奴隷制大家族が成立するというものである。

石母田・藤間の古代家族論は、原始から古代、さらには現代にいたるまでの人類史総体の認識に関わる社会構成史としての意味をもつものであるが、第二次世界大戦後、皇国史観により描かれた天壌無窮の日本史像を書き改めるために、史的唯物論がグランドセオリーの位置を占めるに及び、この家父長制学説が研究の出発点となった。この後、戸籍・計帳にみえる戸、すなわち父系の小家族の集合体は家父長制的世帯共同体とみなされ(3)、氏族や首長制的共同体といった大経営の内部に形成される個別な経営として位置づけられるようになってゆく(4)。

2　双系制学説と女性史研究

戸籍・計帳にみえる戸を実証的にどのように理解するかは当初より問題となった。なかでも戸内にみえる寄口《きこう》・寄人《きにん》の理解について、石母田らはこれを家父長に隷属するものと考えたのだが、門脇禎二が戸主と女系により結びつく親族とする見解を示した(5)。また直木孝次郎は、石母田により親族共同体として位置づけられた部《べ》を冠する集団が政治的に編成された集団であることを論じ(6)、岸俊男は、戸籍・計帳は貢租のためのものであり、編戸《へんこ》の時点より遠ざかるほど、籍帳にみえる戸と実態との乖離が拡大すること、郷戸は法的擬制を蒙らざるを得ないこと、郷里制《ごうりせい》はそうした実態との乖離を前提に房戸《ぼうこ》を単位に支配関係を構築しようとしたがうまくゆかなかったことを主張し(7)、石母田による古代家族の発展段階説を根本から揺るがした。戦後の実証的研究が深化することで、日本書紀の描く大化改新像に大きな疑問が投げかけられるのと同様に、戸籍や計帳にみえる戸が実態を表現するのか疑問視されるようになるのだが、ついには、安良城盛昭が、籍帳にみえる戸は律令国家の給与制度の基礎単位であり、一定の課口を含むよう、分割や合体など操作をへて編み出されたものであるとする編戸擬制説を唱えるにいたる(8)。

これ以降、浦田明子が、戸の編成にあたって正丁《せいてい》四人程度を含むよう操作した可能性のあることを指摘するなど(9)、戸籍・計帳にみえる戸が人為的に編成されたものとの理解が広がり、そこから直接的に古代家族像を導くことは困難とされるようになる。その結果、戸籍・計帳を通じた古代の家族をめぐる議論は停滞するが、吉田孝は、日本古代の親族呼称が父方・母方の区別がないという双方的な性格に着目し、日本古代には明確な外婚制をともなう父系の出自集団が欠如していることから、個人を出発点とするキンドレッドの原理が優勢で、父系・母系いずれの集団への帰属も選択することが可能な双系制社会として把握することを提唱した。[10] 首長層において家父長制的関係が成立するのに対し、共同体成員層では流動的な小家族が原生的な共同体を構成していたにすぎず、そうした小共同体が重層した首長制が日本古代社会の基礎をなしたとの構想は、石母田が提唱した在地首長制論とも整合するものであり、これが広く受け入れられていった。

吉田の議論は、親族組織や氏族に関する人類学の議論を積極的に取り入れた点に特徴があり、こうした方法は明石一紀に引き継がれるが、[11] 古代の家族を論じるにあたり、戸籍・計帳の利用を回避するというスタンスは、古く高群逸枝の議論にみられるもので、高群は、古代に夫婦が生涯別居する「妻問婚《つまどいこん》」、通いと同居が半ばする「前婿取《ぜんむことり》婚《こん》」が行われ、基本的に母系制が優越することを積極的に主張した。[12] 高群の議論については、古く伊東すみ子が生涯的別居婚を否定して、妻家を訪れての婚姻生活の後に同居へと移行することを指摘し、[13] 鷲見等曜[14] や江守五夫[15] などの民族学者からも同様の批判が寄せられたのだが、双系制学説の出現以降、歴史学においては女性史研究を中心として高群説が積極的に評価されてゆくこととなった。

高群説の史料操作上の問題点はつとに知られるところであったが、その克服を試みたのが関口裕子で、関口は古代の規定的な血縁関係を母系であるとし、母系合同家族ないし母系直系家族のみが存在したと主張する。[16] 高群の母系制説は関口に継承されたが、その後の女性史研究は双系制論に依拠する方向ですすみ、婚姻のあり方については、父系・母系紐帯の相互性が強調されるようになる。[17] 当時の婚姻は、男女の双方による通いからはじまり、夫方・妻方・新処に居住したが、夫の親の世代と同居することはなく、男女の関係は気の向く間だけ継続し、妻の性は夫により排他的に独占されないとされ、一夫一婦の単婚に至らない男女一対の配偶関係であったとして、これを対偶婚と呼んでいる。[18]

3　古代の家族と女性をめぐる問題点

今世紀に入ってからは、戸籍に即して、その史料的可能性が再度模索されるようになってきた。とりわけ、もっとも古く、かつ体系性を有している大宝二年の御野《みの》国戸籍が焦点であるが[19]、近年では養老五年の下総国戸籍の再検討も進行している[20]。これまでの長い議論をふまえつつ、戸籍に登録された人々の性と年齢といった属性情報だけでも、さまざまな問題が論じられることを示すなど、新たな議論を構築しうる段階に至ったといえる。

家族と女性についていえば、何よりも対偶婚とされる婚姻の実態が問題となるのだが、この点をめぐっては当初より多くの疑問が提出されていた。すでに述べたように、高群が想定した生涯的訪婚《ほうこん》が存在するのか、古代のツマドヒの理解をめぐって議論が重ねられてきたところで、篠川賢は『日本霊異記《にほんりょういき》』での男女の居住状況の分析から夫方居住の存在を指摘する[21]。また、対偶婚をめぐっては、母子の強固な結合に比して、妻と夫の性愛関係は不安定であると考えるのだが、この点について、寺内浩が家族労働をめぐる性別分業と協業のあり方などから古代の婚姻形態が対偶婚とは考えがたいことを指摘し[22]、長谷山彰は、『万葉集』の歌や戸籍の記載から父と子の結びつきも認められることを主張する[23]。さらに、日本古代では家父長制的関係が未成立であるとして、戸籍・計帳にみえる妻妾の別は便宜的なものであり、年長のものが妻とされたにすぎないと考えるのだが、中田興吉は妻妾の別に社会的な意味のあることを主張する[24]。

対偶婚概念は、群婚から一夫一婦婚への進化、母系制から父系制への展開を想定していた一九世紀の古典理論に出発点があり、それを高群・関口が独自に展開させたものだが、古典理論の婚姻についての認識は現在の霊長類学・人類学・民族学研究では支持されていない。近年では栗原弘が高群の婚姻論の虚構性を指摘して全面的な批判を行っており[25]、関口の婚姻像全体についても山本一也・山尾幸久がその問題点を指摘している[26]。

なお、この問題に関する考古学の研究成果にも注目しておきたい。縄文時代が母系の卓越した社会であった可能性もあるが、まだ十分な研究例が蓄積されているわけではなく、今後の進展が期待される。弥生時代の親族構造については、都出比呂志は土器製作が民族例では女性の労働とされることが多い点に注目し、小地域ごとに認められる土器の型式的特徴が他の小地域での土器作りに対して排他的でないことから、当時の性別分業と婚姻居住規定について、畿内地域では父系への傾斜が見られることを指摘している。(27) また、田中良之は、同葬された遺体の歯冠計測値の相関から血縁関係の復原を試み、埋葬パターンとして、キョウダイ関係を基軸に配偶者を含まない複数の人物が埋葬される基本モデルI、初葬者を男性として第二世代の血縁者(男女)のみで構成される基本モデルII、基本モデルIIに非血縁者の女性を加えた基本モデルIIIの三つの埋葬原理が抽出されること、このうち、基本モデルIは弥生時代以来みられるもので、基本モデルIIが出現するのが五世紀後半、基本モデルIIIは六世紀前半から中葉に出現することを指摘した。(28) 田中と同様の分析を行った清家章は、古墳時代から奈良時代にかけて畿内地域とその周辺でも基本的には田中の基本モデルIのキョウダイ関係を軸とする双系制家族が一般的ではあるが、古墳時代後期以降には一部に父系直系家族もみられることを指摘している。(29)

二　古代の恋愛と婚姻

1　ツマドヒの情景

問題の焦点は、古代の男女のあり方、いわば恋愛と婚姻の実態にある。これを明らかにすることには困難をともなうが、基礎的な事実の確認からはじめよう。

よく知られるように、日本古代の婚姻を表現する言葉として、ヨバヒ、ツマドヒ、カヨヒがある。このうちもっとも議論が集中してきたのは、ツマドヒについてである。『万葉集』には大伴家持が七月七日に天の川を詠んだ歌、「安《やす》の川、い向ひ立ちて、年の恋、日長《けなが》き児らが、都麻度比《つまどひ》の夜《よ》そ」(四一二七)がのこされているが、このようにツマドヒは「都麻度比」、または「都摩杼比之物」(『古事記』下、雄略段)などと仮名表記され、その音が確かめられる。奈良時代の漢字表記では妻問とある(『万葉集』四三二一)。

ツマドヒはツマとトフからなるのだが、さしあたり、古代におけるツマの意味について確認しておこう。現在と同様に、ツマが女性を指す事例は多くあるが、古代ではツマは男性に対しても使われた。『古事記』上には大己貴《おおなむち》(大国主《おおくにぬし》・八千矛《やちほこ》など)の神話が伝わるが、高志国《こしのくに》の沼河比売に求婚した八千矛に嫉妬して、須勢理毘売命《すせりびめ》が詠んだ歌が「八千矛の、神の命《みこと》や、吾《あ》が大国主、汝《な》こそは、男《お》に坐《いま》せば、打ち廻《み》る、島の崎々、掻き廻る、磯の崎落ちず、若草の、妻《つま》持たせらめ、吾《あ》はもよ、女《め》にしあれば、汝《な》を除《き》て、男《お》はなし、汝《な》を除《き》て、都麻《つま》はなし(略)」というものである。これは須勢理毘売が八千矛、すなわち大国主を詠んだものであり、この場合の都麻(ツマ)は明らかに男性である大国主を指す。古代ではツマという語は、現在のように女性(妻)のみをさす言葉ではなかった。こうしたツマについて、栃尾有紀は「継続的に行き来がある、あるいは一対の男女として安定した関係にある(あった)と目されるものを指す言葉」と指摘する。[30]

次にツマドヒのトフについてであるが、これまで訪れるの意味で理解するのが一般的であった。しかしこれも語義から考えてみる必要がある。古代の倭語の漢字表現を国語学では上代特殊仮名遣いというが、倭語の音節を漢字の音を利用して表現する方法である。上代特殊仮名遣いには一定の法則があるのだが、ツマドヒについて検証した寺田恵子の研究によれば、『万葉集』では「ト」の音価は一定しないが、『古事記』の場合「トフ」は「ト(甲類)フ」と「ト(乙類)フ」に分類され、「ト(甲類)フ」は「斗比多麻閇《とひたまへ》」などの質問の意味だが(下、仁徳段)、「ト(乙類)フ」は、垂仁天皇の皇子ホムチワケが「阿藝登比《あぎとひ》」すというように(中、垂仁段)、話す・ものを言うの意で、ツマドヒの場合は、この「ト(乙類)フ」に相当するという[31]。栗原弘は、この寺田の研究をうけて、ツマドヒを「すでに性関係のある相手(ツマ)に口をきく行為」であったと指摘する[32]。もとより話す・ものを言うためには相手があるわけで、トフに相手の許に行く意味がまったくないとは言い難いが、その意味は希薄であったとすべきであろう。この指摘はきわめて重要な意味をもつ。

ツマドヒは『万葉集』の歌題として多く取り上げられており、これまでのツマドヒ解釈はそこから導かれていたのだが、例えば、「我《わ》が岡に、さ雄鹿《おしか》来鳴く、初萩《はつはぎ》の、花妻問《つまとい》に、来鳴くさ雄鹿」(一五四一)は、雄鹿を男性に見立てたもので、秋の繁殖期に雌鹿を求めて甲高い声で鳴く鹿が詠まれたものである。『万葉集』の世界では、「秋萩を妻どふ鹿こそ」(一七九〇)の表現があるように、萩は鹿のツマに見立てられるのだが、これらの歌は、萩の花をツマとして訪ね来て鳴く雄鹿と解されることが一般的であろう。しかし、この場合でも雄鹿の鳴き声はツマである萩との対話を表現しているのであり、そのさまがツマドヒであると解することも可能である。

鹿に関連して、岡田精司は、秋の繁殖期の鹿鳴きを聞く大王儀礼のあったことを推定し、それが性的な意味を示すものであった可能性を指摘しているが[33]、この説は『日本書紀』仁徳三八年七月条に天皇と皇后がともに高台に登り鹿の鳴き声を聞いていたこと、同じく垂仁五年一〇月条には天皇が高宮にて皇后の膝枕で昼寝をしているさまが描かれていること、雄略即位前紀三年八月条に安康天皇が沐浴しようと「山宮」に行幸し、「楼《たかどの》」に登り、酒宴を開き「情盤楽極(みこころとけたのしびきはま)」りて、皇后と「言談(みものがたり)」をするエピソードがみえることを根拠としている。そうした大王儀礼の存否については、なお判断を留保するが、繁殖期の鹿鳴きが性的なイメージを喚起した可能性は考え得るところであり、ツマをトフことは情交と不可分であったろう。おそらく雄略即位前紀にみえる安康天皇のエピソードなどは、まさにそうしたツマドヒの情景そのものではなかろうか。

ちなみに、下総国葛飾郡の真間娘子《ままのおとめ》の墓を過ぎる際に山部宿禰《やまべのすくね》赤人が詠んだ歌に「古《いにしえ》に、ありけむ人の、倭文《しつ》機《はた》の、帯解《おびと》きかへて、廬屋《ふせや》立て、妻問《つまど》ひしけむ、葛飾の、真間の手児名《てごな》が、奥つ城《おくき》を、こことは聞けど、真木の葉や、茂りたるらむ、松が根や、遠く久しき、言《こと》のみも、名のみも我れは、忘らゆましじ」(四三一)とあるが、このツマドヒを女性の許を訪れて求婚したと解釈しては意味が通じない。ここで描かれているのは、倭文織の帯を解きかわした粗末な小屋(廬屋・伏屋)でのツマドヒである。こうした廬屋でツマと口をきくとは、共寝しての睦言であり、そうした情交と解すべきであろう。

さらに、『万葉集』の六三一番から六四二番までは湯原王《ゆはらのおおきみ》と娘子《おとめ》との応答歌であるが、そのなかに、娘子が報答した「わが背子《せこ》が、形見の衣《ころも》、妻問ひに、わが身は離《さ》けじ、言問《こと》はずとも」(六三七)の歌がある。この応答は、旅に出た既婚の男性と、その男を慕う女性との間の歌のやりとりになっており、歌の内容は、愛おしい貴方の形見の衣を我が身から離しますまい、口をきくわけではありませんが、というものだが、ツマドヒとコトトヒが掛けられていることは明白である。コトトヒは口をきく、ものを言うの意だが、物言わぬ形見の衣を抱きしめて、思いをはせ、心を通わせるさまが浮かぶ。これなどもツマとの対話を意味するツマドヒの本義をよく表していよう。

結局のところ、ツマドヒの本質的意味はツマとの睦言であり、そうしたツマとの情交を表現する言葉である。これまで想定されてきた男性が女性のもとを訪れることも、求婚することも、ツマドヒの前提となるものであり、関連するものではあるが、そこに核心があるわけではなかった。

2　ヨバヒと名告り、通いと住まい

求愛に関連する言葉がヨバヒである。平安前期に成立した『竹取物語』に、かぐや姫をもとめる男性が夜半に姫の周辺をうろつくさまをさして、「さる時よりなむ、よばひとはいひける」との表現があるが、これまで明らかにされているように、元来は、動詞の「呼ぶ」が変化した語で、「語らふ」「移ろふ」「住まふ」などと同様に動詞

「呼ぶ」に継続・反復を示す「ふ」が付着することで「呼ばふ」となり、その名詞化したものが「呼ばひ」である。[34]ヨバヒの本義は、あくまでも呼ぶこと、呼び続けることであり、声をもって相手を誘うことである。そこから栗原弘はヨバヒを「過去に性関係があるなしにかかわらず、男性が女性の許へセックスを求めていく行為」とする。[35]

そうしたヨバヒの情景を表現したものに、先にみた『古事記』上の八千矛神が高志国の沼河比売にヨバヒした時の歌がある。そこでは、大八州国《おおやしまぐに》にツマを娶ることができなかった八千矛の神が、遠い高志国に賢い女がいるとお聞きになり、「用婆比《よばひ》」に通い、大刀の緒も解かず、着ていた襲《おすい》をも脱がずして、孃子《おとめ》の寝ている建物の板戸を押し揺さぶり、沼河比売を求めたさまが描かれる。板戸を揺さぶりながら、沼河比売を呼び続ける八千矛神の姿が思い浮かぶ。

そして、ヨバヒに対応するのが名告《なの》りである。『万葉集』の山部宿禰赤人による「みさご居る、磯みに生《お》ふる、なのりその、名は告《の》らしてよ、親は知るとも」(三六二)という歌は、みさごが住む磯辺に生える「莫告藻《なのりそ》(ホンダワラ)」ではないが、その名を教えておくれ、親に知られようとも、というもので、女性が自らの名を明かすことは求愛を受け止めることを意味した。「志賀《しか》の海人《あま》の、磯に刈り乾す、なのりその、名は告《の》りてしを、なにか逢ひ難き」(三一七七)は、そのような働きかけがあって、せっかく名を告げたのに逢えないのはなぜか、と嘆く歌であり、同じく「隼人《はやひと》の、名に負ふ夜声《よごえ》、いちしろく、我が名は告《の》りつ、妻と頼ませ」(二四九七)という歌は、隼人のかの有名な夜声のように、はっきりと私の名は申しました、妻と思って信頼して下さい、というもので、名告ることは愛を受け入れ、妻となることにもつながった。この場合、「妻と頼ませ」とあるように、男女の間は信頼により結ばれるのであり、安定した関係が想定できるだろう。

養老戸令には婚姻についての規定があり、男性は一五歳、女性は一三歳からの結婚が認められていたが(聴婚嫁条)、こうした婚姻が可能になる年齢は中世でもほぼ同じであることが明らかにされている。[36]そして結婚がすでに定まって、故なくして三カ月ならざる場合、または逃亡して一カ月還らない場合、さらに外蕃に没落した場合や徒罪以上を犯した場合、女家が婚約と婚姻を解消し改嫁できる規定がある(結婚条)。この条文の「故なくして三月ならざる」の意味として、古代の法律家である明法家たちは、例えば、令集解が引用する大宝令の注釈である古記には男夫が障故なく来たらざる場合とし、令義解は夫婦が同里にありながら相往来せざる場合とする。義解に近い令釈説では同里の男女が相住まざる場合とし、跡記説では同里にありながら相通わざる状況をさすと考える。これらはいずれも明法家による条文解釈なのだが、男性が女性の許に通わない場合、男女が同居しない場合、男女の間に往来がない場合が問題とされている。

こうした往来の内実が問題であり、男女のあり方の対称性を念頭におく場合、男女相互の往来といった解釈が字句そのものからは導かれるかもしれない。しかし『万葉集』で詠まれた通いを題材とする歌は、比喩もあるため正確な数はわからないが、その主体を明示したものだけでも二〇首以上あり、ほぼすべてが女性のもとに男性が通うものである。例えば、「妹《いも》らがり、我が行く道の、篠《しの》すすき、我《われ》し通はば、なびけ篠原」(一一二一)という歌は、愛する人の許へ行く際には通りやすく靡《なび》くのだ篠原よ、というもので、通いの情景を詠んだものだが、イモとあるようにこれは明らかに男性の歌である。

なかには、「思ひつつ、居《お》れば苦しも、ぬばたまの、夜《よる》に至らば、我《われ》こそ行かめ」(二九三一)というように、思い続けていると、大変苦しい、夜になったら私から行こう、という女性の歌もあるが、これは男性が女性の許に通わないため苦しいのであり、いっそのこと私から行きたいという思いを表現したものである。また「紅《くれない》の、裾《すそ》引く道を、中に置きて、われや通はむ、君か来まさむ」(二六五五)も、紅の裾を引いて通る道を中にして、私が通いましょうか、貴方が来て下さいますか、という歌で、これも女性による歌だが、この場合も男性が通うことが前提になっている。断定的な判断を下すのは避けたいが、女性が男性の許に通う例がないか、あったとしても少ないことは事実であったろう。古代では当人の感情や意思が、恋愛にとってもっとも大切な要素であったと考えられるが、その表現の仕方には性差があり、男性と女性がまったく同じ行動をするわけではなかった。婚姻をめぐる男女の往来は相互的ではないのである。

これまでにも指摘されているように、男女が同居していることを示す史料は多くあり、男性が女性の許を訪れる通いを経た後に同居へと移行したと考えられる。同居・非同居のいずれが支配的であったかを定量的に示すことはできないが、男女が同居し子と生活をともにすることは、当然のことながら存在した。例えば、「忘らむて、野行き山行き、我来《われく》れど、我が父母は、忘れせぬかも」(四三四四)という歌は、忘れようと思っても忘れられない父母のことを子が読んだもので、父母と子の同居を前提に成立する歌であったろう。子をなす頃には同居による安定的な居住が選択されたと考えられる。また非血縁女性が同葬される基本モデルⅢの埋葬パターンは、古墳時代後期以降にみられるとされるが、こうして同葬された男女が別居していたとは考えにくい。奈良時代にも男女同居の例はそれなりに広がっていただろう。

ただし、関係をもつすべての男女が同居したわけではない。例えば、「我《わ》が命は、惜しくもあらず、さにつらふ、君によりてそ、長くほりせし」(三八一三)は、私の命などは惜しくもありませんが、麗しい君ゆえに長かれと願ったのです、というものだが、これには左注があり、作者の女性は、夫が長い年月をへても通わなかったため、心を痛め重い病に沈む。そこで使いを遣り、夫を呼び寄せたのだが、この歌をのこし忽ちにして亡くなったとある。こうした通わない夫への恨みは、平安期の文学にもみえるところであり、なかには同居に至らないものも存在した。この点は明確にしておきたい。

三　大宝二年籍にみる古代の家族

1　戸籍・計帳の戸

古代国家は統治の対象を「籍」に登録するのだが、田を登録したものが田籍であり、戸を単位として人を登録したものが戸籍である。倭王権の統治下で人々を籍に登録して支配することが行われ始めたのは、屯倉《みやけ》などで使役する田部を登録した丁籍が作られた六世紀に遡る可能性があるが、後々まで氏姓《うじかばね》の基準とされた根本台帳は天智朝の庚午年籍《こうごねんじゃく》である。戸籍の制度は中国から移入したもので、律令政府は、戸籍・計帳を通じて把握した人々に兵士役や租税を課し、班田を実施した。毎年作成される計帳は課税の台帳であり、六年に一度作成される戸籍は班田の基準台帳としての役割を果たした。

これらの戸籍・計帳は当時の行政組織である五〇戸、すなわち里(後に郷)を単位として作られるのだが、現存するものでは、大宝二年(七〇二)の御野国加毛《かも》郡半布里《ぐんはにゅうり》戸籍をはじめとする御野国の諸戸籍、同じく同年の西海道の筑前国嶋郡川辺里《かわべり》・豊前国上三毛《かみつみけ》郡塔里《ぐんとうり》などの戸籍がもっとも古く、これに養老五年(七二一)の下総国葛飾郡大嶋郷戸籍をはじめとする下総国戸籍が続き、天平期の戸籍・計帳では山背国愛宕郡出雲郷《おたぎぐんいずもごう》計帳などがあり、最後は平安期の戸籍までが伝わる。

戸籍の戸を例示すると、例えば半布里戸籍の場合、次のように記述された(『大日本古文書』一-五七〜五八)。

五保中政戸県主族島手戸口三十

下々戸主島手 年四十五 正丁　　嫡子山寸 年十九 少丁　　次真山 年十六 小子

次百足 年十四 小子　　次小足 年四 小子　　次稲寸 年二 緑児

戸主弟小島年四十四正丁　嫡子大庭年十六小子　次小庭年十二小子
次広庭年十小子　戸主弟多都年三十七正丁　嫡子金寸年十八少丁
次小寸年十六小子　次赤猪年十四小子　次古猪年十小子
次猪手年一緑児　戸主弟寺年三十二兵士　嫡子広国年一緑児
戸主母県主族古売年六十四次女　児加都良売年二十少女　戸主妻県主族新野売年四十六正女
児真島売年十一小女　小島妻県主族古刀自売年三十五正女　児川島売年十五小女
次川内売年五小女　次布知売年二緑女　多都妻県主族弟売年四十二正女
児麻留売年十二小女　次依売年三緑女　寺児伊怒売年四小女

御野国戸籍には記載様式に特徴があり、冒頭に五戸で構成する五保、上中下の三等政戸、さらに上々から下々にいたる九等の戸等が記載され、戸主を筆頭に戸口は縦一行に三人ずつを記載する。戸口の記載順序は男性が先の男・女のグループ別で、「子」と「児」の用字がそれぞれ男子・女児の区別に対応し、継起する続柄は「次」というように記述される。同じ大宝二年のものでも西海道戸籍は一行に一人ずつ記載し、それ以降の戸籍・計帳も同じ書式によるので、御野国戸籍の書式は、それ以前の浄御原令《きよみはらりょう》制下のものと考えられている。ここには戸主県主《あがたぬしの》族島手《やからしまて》をはじめとして戸主弟小島《おしま》と多都《たつ》の世帯が含まれるように、戸はいくつかの世帯を含むのが一般的である。このほかに、戸主との関係はキョウダイだけでなく、もう少し遠い血縁でつながる傍系世帯や、おそらく戸主と女系の血縁でつながる寄口の世帯、さらに奴婢などが含まれたりもする。

戸籍の擬制説以降、こうした戸は当時の家族そのものではなく、編戸すなわち戸として編まれたものとすることは、共通の理解となっているが、律令国家による戸の編成具合をどのようなものとして理解するかが問題である。この点に関連して、南部昇により戸籍の作成は、それを実際に行った郡ごとに差のあることが明らかにされており(37)、一律の基準で理解することは難しいのだが、杉本一樹は最大公約数としての編戸の原理が、戸主から男系・女系双方の親族関係を辿って、おおよそイトコを超えない範囲の親族を組織したものであり、親族関係の連鎖を利用しつつ横に拡がり、編成に際して核となったのが成年男子であったことを指摘する(38)。

近世の本百姓を思い浮かべるまでもなく、中国古代の小経営農民＝分田農民などは、まさに理念型としての被支配対象であり(39)、日本の律令国家も理念型としての戸を想定していたはずだが、実際の戸の形態は多様であって、こうした理念が貫徹していたわけではない。おおよそ二〇人程度で一つの戸を構成するのが一般的であり、戸からの租税を給与とする封戸の制度を考えるならば、戸に含まれる正丁をはじめとする課税負担者数を一定にしようとした可能性(40)、また元来、一戸に一人の兵士が含まれる一戸一兵士の原則があった可能性が推定されているが(41)、実際の戸の姿は多様であり、編戸の理念なるものがどこまで貫徹していたのか疑わしい。戸籍・計帳にみえる戸の多様性を考慮するならば、戸が現実の社会関係とまったく無関係に編成されたと考えることはできないのであり、こうした編戸をめぐって、どのようなつながりが選択されたかが問題となる。

かつて高群逸枝は、古代の婚姻形態を生涯別居の妻問婚と考え、戸主が妻を同籍する率が高い大宝二年の御野国戸籍や西海道戸籍を擬制として却けたのだが(42)、この議論はもはや成り立つものではない。平安期の場合、例えば延喜二年(九〇二)の阿波国板野郡田上郷《たがみごう》戸籍などでは戸内の戸口が調庸を課されない女性ばかりであるように(『平安遺文』一八八)、戸が擬制されたものであることは疑いようがないが、時代が下れば下るほどこうした擬制性は高まるのである。とするならば、もっとも古いものこそが擬制の度合いが低いと考えるのは当然であろう。律令政府は、大宝二年籍を編纂した直後に、戸籍・計帳は国家の大信であるから、偽りが起きたときのために庚午年籍を定めとして対照するよう命じているが(『続日本紀』大宝三年七月甲午条)、現存する最古の戸籍がこの時のものである。史料の第一選択は大宝二年籍をおいてほかにないのであり、なかでも、もっともまとまって伝わる半布里戸籍こそが当時の社会の実態を考える最良の史料ということになるだろう。

2　半布里戸籍の人口構成

大宝二年籍のなかでも御野国加毛郡半布里戸籍は、冒頭の総計記載と四戸分の欠落があるが全五八戸により構成されていたと推定され、そのうち五四戸(一一一九人)の内容がほぼ完璧に判明する。このうち、性と年齢の記載が完備している一一一五人について、その人口構成を示したのが、次の図1である。

この人口ピラミッドは男女を別にして年齢ごとに集計して作成したものだが、一見してわかるように、男性のデータと女性のデータには大きな差がある。男性のデータは低年齢から高年齢にかけてなだらかな曲線を描くが、女性の場合は突出して人数の多い年齢が存在しており出入りが大きい。男性のデータと女性のデータを統計的に検定してみると、男性のデータの信頼性が高いのに対し、明らかに女性のデータの信頼性は低い。

この点はこれまでにも注目されてきたところで、御野国戸籍の女性は二二歳・三二歳・四二歳・五二歳・六二歳に属する女性が突出して多く、二七歳・三七歳・四七歳・五七歳・六七歳にも小さな突出があるのだが、この現象は西海道戸籍にも確認できる全国的な現象であった(43)。おおよそ五歳の年齢幅で大小の突出が認められるが、これは大宝二年(七〇二)の一二年前にあたる庚寅《こういん》年籍(六九〇)作成時に五歳・一〇歳・一五歳と記載されたものが多かったことを意味している。つまり、女性の年齢は概数により把握されていたのだが、この事実は日本の戸籍が元来は男性のみを登録する制度であったことを示唆するだろう。大宝二年の御野国山方郡《やまかたぐん》三井田《みいだ》里戸籍には冒頭部分が残っているが、そこには戸の記載と同様に総人口数・男性数・有位者数・正丁数・兵士数などの総計が明示されており、御野国戸籍はいずれもこのような書式であったと考えられる。こうした御野国戸籍での男女別の記載方式は、男丁《だんてい》数を簡単に知るためのものであったろう(44)。日本古代で戸籍の制度が確実に遡りうるのは庚午年籍が作成された庚午年(六七〇)までかもしれないが、男丁を把握する制度は七世紀中葉には存在しており、孝徳朝における兵士役の徴発や男身之調《だんしんのちょう》の収取の現実的基礎であった(45)。現存する初期の戸籍において、男性の把握の精度が高いのには、そのような歴史的前提が存在したのである。

もう一つ、この人口構成より判ることだが、半布里の年齢構成は年齢の低いものが多く、高齢になるにしたがって人口が減少する。日本古代の年齢区分について言うと、養老戸令三歳以下条には、男女ともに三歳以下が黄《おう》、一六歳以下を小、二〇歳以下を中、二一歳から六〇歳までを丁とし、六一歳より老、六六歳から耆《き》とするよう規定されていたが、これは唐令を継受した法律上の区分である。倭語の世界では、「八年児《やとせこ》」などの表現もみえることから(『万葉集』一八〇九)、まず八歳が一つの区切りとなっており、この年齢からがメ(童女)とヲ(童男)に区分される童(ワラハ)の世代である。半布里戸籍でみると、童男・童女といった童の年齢に達していない八歳以下の世代が全体の二一%を占め、八歳から、結婚が可能となる男子の一五歳、女子の一三歳までの童男・童女の世代が二五%となり、ここまでの世代で人口のほぼ半分を構成していることになる。このように、半布里の人口構成は典型的なピラミッド型を示すのだが、これについて、W・W・ファリスは人口統計学の手法を使った分析を試み、半布里戸籍における出生時平均余命《よみょう》(寿命)は男性で三二・五歳、女性で二七・七五歳であり、大

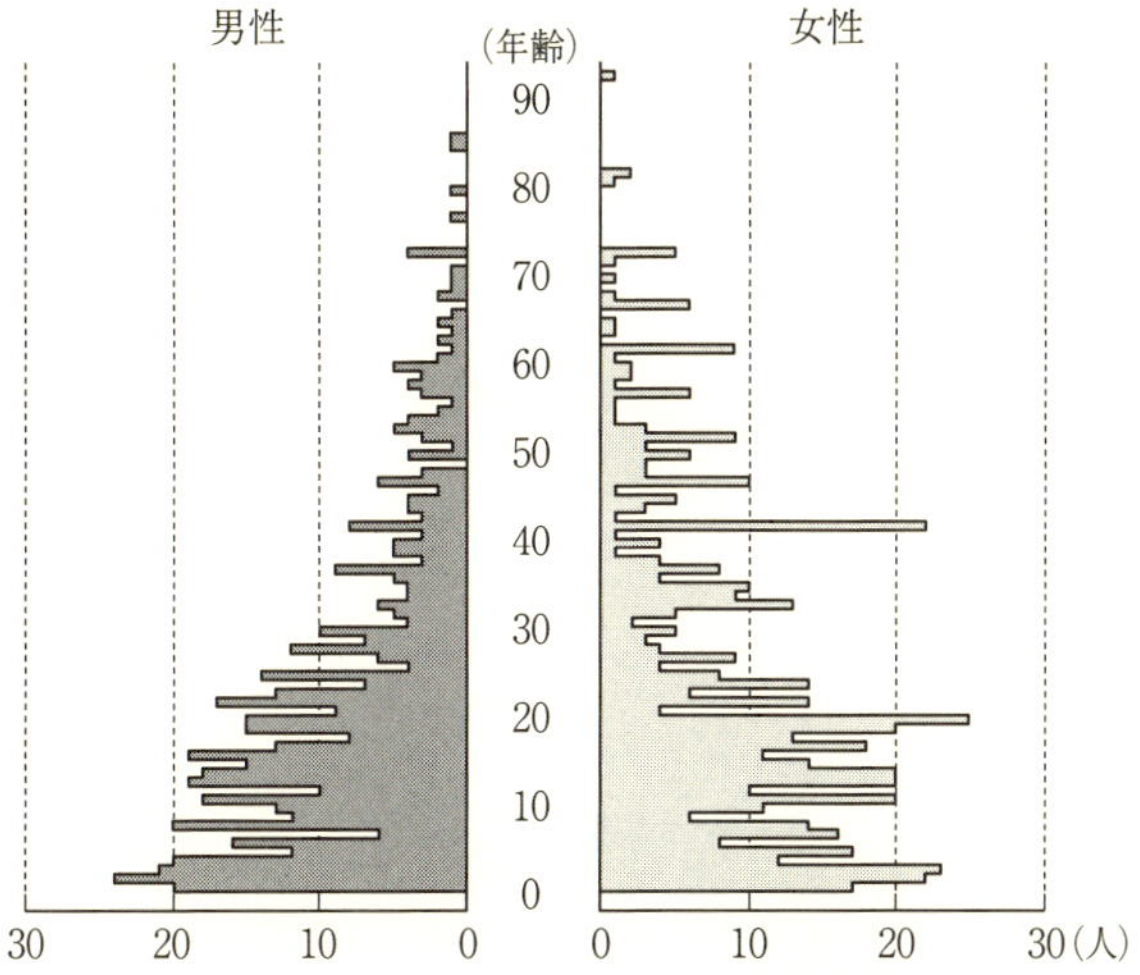

図1　半布里戸籍の男女別年齢構成

部分は四〇代で死亡し、五歳以下の乳幼児死亡率もほぼ五〇%をこえ、千人あたりの出生率は五〇人、死亡率は四〇人にのぼると推定している。(46) 日本の近世では、地域と階層によりデータの偏差が大きいが、それでも平均余命はやはり三〇—四〇歳程度である。(47) 奈良時代の出生時の平均余命を三〇歳前後に求めるこの試算は、大きくは外れていないと考えられる。

この人口成長率や出生時平均余命は、二一世紀の日本のそれに比すると大きく異なるが、これはあくまでも計算上のもので、半布里には八〇歳を越える高年にまで到達する人もいた。この計算は乳幼児死亡率をどの程度に見込むかにより左右されるものであり、当時の年齢の数え方では誤差を含むこととなるが、古代においては飢饉や疫病により多くの死亡者がでていたことは疑いない。この人口構成を維持すると仮定した場合の合計特殊出生率を算出してみると(六・五八人ほど)、日本古代の出生率は一九二五年の日本と同等かその少し上を示すと推定されるが、大きく異なるのは、古代では乳幼児死亡率がいちじるしく高かったのに対し、近代ではそうした死亡が抑制されていたことで、半布里戸籍に見られる社会を維持するには、かなりの頻度で出産を繰り返すことが必要であった。日本の古代社会の新陳代謝は高く、多くの子が生まれるとともに多くの人が死んでゆく多産多死型の社会なのである。

3　再婚による世帯の再構成

このように当時の生存条件は厳しく、身近な縁者との死別はそうめずらしいことではなかった。当然のことながら配偶者と死別するものも多くあった。表1は、半布里戸籍において、妻を同籍している男とその妻との年齢差を一〇歳単位の年代別に平均を計算したものである。母と子、父と子の年齢差を集計するとそれぞれ一〇代で子をなす例も多くあり、事実上婚姻状態にある男女は戸籍に同籍されたもの以外に多く存在したのだが、戸籍に妻を同籍する夫は一二〇例が確認できる。これによると、夫を基準にみた場合、例えば一〇代では三組しか存在しないが、このうち二例は妻が若干年長である。全体を見渡してみると、なかには、年長の妻も確認できるが、多くは男性の年齢が高い。そして二〇代の夫では、妻との年齢差は平均二・八七歳で、夫の年齢が妻よりも上になる。夫が四〇代の場合、妻との平均年齢差は四・九六歳となり、さらに夫が七〇代の場合には妻との平均年齢差が一二・二九歳というように、若年層での夫婦の年齢差に大きな開きはないが、高齢層になるとその開きが大きくなる。婚姻している男女がともに齢《よわい》を重ねるならば年齢差は開かないので、この現象は再婚により生まれたものである。同様の現象は西海道戸籍でも確認できるので、当時一般的なものであったろう。再婚率を厳密に推定することは不可能だが、半布里の五四人の戸主に限定して検証してみると、一五—二五件が再婚していたと考えられる[48]。もとより正確な数をあげることはできないが、かなり高い再婚率が見込まれることは確実である。『日本霊異記』(中巻三四)には、妻を亡くした鰥《やもお》が若い女と再婚する話がみられるが、こうした配偶者との死別に伴う対偶関係の組み換えが頻発していたのである。

表1　半布里戸籍にみえる妻との平均年齢差

	半布里						西海道	
夫の年代	妻との年齢差	例数	戸主	例数	非戸主	例数	妻との年齢差	例数
80	12.50	2	12.50	2	—	—	12.00	1
70	12.29	7	14.40	5	7.00	2	31.00	3
60	9.40	15	10.00	11	7.75	4	8.00	9
50	7.18	27	6.00	14	8.34	13	4.48	23
40	4.96	25	0.57	7	6.67	18	2.77	31
30	2.64	25	4.75	4	2.24	21	1.88	34
20	2.87	16	0.00	2	3.29	14	0.56	18
10	−0.67	3	—	—	−0.67	3	—	—

ちなみに古代には鰥寡《かんか》孤独といった社会的弱者の救済を目的として、稲などを支給する賑給《しんごう》がさまざまな契機に行われたが、天平一一年(七三九)の出雲国大税《たいぜい》賑給歴名帳で、妻を亡くした鰥と夫を亡くした寡《やもめ》の記載が完存している里(コザト)の事例を総計すると表2のごとくなる(『大日本古文書』二―二〇一〜二四七)。男女ともに賑給の支給対象となる六〇歳以上で比較すると、男女比は約一対一二で寡が鰥を圧倒している。半布里の年齢構成では、この年代の男女比は実数で二四対二八であり、このようにいち

表2　出雲国大税賑給歴名帳の鰥寡数

年齢	鰥(人)	寡(人)
90	0	0
85	0	0
80	0	0
75	2	16
70	4	34
65	2	33
60	2	38
55	1	56
50	0	32
45	0	2
40	0	0
計	11	211

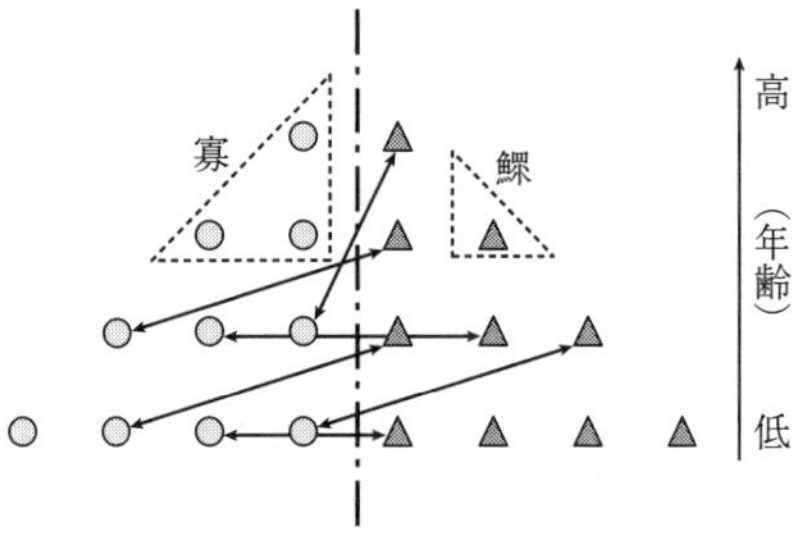

○女性　▲男性

図2　対偶関係の構造

じるしい差は存在しない。半布里で鰥寡に相当するものを数え上げると鰥が二人に対し寡は一七人である。この現象は、生き延びた高齢の男性が妻帯しているのに対し、同様の女性に夫がいないことを示しているが、それは妻を亡くした男性が若い女性と再婚することにより生まれるもので、生き延びた男性を軸として世帯が再構成されていったことを意味する。以上の対偶関係の構造を示すと図2のようになる。

なお、世帯の再構成について注意したいのは、同じ男性の場合でも世帯を頻繁に再構成していたのは戸主とされる成人男性であり、戸主世帯と非戸主世帯では再婚のあり方が異なっていたことで、妻との平均年齢差を戸主と非戸主とで比較すると、この現象は戸主において特に顕著である(表1)。非戸主でも年齢が高くなるにしたがって、妻との平均年齢差は開く傾向にあるが、戸主ほど顕著ではない。つまり、男性であれば誰でもが再婚可能なのではなく、それは特定の男性、戸主などを中心としていたわけで、婚姻の構造は二重構造になっていた。弥生時代以来、埋葬原理はキョウダイ原理が優勢であり、古墳時代後期以降、父系直系の原理が見いだせるようになるとして、親族組織の二重構造が想定されているが、おそらく婚姻の二重構造もそれに対応すると考えられる。同籍は同居を意味するものではないが、同籍している男女が同居していた可能性が高いのも事実ではなかろうか。半布里の戸主は妻を同籍するのが原則であり、戸主の妻は同居するものも多くあったと考えられるが、そうした妻が同葬されるところに父系原理がみえるのであり、傍系親の世帯で非父系的な様相が強く表れるのであろう。

また、古代社会の現実を考えるならば、到底、単婚小家族だけでは生命をも含めた再生産を維持しえなかった。母子を核とする小家族はあまりにも無力である。双系制学説では「母子＋夫」の流動的小家族を基点におくため、合同家族や世帯間結合の存在を無視し、抽象的な原生的共同体が措定されるに過ぎないのだが、このような厳しい生活条件においては、人間の生存にとって、父方・母方いずれでも構わないがキョウダイ・イトコといった同世代の親族関係が重要な意味をもったはずである。消費の単位は世帯ごとであったと考えられるが、扶助のシステムとして、こうした範囲での世帯間結合は有効であり、むしろそれは不可欠であったろう。対偶関係の構造をみるかぎり、婚姻をめぐる男女の対称性は崩れており、特定の成人男性を軸として婚姻を通じた世帯の再構築が行われるのだが、その世帯に連なるキョウダイ・イトコといった同世代の血縁者による世帯グループが構成されていたものと考えられる。古代の村や集落の内部には、こうした世帯グループがいくつも存在したはずだが、そうした世帯間結合でさえ、それを構成する世帯の流動性に規定されて、頻繁に再構成されるのが古代社会であった。

四　古代女性のライフサイクル

1　働く童女

『万葉集』に「年の八年《やとせ》を、切り髪の、よち子を過ぎ」(三三〇七)などの表現があるように、女児は八歳になるまでは肩の辺りで切りそろえる切り髪をしていたようである。こうしてワラハの世代にまで成長したメノワラハ(童女)は、貴重な労働力であった[49]。

まず、村の童女は水辺の労働や採取労働に従事していた。『日本霊異記』(上巻九)は幼子がまだ緑児《みどりご》だったころに鳥にさらわれ、八年後に童女の姿となった娘を父が発見する話だが、そこには童女が村の共同井戸で水汲みをしている様が描かれる。また『古事記』の下巻には、雄略天皇が三輪川の辺りで洗濯をする童女を見そめる話がみえ、同じように、『日本霊異記』(中巻二七)でも、「嬢」が草津川の河津で洗濯する描写があるが、洗濯は童女から嬢、恐らく嫗までをふくめた女性に固有の労働であった。

さらに、『万葉集』に収められた「いざ子ども、香椎《かしい》の潟に、白妙の、袖さへ濡れて、朝菜摘みてむ」(九五七)、「娘子《おとめ》らが、春菜摘ますと、紅の、赤裳《あかも》の裾の、春雨に」(三九六九)といった歌には、菜を摘む小女の姿が描かれるが、蔬菜類の採取も女性が担っていた。蔬菜類の採取は炊事にもつながるので、これも女性が主要な役割を担ったと考えられる。事実、「我飢ゑたり、飯を賜へ」と妻に食事を要求する男は古代にも存在した(『日本霊異記』中巻三四)。おおよそ、水汲み・洗濯とともに炊事など水回りの仕事は女性に固有の労働なのだが、子どもらは母や年長者に手を引かれ、その働く姿を側で見つつ成長するのであり、やがて同じように働き始めるわけである。童女の労働はお手伝いから始まるが、それは成人女性になるための見習い労働でもあった。

なお、律令税制の中心は、正調である糸・綿・絁《あしぎぬ》・布などの繊維製品の収取にあったが、これらの製糸から織成までの労働を主として担ったのは女性であった。このほかに女性に固有の労働として、玄米を精白する稲舂《いなつき》や土器作りもあるが、こうした女性の労働に子どもが補助的に従事することも普遍的なことであったろう。古代の税制は男丁からの収取を建前とするが、実際には、こうした女性労働に支えられていたのであり、さらに言えば、童女の補助労働も組み合わされて実現していたのである。

2　恋するヲトメ　234

戸令では一三歳に成長した童女の婚姻が認められるのだが、これは初潮を迎えることと関係するのであろう。こうしてメノワラハはヲトメとなり、恋の季節が訪れる。

古代では春の予祝や秋の収穫感謝などのために、山や川、さらには市などに老若男女が集い共同で飲食を行う習慣が存在したが、そこでは歌垣と呼ばれる行事が行われた。『常陸国風土記』筑波郡条の歌垣の話はよく知られるもので、季節ごとに筑波山に坂東諸国から多くの人が集まったとされ、歌題にもなる有名なものであるが、歌垣そのものは、元来、神事と不可分の行事・風習で呪術的な意味をもったと考えられている。[50] もとより歌垣だけが男女の出会いの場ではないが、その場では男女の歌の掛け合いが行われ、そうした交渉を通じて若い男女が出会うのであった。ちなみに歌垣に関連するとされる「八田の、一本菅《ひともとすげ》は、子持たず、立ちか荒れなむ、惜《あた》ら菅原《すがはら》、言《こと》をこそ菅原《すげはら》と、言はめ、惜ら清《すが》し女《め》」(『古事記』仁徳段、歌謡六四)という歌は、独り身を通し、子を産まず立ち枯れてしまう女性を揶揄した男性からの悪口歌とされ、身持ちの堅さが冷やかされているのだが、こうした歌の存在から古代に皆婚規範が存在したことも想定されている。[51]

『常陸国風土記』香島郡《かしまぐん》条には、童子女松原《うないのまつばら》の歌垣で那賀郡《なかぐん》の寒田之郎子《さむたのいらつこ》と海上郡《うなかみぐん》の安是之嬢子《あぜのいらつめ》が結ばれる物語が伝わるが、これは郡域を越える男女が結ばれた例である。吉村武彦が指摘するように、『日本書紀』皇極三年六月条にみえる「小林に、我を引入れて、奸《せ》し人の、面も知らず、家も知らずも」という歌は、見知らぬ男と一夜を過ごした女の歌で、歌垣の場面を読んだものと考えられるが、面をも名をも知らない男女が出会うこともあった。[52] 当時の通婚《つうこん》の範囲を定量的に示すことはできないが、歌垣を介するならば、村落や集落の範囲を越える出会いもありえたであろう。

こうして知り合った男女の間ではヨバヒ、名告りをへて恋が成立し逢瀬を楽しむのだが、「隠《こも》りのみ、恋ふれば苦し、山の端ゆ、出で来る月の、顕《あら》はさばいかに」(三八〇三)という歌は、左注によると親に知られずに、愛する人と竊《ひそ》かに交わったことが心苦しく、相手との関係を親に認めてもらうために打ち明けようと男に訴えるものであるが、障壁は女性の親、なかでも母親であった。戸令嫁女条では婚姻に際して、婚主となる親族への告知が規定されているが、こうした婚姻法がどれだけの意味をもったのか疑わしい。確かなことは娘の性に対して母親が大きな影響力をもったことで、「かくのみし、恋ひば死ぬべし、たらちねの、母にも告げつ、止《や》まず通はせ」(二五七〇)という歌は、こんなにも恋しかったら死んでしまいます。貴方のことは母にも告げたから、どうぞ通い続けて下さいというもので、男女の関係の初期段階を描写したものである。日本古代の史料にも「婚礼」なる表現はみえるが(『日本三代実録』貞観九年一〇月四日条、『万葉集』三八〇三左注)、明確な成婚儀礼は存在しなかった可能性が高く、娘の性について その母の承認をえて、男性が女性の許へと通う事実の集積が婚姻とみなされたのであり、こうした段階で三カ月ならざる場合に婚姻の不成立とされたのであろう。

母と子の年齢差から出産時の年齢をある程度推定することが可能だが、半布里では一〇代の後半より子を産みはじめたようである。実子を出産した間隔を正確に算出することは困難だが、二子以上を同籍する母一一八例について、長子と末子の年齢差と子どもの数から出産間隔を計算すると、その平均値は四・六八年、中央値は三・五年、最頻値は三年である。戸籍に実子が正確に記載されていた保証はないのであり、これらの数値はあくまでも目安にすぎないが、出生した子がすべて無事に生育しないのが古代社会であるため、妊娠間隔はこれらよりも短かった可能性が高い。古代は多産が要求される社会であった(53)。

『宇津保物語』では俊蔭《としかげ》の娘が出産するにあたり、神仏に「平らかに御身々《おんみみ》となし給へ」と安産を祈るように、出産は危険をともなうものであり、事実、平安期の上層貴族女性の出産例では難産で母子ともに亡くなる例も多くあった。半布里戸籍では生部床波売《みぶのとこなみめ》が一二人の母としてみえるが(『大日本古文書』一―六二)、当時の乳幼児死亡率の高さを考えると、これらがすべて実子であるかは疑わしい。なかには、一男六女を産んだとされる春日大娘《かすがのおおいらつめ》の例(『日本書紀』仁賢元年二月壬子条)もあるが、多産で長命な女性はきわめて少なかったろう。

ヲトメは結婚をへてヲミナとなった。七世紀末の天武朝に中国的礼制受容の一環として男女に結髪が強制されるが(『日本書紀』天武一一年四月乙酉・天武一三年閏四月丙戌・朱鳥元年七月庚子条)、奈良時代でも成人男女は結髪が基本であった(『続日本紀』慶雲二年一二月乙丑条)。

3　妻と妾

すでに述べたように、戸籍の同籍は同居を意味しないのだが、古代においても同居する男女は確実に存在した。和銅元年(七〇八)度の陸奥国戸口損益帳にみられるように、一般的な階層で嫁出を示す史料も存在するが(『大日本古文書』一-三〇六)、これまで、古代社会の家父長制の存否を示すために、そうした場合の居住先が、夫の親と同居する夫方居住なのか、夫の親の近所に居住する新処居住なのかが問われてきた。しかし、日本古代では、親の世代は早くに亡くなっているのが一般的であり、二世帯居住の有無を問うことはあまり生産的ではないだろう。

この点に関連して、当時の集落景観について言うと、群馬県渋川市(旧子持村《こもちむら》)の黒井峯《くろいみね》遺跡は、六世紀の榛名山の噴火により集落を火山灰が覆ったため、当時の集落景観がそのまま遺されている興味深い遺跡だが、道や柴垣により区画された建物群が存在することを示すとともに、廃棄されうち捨てられた竪穴住居の痕跡がいくつも窪地となって検出されている。奈良時代の住居址の発掘は関東地方を中心に調査が進んでいるが、そうした遺跡の一つである千葉県八千代市の村上込《こみ》の内《うち》遺跡でも重複して切り合う住居址がいくつも検出されている。これらが示す事実は、何よりも古代の村落の流動性の高さであろう。一般的な階層の居住の実態はかなり流動的なのであり、そうした場合に婚姻居住規制が厳密に存在したとは考え難い。

ただし、律令制下の場合、郡の大領や少領など地域社会の上層階層では妻が夫方に居住しており(『日本霊異記』

中巻二七・上巻三〇ほか）、こうした階層では夫方居住が一般化していたと考えられる。『日本霊異記』ではこうした夫婦を家長《いえぎみ》と家室《いえとじ》として表現した（中巻一六）。このほかに女性を表す言葉に刀自《とじ》があり、家刀自・里刀自などの用例もみられるが、刀自は女性を指す場合の一般的な表現であり、個人名にも多く使われた。

そうした家室の姿を具体的に示すのが『日本霊異記』の説話で、讃岐国美貴郡《みきぐん》大領の妻である田中真人広虫女《たなかのまひとひろむしめ》の強欲さを伝える（下巻二六）。彼女は富貴にして宝を多く所有し、馬・牛・奴婢・稲・銭・田畠といった動産も所有していた。実際に女性がこうした動産を所有していたことは、御野国加毛郡半布里戸籍でも戸主母が一三口の奴婢を独占所有している例（『大日本古文書』一－六四）などに確認できる。おそらく彼女たちは戸籍には計上されない馬や牛、稲などの動産を田中真人広虫女と同様に所有していたはずである。

女性が公的な債務者となりうることは、天平一一年（七三九）の備中国大税負死亡人帳《たいぜいふしぼうにんちょう》に女性名の免除例があることに示されるが（『大日本古文書』二－二四七～二五二）、こうして出挙稲《すいことう》をうけるだけでなく、先の広虫女は自身が小さな升で米を貸し付け、それを大きな升で返済を迫る強引な出挙経営を行っていた。これらのほかに、家室は稲春女の労働を指揮しているように（『日本霊異記』上巻二）、家の経営でも大きな役割を果たしており、古代の女性は財産を所有するとともに経営の主体でもあった(54)。こうした地域社会の上層階層の家は家長と家室の夫婦別財の共住とでも呼ぶべきものであったろう。

すでにみたように、夫と死別した後、再婚する女性が多くあったのが古代社会であるが、このような富裕層の場合、再嫁しない女性もあった。賦役令孝子順孫条に孝子・順孫・義夫とならび表彰が規定されている節婦《せっぷ》である。例えば、信濃国伊那郡の節婦他田舎人千世売《おさだのとねりちよめ》は二五歳にして夫を亡くし、寡居すること五十余年もの間、貞節を守りつづけたのだが、家は富裕であった（『続日本紀』神護景雲二年六月乙未条）。節婦として表彰されたものには連《むらじ》や直《あたえ》・首《おびと》の姓を有している例がままみられる。そうした有姓者でない場合でも夫が有姓者であったり、大領・少領など地域社会の有力者であることが多い。こうした地域社会の上層階層に属する女性が再嫁しない場合に、節婦として表彰されることがあったのである。おそらく、再嫁しない客観的条件として、節婦とされた女性には強固な経済的基盤があったと考えてよい。そのような条件をもたない一般的な階層の女性が配偶者と死別した場合、再婚することで世帯を再構成していったのである(55)。

なお当然のことながら、こうした対偶関係の再構成は妾《しょう》も含めてなされていた。古代が多妻制の社会であることは間違いないが、妻と妾の別はこれまでも議論になってきたところで、中国に比して日本古代では、妻と妾に厳格な別があったとはいえないだろう(56)。この点は日本古代における家父長制の不存在を示すものとされてきたのだが、そうした妻妾の別の不明確さを過大に評価することはやはり慎むべきである。妾の中には著しく年齢の低いものも見受けられ、対偶関係の開始当初から妾の位置にあったものがいる。

現存する戸籍で確認できる最年少の妾は、川辺里戸籍にみえる物部神山《もののべのみわやま》(二八歳)の妾の例で、神山には妻として額田部阿久多売《ぬかたべのあくため》(二二歳)、妾として卜部犬手売《うらべのいぬてめ》(一二歳)がいた(『大日本古文書』一-一四〇)。戸令の規定する婚姻可能年齢の一三歳を下回っている事例であり、卜部犬手売は、人生の最初から妾として、物部神山との対偶関係を開始していたと考えられる。また、春部里戸籍の某戸の場合、戸主には妻として六人部呉売《むとべのくれめ》(三七歳)があり、呉売には姉売《あねめ》(一一歳)以下、末子の壱満売《いちまめ》(四歳)までの計四人の女児がいるのだが、戸主の年齢は妻の年齢を考えると四〇歳前後であったろうか。その戸主には妾として国造族当売《くにのみやつこのやからまさめ》(一六歳)がいた(『大日本古文書』一-一五)。

古代の戸籍で母と子の年齢差をみるかぎり、一〇代の女性が相手を見つけて性愛関係を結ぶことは不思議でないが、半布里の事例で考えると、この世代の場合、夫と妻として登録されているものの平均年齢差はさほど開いていない。しかし、右の妾の例では年齢差は一六歳から二〇歳程度開いており、夫と妻の平均年齢差とかけ離れている。こうした少女が、はたして気の向くままの恋愛の結果として、これらの男性と結ばれたのであろうか。戸籍から彼女らが妾として扱われた事情を読み解くことは困難なのだが、妾とされるものには何かやはり特殊な条件が存在した可能性を考えるべきであろう。半布里戸籍の例からも導かれるように、妻を亡くした富める男が貧しく若い女を妻とすることはありうることなのだが(『日本霊異記』中巻三四)、妻が生きている時点であるならば、そうした女性は妾とされたはずである。戸主などの特定の男性等との重層的な対偶関係の存在は否定できないわけで、そうした関係のもとで、扶助、救済される存在というものも十分にありえたであろう。特定の男性を軸として、婚姻を通じて形成される連鎖のなかで人々は生活していたのであり、性愛の交換が生存にも直結していたのである。

4　嫗

再婚の対象からはずれる女性が嫗《おみな》である。成人女性には結髪《けっぱつ》が強制されたのだが、神部《かんべ》や斎宮《いつきのみや》の宮人とともに老嫗は髪を結わない垂髪《すいはつ》姿が認められており(『続日本紀』慶雲二年一二月乙丑条)、垂髪は天武一三年令では女の四〇歳以上に認められたので(『日本書紀』天武一三年閏四月丙戌条)、おおよそ閉経を迎える四〇代以降が嫗の時代となる。

こうした年代まで生き延びる人は稀であり、人口構成に占める老人の割合は少ない(図1)。老齢に達することが困難な時代であったため、地域社会において、老人は次代に記憶をつたえる古老として固有の役割を担ったと考えられる。和銅六年に撰進が命じられた諸国の『風土記』は、そうした古老の言い伝えを集成したものでもある(『続日本紀』和銅六年五月甲子条)。また、土地をめぐる紛争などでも国使・検田使《けんでんし》・郡司とともに、古老が証言する事例がみえるが(『平安遺文』三二八)、地域社会において齢を重ねて生きてきた老人には固有の重要な役割が存在した。

そして、春の予祝祭にあたる春時祭田の日に行われる郷飲酒礼に際しては、村の男女が悉く集まり、年齢階梯秩序に従って着座し若年の者から飲食を供給されるなど、老人は丁重な扱いを受けていた(儀制令春時祭田条古記)。老嫗の場合でも『古事記』顕宗段は、淡海(=近江)国の賤しき嫗の話ではあるが、顕宗天皇の父である市辺忍歯王《いちべのおしはのおおきみ》が雄略天皇により謀殺され埋められた場所を覚えていたことを褒められ、顕宗の王宮の辺に老嫗のための屋《や》を建て日々召し、大切にしたことを伝える。ちなみに先に紹介した節婦、他田舎人千世売は、二五歳で夫を亡くし寡居すること五十余年で表彰されているので、表彰時には七五歳を越えていたが、夫はなくとも家が豊かであり、子らにも恵まれたのであろう。節婦は富裕な老嫗であり丁重な扱いを受けていたものと考えられる。

しかし、富裕ではない老人の場合は、必ずしもそのようにはいかなかった。『日本書紀』神武即位前紀戊午年九月戊辰条は、神武東征伝承のクライマックスを伝えるもので、椎根津彦《しいねつひこ》と弟猾《おとうかし》が敵陣をかいくぐり天香山《あまのかぐやま》の土を取りに行く場面を描くが、その際、彼らには、みすぼらしい衣服に蓑笠を着せて老父とし、箕《み》を被せて老嫗の格好をさせたとある。この格好で敵の間を通り抜けようとするのだが、その行く手を遮る敵は、二人を見て大声で「大醜の老父・老嫗なる」と嘲り笑うのであった。箕をまとう賤しき老人の姿を蔑むような心性が古代社会には確実に存在した。

そして寄る辺のない老人の姿を具体的に伝えるのが、『日本霊異記』(中巻一六)の説話で、讃岐国香川郡坂田里の富裕な綾君の家に寄生して生活する翁と嫗が描かれている。彼らは、いずれも生活を共にする相手のいない鰥と寡であり、子どもがなく、極めて貧しく裸衣にして、自活することができない状態で、綾君の家の食事時に必ず現れ、食を乞うことで命をつないでいた。貧しく裸衣とあるので、箕をまとう老父・老嫗の姿に近いものがあったろう。綾君の家室は家長に対して、この鰥と寡は老人であるため駈せ使うことができないので、慈悲の心をもって、家の子として食料を与えようと提案するのだが、家内の人々はそれを厭がったという話である。このように古代の地域社会には明らかに貧富の格差があり、貧者や弱者は有力なものに駈せ使われ、それに従属・隷属、場合によっては寄生することで命をつなぐ関係が存在した。妾の存在もそのような視点から捉え直す必要があるだろう。すでにみたように鰥と寡の比率はアンバランスであり寡の方が多かったが、こうした厳しい生活を強いられた女性は多くあったと考えられる。古代日本の基礎的な社会構造は男女の関係が非対称なのであった。

おわりに

現在のところ弥生時代以来、キョウダイ関係を軸とした拡大家族が基本的な家族の構造であったとされるが、古墳時代の中期には支配層で父系が明確になる。この時期の王統譜を示す倭の五王はいずれも男性であり、中期後葉の状況を示す埼玉県稲荷山古墳出土の鉄剣銘にみえるヲワケ系譜も男系による族長位の継承を示す。この頃になると列島諸集団の活動は広域化するが、それとともに地域集団の族長位の父系継承が明確化するのであろう(57)。

日本古代には氏《うじ》とよばれる組織があるが、氏を代表する氏上《うじがみ》は、王権との政治的な関係により、傍系を含むかなり広い範囲から選ばれるのが通例で、氏の構成は絶えず変動するものであった。そして、異母兄弟婚など、同じ氏族に属する男女が婚姻する事例がみられるように、この組織は基本的には父系の組織であるが、明確な外婚制をともなう単系の出自集団ではなかった。こうした氏が明確になる古墳時代後期より列島社会は大きく変化する。

この変化は社会の基底部にも及ぶのだが、地域社会において父系が優勢になる契機は国造による軍事編成にあった。兵士が男性であるというジェンダー規範そのものは、より古くから存在したが、王権と結びついた兵士であることに特別な意味が付与されるようになるのは、この頃からはじまる。古墳時代後期には、分布に粗密をもちつつ、横穴式石室をもつ比較的な小規模な墳丘により構成される古墳群が列島各地で築かれるようになり、王権との直接的な結びつきを示すものが一挙に増加する。こうした後期古墳の副葬品には階層差があり、上層では太刀が副葬される事例がままみられるが、太刀などの武装はいずれも男性のものであった。古墳時代後期の群集墳は、それを形成した集団が男性を軸とした系譜意識により結ばれていたことを示すだろう(58)。

これまでの研究では、日本の古代社会を双系制社会として理解することが一般的であったが、双系制(bilineal)は歴史の実態を示す概念ではなく、単系出自が存在しないこと(non-unilineal)を表現したにすぎない消極的な術語にほかならない。日本古代に明確な単系の出自集団は存在しないのだが、社会集団を構成する出自集団と親族組織とは区別される必要があり、出自は共通の始祖をもとにした人々の集まりであるのに対して、親族は現存する個人を中心とした係累の集まりであった。父系の出自集団に組織されている場合でも個人が父方・母方の双方と親族関係を結ぶのはありうることであり、矛盾するものではない。日本の古代社会は、単系出自により構成される母系社会でも父系社会でもないが、全体としては父系に傾斜した父系変異型の社会であった。

日本の伝統的社会組織とされる家父長制的な家が汎社会的にみられるのは中世以降であり、それは夫婦同財の家産の形成、家産の単独相続の成立などのプロセスをへて形成された。中世に至り小経営農民の家が明確になるが、その歴史的前提は古代において戸の基礎となった男性を軸とするまとまりであったろう。家父長制への道筋を古代社会は胚胎していたのである。

(1) 三浦周行「古代戸籍の研究」『法制史の研究』岩波書店、一九一九年(初出一九〇六年)、新見吉治「中古初期に於ける族制」『史学雑誌』20-2・3・4、一九〇九年、中田薫「我が太古の婚姻法」『法制史論集 第一巻』岩波書店、一九二六年(初出一九二四年)。

(2) 石母田正「奈良時代農民の婚姻形態に関する一考察」『石母田正著作集第一巻 古代社会論Ⅰ』岩波書店、一九八八年(初出一九三九年)、同「古代家族の形成過程」『石母田正著作集第二巻 古代社会論Ⅱ』岩波書店、一九八八年(初出一九四二年)、藤間生大「郷戸について」『社会経済史学』12-6、一九四二年。

(3) 門脇禎二『日本古代共同体の研究』東京大学出版会、一九六〇年。

(4) 吉田晶『日本古代社会構成史論』塙書房、一九六八年。

(5) 門脇禎二「上代の地方政治」藤直幹編『古代社会と宗教』若竹書房、一九五一年。
(6) 直木孝次郎「部民制の一考察」『日本古代国家の構造』青木書店、一九五八年(初出一九五一年)。
(7) 岸俊男「古代後期の社会機構」『日本古代籍帳の研究』塙書房、一九七三年(初出一九五二年)。
(8) 安良城盛昭「班田農民の存在形態と古代籍帳の分析方法」『歴史学研究』345、一九六九年。
(9) 浦田明子「編戸制の意義」『史学雑誌』81-2、一九七二年。
(10) 吉田孝『律令国家と古代の社会』岩波書店、一九八三年。
(11) 明石一紀『日本古代の親族構造』吉川弘文館、一九九〇年、同『古代・中世のイエと女性——家族の理論』校倉書房、二〇〇六年。
(12) 高群逸枝『招婿婚の研究』講談社、一九五三年。
(13) 伊東すみ子「奈良時代の婚姻についての一考察(一)(二)」『国家学会雑誌』72-5、73-1、一九五八・一九五九年。
(14) 鷲見等曜『前近代日本家族の構造——高群逸枝批判』弘文堂、一九八三年。
(15) 江守五夫『日本の婚姻　その歴史と民俗』弘文堂、一九八六年。
(16) 関口裕子「日本古代家族の規定的血縁紐帯について」『日本古代家族史の研究(下)』塙書房、二〇〇四年(初出一九七八年)。
(17) 義江明子『日本古代女性史論』吉川弘文館、二〇〇七年。
(18) 関口裕子「古代家族と婚姻形態」『日本古代婚姻史の研究(上)』塙書房、一九九三年(初出一九八四年)。
(19) 新川登亀男・早川万年編『美濃国戸籍の総合的研究』東京堂、二〇〇三年。
(20) 葛飾区郷土と天文の博物館編『東京低地と古代大嶋郷——古代戸籍・考古学の成果から』名著出版、二〇一二年。
(21) 篠川賢「『日本霊異記』における婚姻・家族形態について」『成城短期大学紀要』16、一九八五年。
(22) 寺内浩「日本古代の婚姻形態について」『新しい歴史学のために』185、一九八六年。
(23) 長谷山彰「日本古代における対偶婚概念に関する二、三の疑問」吉村武彦編『律令制国家と古代社会』塙書房、二〇〇五年。

(24) 中田興吉「大宝二年戸籍にみえる妻と妾」『日本古代の家族と社会』清文堂出版、二〇〇七年(初出一九九一年)。
(25) 栗原弘『万葉時代婚姻の研究――双系家族の結婚と離婚』刀水書房、二〇一二年。
(26) 山本一也「(書評)関口裕子著『日本古代婚姻史の研究』上・下」『史林』77-5、一九九四年、山尾幸久『日本古代国家と土地所有』吉川弘文館、二〇〇三年。
(27) 都出比呂志『日本農耕社会の成立過程』岩波書店、一九八九年。
(28) 田中良之『古墳時代親族構造の研究』柏書房、一九九五年。
(29) 清家章『古墳時代の埋葬原理と親族構造』大阪大学出版会、二〇一〇年。
(30) 栃尾有紀「万葉語「〜ヅマ」について」『上代文学』93、二〇〇四年。
(31) 寺田恵子「上代の「トフ」と「トフ」に付く助詞をめぐって」『美夫君志』37、一九八八年、同「万葉集「ツマドヒ」試解」『湘南文学』13、二〇〇〇年。
(32) 註25栗原文献。
(33) 岡田精司「古代伝承の鹿」『古代祭祀の史的研究』塙書房、一九九二年(初出一九八八年)。
(34)『時代別国語大辞典 上代編』三省堂、一九六七年。
(35) 註25栗原文献。
(36) 保立道久『中世の女の一生』洋泉社、一九九九年。
(37) 南部昇「造籍における郡ごとの相違について」『日本古代戸籍の研究』吉川弘文館、一九九二年(初出一九八四年)。
(38) 杉本一樹「編戸制再検討のための覚書」『日本古代文書の研究』吉川弘文館、二〇〇一年(初出一九八四年)。
(39) 渡辺信一郎「分田農民論」『中国古代社会論』青木書店、一九八六年(初出一九八三年)。
(40) 鬼頭清明「位禄の支給額と課丁数」『日本古代都市論序説』法政大学出版局、一九七七年(初出一九六五年)。
(41) 直木孝次郎「一戸一兵士の原則と点兵率」『飛鳥奈良時代の研究』塙書房、一九七五年(初出一九六二年)。
(42) 高群逸枝『日本婚姻史』至文堂、一九六三年。
(43) 岸俊男「戸籍記載の女子年齢に関する疑問」註7『日本古代籍帳の研究』(初出一九六六年)。

(44) 赤松俊秀「夫婦同籍・別籍について」『古代中世社会経済史研究』平楽寺書店、一九七二年(初出一九五九年)。
(45) 今津勝紀「律令調制の構造とその歴史的前提」『日本古代の税制と社会』塙書房、二〇一二年(初出一九九二年)。
(46) W. W. Farris, *Population, Disease, and Land in Early Japan, 645-900*, Cambridge, Harvard University Press, 1985.
(47) 速水融・鬼頭宏・友部謙一編『歴史人口学のフロンティア』東洋経済新報社、二〇〇一年。
(48) 今津勝紀「御野国加毛郡半布里戸籍をめぐる予備的考察」註45『日本古代の税制と社会』(初出二〇〇三年)。
(49) 今津勝紀「歴史のなかの子どもの労働——古代・中世の子どもの生活史序説」倉地克直・沢山美果子編『働くこととジェンダー——続・男と女の過去と未来』世界思想社、二〇〇八年。
(50) 土橋寛『古代歌謡と儀礼の研究』岩波書店、一九六五年。
(51) 坂江渉「古代女性の婚姻規範——美女伝承と歌垣」『大阪外国語大学言語社会学会EX ORIENTE』12、二〇〇五年。
(52) 吉村武彦「古代の恋愛と顔・名・家」吉田晶編『日本古代の国家と村落』塙書房、一九九八年。
(53) 西野悠紀子「生殖と古代社会」『歴史評論』600、二〇〇〇年。
(54) 服藤早苗『家成立史の研究——祖先祭祀・女・子ども』校倉書房、一九九一年。
(55) 今津勝紀「日本古代における婚姻とその連鎖をめぐって」武田佐知子編『交錯する知　衣装・信仰・女性』思文閣出版、二〇一四年。
(56) 関口裕子「律令国家における嫡妻・妾制について」『日本古代婚姻史の研究(下)』塙書房、一九九三年(初出一九七二年)。
(57) 今津勝紀「文献学から見た古墳時代——古墳時代における政治の様式」一瀬和夫・福永伸哉・北條芳隆編『古墳時代の考古学9　21世紀の古墳時代像』同成社、二〇一四年。
(58) 今津勝紀「古代的国制の形成と展開」註45『日本古代の税制と社会』。

第4巻

平安新仏教と東アジア

堀　裕

はじめに――平安前期仏教研究の成果と課題

日本の支配領域におおむね重なり、列島に広まっていた平安前期(八世紀末―一〇世紀後半)の仏教信仰は、地域への浸透も以前より密度を増していた。畿内とその周辺を中心に広く庶民の信奉も想定されるが、おもな受容・推進の主体は、僧尼とともに、なお天皇や皇后、中央・地方に広がる官人層、とくに王臣家とそれらに結合して台頭した有力者層であったと考えられる。このころには、天皇それ自身も、王位をめぐる諸制度の安定的な確立や天皇を支える霊的権威の変貌を背景として、もはや自ら官人を率いて仏教へ全面的に帰依《きえ》することはなくなっていた。それでも天皇や国家にとって仏教が不可欠の要素であったことに変わりない。そこで、その必然性を問う必要がある。

かつて平安前期仏教の特色として掲げられた、宗の自立的成長や新たな社会階層の台頭と連動した浄土教の発展など(1)は、すでに自明のものではない(2)。鎮魂呪術的な密教の発展(3)や、その裏返しとしての顕教《けんぎょう》の発展を想定する説(4)も、歴史事象から乖離しているようにさえ思われる(5)。そのようななか上川通夫(6)が、仏教と外交との関係を示しながら、天皇や国家を論じたのは重要であった。ただ平安前期、とくに九世紀を十分に論じることはなく、対外的な影響に関心が偏っているため、内政や社会をより踏まえた分析が求められている。

大陸世界に目を転じれば、安史の乱を経た唐の衰退傾向が、東アジアにも影響を及ぼし、やがて唐・渤海《ぼっかい》・新羅《しらぎ》などの滅亡から、宋・遼・高麗《こうらい》などの成立をみた。日本の入唐使も、承和年間(八三四―八四八)を境に、海域で活躍する新羅や唐等の商人に依存するように変わっていく。それと連動して、僧侶の入唐目的も、求法《ぐほう》から巡礼へと比重を移していったのである(7)。この変化はもちろん僧侶だけでなく、それを支えるパトロンたちの関心とも深く関わっていた。

そこで、仏教という視点から、平安前期の天皇、国家、社会、信仰世界を明らかにするため、次の諸点に注目したい。①仏教の影響を受けた天皇やその祖先祭祀、②平安期を通じて僧侶の育成と統制の柱であった法会《ほうえ》の体系と、それにともなう昇進制度、③仏教が国家を補完するように果たした社会事業、④入唐・入宋等をした僧侶の目的とその日本への影響の諸点である。

叙述するにあたっては、古典的方法である政策論という視点にたつ。これは、当該分野の遅れもあり、各時期の特色を描く必要がより求められていると考えるからである。具体的には、次の三つを中心に分析を行う。

まず、長岡京・平安京遷都と仏教政策との関係である。長岡京期は「新王朝」を宣言する昊天《こうてん》祭祀などの天命思想や伊勢神宮が重視され、平安京初期は、未完の東寺・西寺が、宗教構想として注目される。(8) ここに理念の転換をみることは容易である。一方、いわゆる光仁・桓武の仏教改革論では、桓武の一貫した意志が前提とされるなど、遷都による理念の転換との関係は明確でない。改めて宗教政策全般から両者の関係を論じる必要がある。

次に、淳和の画期である。薗田香融や川崎庸之は、淳和期になり空海が密教者としての本格的な活躍を始めたとする。(9) 他方、吉岡康暢は、国分寺や定額寺の分析から弘仁末年には「在地主義」に転じたと評価し、追塩千尋も、淳和期に始まる良吏政治を背景に、仏教的救済事業の展開を指摘する。(10) これまで都と諸国で個々になされていた分析は、共通する政策転換を予見させるのである。

最後に、清和の仏教信奉の位置づけである。藤原良房との関係で論じられることが多いが、前後の歴史的展開のなかに位置づけることで、その意義を示す必要がある。

これらの点を基礎に、天皇の性質や国家制度の転換する一〇世紀後半までを見通すこととしたい。

一 桓武の仏教改革

1 改革の諸段階

国家の筆頭寺院は、大仏開眼《かいげん》のころから東大寺であったが、光仁即位の直後には、もとのとおり大安寺《だいあんじ》に戻ったとされる。(11) これに象徴されるように、確かに尼天皇称徳の政策への反動が見られた。けれども高田淳(12)は、宝亀一〇年(七七九)までは仏教振興策がとられていたが、山部皇太子の台頭を背景に、その年の後半から改革が始まり、翌年正月詔で明確になるとした。その詔では、天譴《てんけん》により伽藍に災いが発生している原因を天皇の不徳だけでなく、僧侶の行いが俗人と異ならないことと、地方僧官である国師や諸寺の責任者等の請託《せいたく》など僧侶の腐敗にあるとしたのである。仏教統制策は、その後三年ほど間を空け、長岡京遷都直前の延暦二年(七八三)以降により強化されたのである。

ここでは、権益が集中し、改革の中心的な課題のひとつであった地方僧官改革を取り上げる。あわせて薗田香融が高く評価した延暦一七年以降の学僧育成にも触れよう。それによって改革の諸段階を示したい。(13)

諸国国師は、先の宝亀一一年正月詔で請託が糾弾され、延暦二・三年には、人員削減や、交替年限の改定、智行《ちぎょう》に秀でた優れた人物を任ずべきことなどが命じられている。同一四年にはついに、国師を定員一名で任期なしの講師に改めるとともに、僧の活動をもっぱら講説として、おもな俗権を奪ったのである。

ところが、同一六年より変化が始まり、その権限は徐々に回復されていく。同二四年末になると、僧綱《そうごう》の申請を受け、改めて任期を定めたうえで、講師は国司とともに、再び部内諸寺の検校《けんぎょう》(監督)を行うようになり、その権限を大きく回復したのであった。ただし、それは単なる逆行ではない。

薗田香融が延暦一七年を画期としたように、唐で行われていた僧侶への官僚的な試験制度を手本に、年分度者《ねんぶんどしゃ》（国により毎年一定の得度者《とくどしゃ》が許可される制度）への教学試験を実施するなど、この時から、宗への興隆・育成策がみられる。同二五年正月の法令もその延長線上にあり、新設の天台業を含めた七つの業（宗。ただし成実《じょうじつ》と倶舎《くしゃ》は他に付属する）で年分度者を分割し、各宗の本業などを踏まえた試験により得度・受戒が行われた。先に触れた前年一二月の諸国講師の権限復活策との関係で注目すべきは、受戒後に順次「立義《りゅうぎ》、複・講及び諸国講師」となる昇進階梯が整備されたことである（『類聚三代格《るいじゅうさんだいきゃく》』同二五年正月二六日官符）。地方僧官の腐敗防止策は、僧俗分離から、より厳しい教学試験に合格した僧侶の任用へと方針を転換したのであった。つまり平安京遷都後の延暦一七年ころより延暦末年は、地方僧官統制の若干の緩和と学僧育成という点で、ひとつの時期だといえる。

僧綱の権限が伸張した大同年間（八〇六―八一〇）から弘仁三年（八一二）までの間[14]、地方僧官統制もより緩和する。その反動がみられたのちは、対策そのものが、ほとんど見られなくなる。とくに天長二年（八二五）には、読師補任も国分寺僧から中央の学僧に変更したことで（『貞観交替式』同年五月三日官符）、地方僧官制度も大小国師制度の時期に戻ったのである。

ところで、このころの神祇政策の動向は興味深い。仏教が相対的に重視されていた宝亀七・八年には、災異の原因を諸社の破壊・損穢と祭祀の怠慢に求め、国司による管理強化や諸社祝《はふり》等への罰則を定めている（『続日本紀』同七年四月己巳条、『類聚三代格』同八年三月一〇日官符）。しかし、長岡京期ころには、神祇祭祀の在り方を批判したり、神官を統制する法令はみられない。次に神祇政策の展開がみられるのが、あの延暦一七年なのである。祟りの原因を神宮司等の終身任官による怠慢に求めたうえで、任期を定め、「天下諸国神宮司《じんぐうじ》・神主《かんぬし》・神長《かみおさ》等」の任用に「氏中の清慎なる者」を選ぶこととした（『類聚国史』一九 同年正月乙巳条）。同じ年には、祈年祭に諸国の祝が毎年入京するのを一部止め、諸国で祭祀を行う国幣社を創出している。官社増大を背景に、一部有力神社のみを官幣社として直接掌握し、他を国司による確実な祭祀の執行を企図したということである。(15) これよりのち、神祇祭祀に関わる国司・郡司や神官に対する統制・再編策がみられ、おおむね仏教政策と共通の推移をたどった。

このように神祇政策は、仏教政策と表裏の関係にある。それゆえ、桓武期の改革を一貫したものの展開過程とみるだけでなく、政策転換と考える必要がある。

これらの画期が、地方政治改革などの画期、ひいては政策を主導する官人の交替と関わることにも触れておきたい。(16) 改革開始直前の宝亀一〇年七月に藤原百川《ふじわらのももかわ》が没し、代わって当初の改革を進めた人物と推測される藤原縄麻《ただま》呂《ろ》も同年末に没してしまう。その改革は、百済王《くだらのこにきし》明信を妻とし、長岡京期に活躍した藤原継縄《つぐただ》等に継承されたのであろう。ところが、延暦一七年には、施基《しき》の孫である神王《みわ》と壱志濃《いちしの》王が廟堂を領導し、のちには桓武側近の藤原緒嗣《おつぐ》や菅野真道《すがののまみち》等が参議として政務運営に参加する。彼らこそ、桓武の政策転換を支えたと推測される。桓武の信頼厚い賢璟《けんけい》や入唐僧行賀《ぎょうが》等の僧綱も、延暦年間の政策に関わったと考えられる。

以上をまとめよう。宝亀一〇年を境に、神祇から仏教へと統制の中心が代わり長岡京期を迎えた。それは、昊天祭祀の実施や伊勢神宮重視など非仏教の時期であった。平安京遷都後の延暦一七年ころには、再び政策転換があり、仏教と神祇の両方に対して、統制と育成が図られるようになる。弘仁三年よりのちは、目立った統制策も出されない。むしろ天長初めころになると、仏教改革とは明らかに逆行する制度がみられるのである。

2　遣唐使と天台宗

延暦二一年に開催された高雄山寺での天台教学の講会《こうえ》には、最澄や南都学僧が招かれた。主催は和気広世《わけのひろよ》・真綱《まつな》兄弟だが、桓武や皇太子安殿《あて》(平城)も関心を寄せている。(17) この法会の意義は次の諸点から説明がなされている。

開催の目的は、まず、法相宗《ほっそうしゅう》と三論宗の対立を緩和し、教学を興隆することである。次に、諸宗統合の象徴として天台教学を位置づけることである。それを支える論理として、天台教学を学ぶ鑑真やその周辺の僧が流布させた聖徳太子慧思《えし》後身説があった。聖徳太子が、天台宗の宗祖智顗《ちぎ》の師である慧思の生まれ変わりとするものである。三つめに、この講会は延暦遣唐使派遣計画と連動していたことがある。講会開催前年には遣唐大使等が任命されており、この講会を契機に、天台教学求法のため最澄等の派遣が決まっている。最澄が唐天台山に持参したのは、皇太子安殿が聖徳太子信仰により、比叡山寺と唐天台山修禅寺へ奉納した金字法華経等や、高雄講会とその前年に開催した法華講会の成果と推測される「屈十大徳疏十巻」「本国大徳諍論両巻」であった。そして、桓武は帰国後の最澄を諸宗統合の核たる天台宗の担い手として期待したのである。

　このような高雄講会を光仁・桓武期の政策推移のなかに位置づけてみたい。なぜならば、これまで高雄講会は、政策転換という視点が不足する光仁・桓武の仏教改革論の影響を受けて論じられているからである。そこで宝亀遣唐使の分析から始めよう。この使節は、宝亀六年に任命されると、同八年に唐に渡り、代宗との対見を終えたのち、翌年唐使をともない帰国している。

　松本信道[18]は、延暦年間の法相宗・三論宗の対立の起源は、インドの空有論争が聖武期に持ち込まれ、宝亀遣唐使派遣の目的の一つにその解決があったことを指摘する。遣唐使が持参した唐決(唐僧に解決を求める教学上の疑問)の回答や関連する請来経典によって、宝亀一〇年には天皇も巻き込んで論争が活発になっていた。ところがこののち、もちろん宗派間の論争は続いたであろうが、天皇の関与するような論争はしばらく見えない。延暦一七年の桓武詔による両宗興隆命令をもって、再度表面化するのである。

　鑑真周辺で流布していた聖徳太子慧思後身説もまた、宝亀遣唐使の役割と関わっていた可能性がある。宝亀遣唐使と推測される戒明《かいみょう》・徳清《とくせい》等八人[19]が、鑑真の弟子にあたる揚州龍興寺霊祐のもと、上宮王《じょうぐうおう》撰の勝鬘経義疏《しょうまんぎょうぎしょ》と法華経義疏をもたらしている(唐明空撰『勝鬘経疏義私鈔』巻一)。これを単純に日本文化の宣揚とする説を批判した王勇[20]は、唐出身の思託が関与している可能性などからみて、日本と唐の法脈上の直系関係の確認を目的としたとする。ところで、宝亀遣唐使が持参した唐決の素材である宝亀七年の「東大寺六宗未決義」には律宗の未決義がない。そもそも僧綱が各大寺の大修多羅衆学頭等に未決義作成を命じた文言には、「一切経論」とあって律が落ちている。それは大陸から来た鑑真の弟子の存在を前に、その必要を認めなかったためと推測される。「内なる大唐帝国」ともいうべき彼らの存在を念頭に置くならば、上宮王撰の疏をもたらした先が鑑真の弟子であるように、確かに法脈をたどる限定的な疏の流伝だが、来日した鑑真や法進、思託、如宝等、ひいては彼らも含む「日本仏教」にとって、唐仏教に対して優越的につながりうる回路という面も否定できない。これが、天台宗興隆に継承されたといえる。

つまり高雄講会とは、宝亀遣唐使が担いながら、仏教改革が始まることで中断していた課題を昇華させるものであった。それはもちろん延暦一七年の政策転換があったからにほかならない。そして、桓武は仏教と神祇への統制と育成を行いつつ、新たな統合理念を模索していた。その帰結が天台宗興隆であったのである。

最澄は、桓武の命令で自ら入唐すると、江南の天台山で、求法・巡礼する。その後、道邃《どうずい》等から天台教学を学び、越州では順暁《じゅんぎょう》から密教も学んでいる。延暦二四年に最澄が帰国すると、桓武は、天台教学の流布を行い、灌頂《かんじょう》を実施させ、自らの看病にも重用した。とくに、最澄が提示した同二五年の天台業を含めた七宗での年分度者分割をみると、諸宗融和の象徴である天台宗の立場がうかがわれる。

天台宗は、最大の庇護者である桓武を失った平城期に停滞する。弘仁五・六年には、桓武を追慕する嵯峨が、最澄を宮中の内論義に呼び、桓武が命じた天台請来経典の七大寺への流布も行った。けれども、少なくともこれよりのちの天台宗は、諸宗融和の中心的位置になかったと考えられる。このころから最澄は、天台宗の地位確保のため国内を奔走する。密教受法をめぐって空海と対立し、法相宗の徳一《とくいつ》等との論争も繰り広げた。同九年には具足戒を放棄し、南都との対立を一層深めたのである。大乗戒壇を認められ、天台宗が南都諸大寺から公的に独立するのは、実に同一三年、最澄没直後のことであった。

3　遷都と宗教構想

仏教政策の変転を踏まえ、天皇の宗教構想を反映する遷都を寺院との関わりから検討したい。両京への遷都では、南都諸大寺をはじめとする寺院は移建されず、政治と仏教の分離が図られた(21)。

まず、長岡京期から平安京初期、東寺・西寺が本格的な活動を始める弘仁四年までの間をとりあげよう。この時期、南都諸大寺は、開催された国忌《こき》(天皇・皇后等の国家的忌日法会)や経済的基盤からみると、決定的な変化はみられない(22)。一方、新京の寺院としては、長岡京の場合(23)、京内の乙訓寺《おとくにでら》や宝菩提院廃寺など、平安京では京北方の常住寺(野寺)があり、おおむね既存寺院を修造、利用している。

この常住寺は、この時期の寺院政策を考えるうえで重要である。常住寺を検討した西本昌弘(24)の指摘を中心に、その特色を示しておこう。①長岡京宝菩提院廃寺の機能が、平安京常住寺へと継承された可能性がある。②常住寺には、桓武持仏の薬師が安置されていたが、宝菩提院廃寺も同様であったと推測される。③桓武と関わる寺院であるため、両寺を中心に年中行事と連動した宮中仏事が開催されていた。それは本来平城京の東大寺などで開催していたものである(25)。④この両寺には、僧綱所が置かれていた可能性がある。なお、西本は東寺・西寺の完成以前に、桓武の国忌が常住寺で開催された可能性も指摘するが、この点は確証を得ない。

これに二つの点を加えたい。長岡京の寺院も常住寺と同様、南都諸大寺の僧侶が寄住していたと考えられる。南都諸大寺の僧侶は、天皇や王臣の主催する仏事に応えるため、その時々に新京へ向かったほか、新京の寺院に寄住したのであろう。この点は、平安期を通じた寺院と僧侶管理の方法の起点となった。

いまひとつ平安京初期の特色として注目すべきは、常住寺に置かれた天台院である(『叡山大師伝』)。桓武は、天台教学を諸宗の統合と日本の仏教の宣揚に利用したが、南都諸大寺の僧侶が寄住する常住寺のなかに造られた天台院は、それを担うための施設であったと考えられる。少なくとも桓武による未完の東寺・西寺の構想のなかには、この点が継承される予定であったと考えられよう。

ここで視点を広くとり、長岡京期と平安京初期を比較しながら、京周辺の山林寺院と、天皇やその側近によって興隆された寺院を中心に取り上げたい。

長岡京期の延暦五年に桓武自ら発願《ほつがん》し、同一四年に供養された山林寺院の梵釈寺《ぼんしゃくじ》(近江国)が代表的である[26]。天智が創建した崇福寺《すうふくじ》の側に立地し、仏教興隆の主体である「人王」、桓武のもと、天智はじめ祖先霊の供養と人々の安穏、王族の繁栄と永続が願われた(『類聚国史』一八〇 延暦一四年九月己酉条)。規模こそ大きくはないものの、その充実ぶりは、等定《とうてい》や永忠《えいちゅう》などの有力僧の関与や、当時日本でもっとも完備された経疏《きょうしょ》等を含む経典群を所持していたと考えられることからも分かる[27](『続日本後紀』承和二年正月庚申条)。

このほか、長岡京期には、神仏隔離を進めた伊勢神宮とは対照的に、唐の影響を受けた神仏習合[28]をより進めた八幡神(八幡大菩薩)の神宮寺があった。それは、延暦年中に和気清麻呂《わけのきよまろ》によって創建された神願寺(河内国)である(『類聚国史』一八〇 天長元年九月壬申条)。宝亀一一年と天応二年(七八二)の二度の建立申請時期を考えると、長岡京を意識した立地とは考えにくい。また、桓武の看病禅師という報恩の子嶋山寺(大和国)では、桓武等が仏堂を造営し、悔過法会を開始している(『延暦僧録』長崗天皇菩薩伝、感瑞応祥后菩薩伝)。

これら長岡京期の寺院興隆は、京内の寺院を含め、従来からある寺院やその近傍、あるいは氏族の拠点での興隆と考えられる点で共通する。延暦二年に京畿内で、私に寺院を作る事を禁じた結果、長岡京やその周辺への寺院移建が制限されたことも関係しよう。

これに対し、平安京初期には、同じく多くの既存寺院が利用される一方、京周辺に官人が造営した寺院がみえる。

和気氏の神願寺は、京北西の高雄山寺(神護寺)へと継承された。宝亀年間に子嶋寺の僧延鎮が開創し、坂上田村麻呂が関わった清水寺は、延暦一七年から本格的な造営が始まり、その氏寺となった(『清水寺縁起』)。このほかにも、菅野真道が桓武のために建立した八坂寺東院、藤原伊勢人《いせんど》が造営したという鞍馬寺もある。このように平安京は、長岡京と異なり、桓武側近の寺院に囲繞されたのである。

ここまで遷都と寺院の関係をみてきたが、国家の中心的な法会である、大極殿《だいごくでん》で行われる宮中正月金光明最勝会《こんこうみょうさいしょうえ》(御斎会《ごさいえ》)[29]も同様に変転する。長岡京での様子は明らかでない[30]が、延暦二一年には、桓武の教学重視の姿勢を反映し、三論宗と法相宗の争いを踏まえ、この法会には六宗の僧を均しく呼ぶように命じられた。

弘仁四年になると、大極殿での仏事が終了したのち、初めて殿上で高僧等による内論義の開催が確認できる(『日本後紀』同年正月戊辰条)。弘仁年間に始まる釈奠《せきてん》の内論議とともに、唐皇帝御前の論議に擬えたものであったと考えられる。同じ年、東大寺に施入されていた封戸《ふこ》・官家功徳分二〇〇〇戸が、東寺・西寺に移されるとともに、東寺・西寺が、大寺として機能を始めた。おそらく桓武国忌もこの時から、東寺ないし西寺で開催されたのであろう。弘仁三年、平城旧京を重んじていた平城の施策が反転すると直ちに、平安京仏事の骨格が定まったのである。

以上、桓武前半期は、唐の皇帝にならった祭祀を中心に、非仏教の政策を推進した。桓武後半期は、前半期の仏教統制策を継承する一方、仏教を信奉する光仁期の課題を継承し、仏教興隆のため諸宗融和と聖徳太子慧思後身説の唐天台山への流布を目指して、天台宗興隆に至った。平城期に平城旧京と僧綱が重視されたのち、それらの施策を反転した嵯峨期には、仏教対策そのものがあまりなされなくなるとともに、平安京の仏教活動も本格的に始まったのである。

二　淳和の仏教再編

1　空海と天皇

延暦二三年(八〇四)、請益僧《しょうやくそう》最澄とともに入唐した留学僧《るがくそう》空海は、長安で北インド出身の般若に学び、不空の弟子恵果から密教を受法すると、予定を繰り上げ、大同元年(八〇六)に帰国した。けれども、空海の密教者としての本格的な活躍は、確かに淳和期にある。最初の本格的活動は、嵯峨末期の弘仁一三年(八二二)に「去年冬雷、恐るらくは疫水有らん」ことへの対応として修法を行う東大寺灌頂《かんじょう》道場の建立であった(『類聚三代格』承和三年五月九日官符)。淳和は即位するとすぐに東寺を真言宗寺院とし、真言宗僧五〇人を置くことを命じた。天長元年(八二四)には、天皇と皇后のため、宮中で一日各一紙分を写経する『仁王経《にんのうぎょう》』を旧訳から不空の新訳に変えている(『高野大師御広伝』下)。不空と同じように、空海も淳和へ灌頂を授けた可能性が指摘されているが[31]、宮中年料写経の経典の変更から、少なくとも天皇を密教経典により転輪聖王《てんりんじょうおう》(金《え》輪《りん》聖王)[32]と意識させたと考えられる[33]。この写経経典変更とほぼ同時に、空海の活動拠点である高雄山寺は定額寺となり、神護国祚真言寺(神護寺)と号した。あわせて、淳和一代を限って年分度者が置かれている(『類聚国史』一八〇　天長元年九月壬申条)。これは仁明以降の年分度者の例を考えれば、淳和の誕生日に得度したと考えられる[34]。また神護寺には、淳和御願という曼荼羅《まんだら》や五大堂もあった。

こうした空海の活動は、多くを不空にならっている。東大寺灌頂道場は、広徳元年(七六三)吐蕃の長安侵攻のなか「辺境粛浄、聖躬万寿」のため設立を請うた大興善寺灌頂道場に、東寺の真言宗僧五〇人の設置は、翌二年「聖躬を福す」ため大興善寺へ僧四九人を設置したことに、各々類似する[35](『不空三蔵表制集』巻第一)。神護寺年分度者も、同年代宗降誕日に七僧の得度を請うたことを参照したのであろう(同上)。

安史の乱を契機に台頭した不空は、唐で密教を広めた。不空は玄宗や粛宗、代宗へ、弟子の恵果も徳宗などに灌頂を施したというが、かつて則天武后に近侍した僧侶とは異なり、皇帝をとりまく宦官《かんがん》勢力と結んだ不空等の活動[36]は、政治に対してむしろ抑制的であった。このように、空海のもたらした密教は、混乱する唐において、あたかも官僚のように、皇帝や国を守ることを強く意識したものだといえる[37]。

ところで阿部龍一[38]は、嵯峨と平城の和解や平城等の怨霊化を避けるため、空海による平城への灌頂と、その子元皇太子高丘の出家・灌頂の会場として東大寺灌頂道場が創設されたと述べた。それにとどまらず、制度化された密教が、政治に介入するカリスマ的な僧侶を出現させず、また天皇と太上天皇の関係を明確化させたともいう。けれどもそれは、すでに天皇霊の消失にみられる天皇権威の変貌や、看病禅師も内供奉《ないぐぶ》十禅師として制度化された[39]なかで、官僚のごとく奉仕する不空と皇帝の関係を取り入れることが可能になったという側面を見落としてはならない。

淳和は、顕教法会の整備を進めるとともに、諸宗に対して教学等をまとめるように指示し、真言宗のほか、華厳宗、天台宗、律宗、法相宗、三論宗が提出した。いわゆる「天長六本宗書」である。他宗との比較のなかで自宗教学を示すことはあっても、異説が問題となる宗内の論争に触れることはなく、正統教学に依拠して述べられるという[40]。あたかも公式見解を示す『令義解《りょうのぎげ》』のごとき書物であった。空海が撰した真言宗の『秘密曼荼羅十住心論《ひみつまんだらじゅうじゅうしんろん》』には諸宗統合の側面もみられ、それはもはや天台宗の役割でないことは明確であった。

空海の活動は、仁明即位後に新たな展開を始める。仁明は淳和が築いた空海との結びつきを継承した。淳和一代を限った神護寺の真言宗年分度者停止と交代するかのように、承和二年(八三五)には新たに真言宗年分度者三人が許され、仁明の誕生日に金剛峰寺で得度することとなった。

承和元年には、宮中正月金光明最勝会の密教版である後七日御修法《ごしちにちのみしほ》を催すことが許され、やがて常設の道場である宮中真言院が建立される。修法は、大極殿とは別の場所で行っているものの、真言宗の僧侶も正月金光明最勝会の聴衆等として呼ばれ、法会に一部参加したほか、布施の受け渡しも顕教僧侶と同様に行われるのが本来の作法であったようだ(東寺観智院金剛蔵所蔵『後七日御修法日記』上、『覚禅抄』巻第一三二 後七日上)。このように、後七日御修法も宮中正月金光明最勝会の一部であったことは明確である。空海は、国家の中核的法会のなかに真言宗を組み込むことに成功したのである。

ところで、承和元年には遣唐使が任命され、開成三年(承和五年・八三八)に唐に着いた。唐の財政事情のため大幅に入京の人員が削減されたものの、長安で文宗との謁見を済ませ、翌年新羅商人の船を利用して帰国している。天台山行きを許可されず、唐への残留を決意した天台宗円仁《えんにん》が、帰国する使節に託したのは、揚州で集めた天台教学や密教の経典である。円仁や真言宗の円行《えんぎょう》だけでなく、長安入京を許されなかった三論宗の常暁《じょうぎょう》も顕教経典とともに、密教修法である太元帥法をもたらした。同じく法相宗の戒明も、自らのかわりに俗人として長安に向かわせた義澄《ぎちょう》や、弟子義叡《ぎえい》が真言に通じている(『日本三代実録』元慶二年四月九日条)。唐での大規模な経典翻訳事業が九世紀初頭に終わり、新規の求法としては、日本にある経典の欠本や善本を求めたほか、唐で盛行する密教の請来や、唐僧からの密教の伝授が盛んになったのである。

弘仁末年から始まる仏教の展開は、空海がもたらした長安の密教文化が、彼の帰国後約一六年にしてやっと受容されたという面がある。遅れてやってきた唐密教文化の受容は、国家や天皇の身体に、密教を中心にした仏教文化を急速に浸透させ始め、天皇も転輪聖王に擬えられたのである。

2 平安京と寺院の再編

淳和即位前後にみられる画期は、不空の影響下にあった空海の活躍だけではない。天台宗も、弘仁一三年、最澄没後に大乗戒壇設立が許可されると、翌年、比叡山寺は定額寺(官寺)となり、延暦寺と号した。南都から独立した延暦寺には、官人俗別当が置かれたが、これも唐の代宗期に置かれ、宦官と深く関わる唐長安の功徳使の影響とされる。[41] ただし、この画期の重要な点は、こうした宗の問題に限らない点である。その点に留意しつつ、まず、東寺・西寺を中心に三つの点を取り上げたい。[42]

初めに、国忌を取り上げる。光仁とその贈后高野新笠《たかののにいがさ》の国忌は、『弘仁式』では大安寺で行われていたが、『貞観式』では東寺に移った。この移動時期は、両式の編纂時期と、光仁等の国忌がおかれていた大安寺が南都筆頭寺院でなくなった時期から推測できる。その結果、天長年間を挟む弘仁一〇年から承和三年の間と考えられる。さらに天長元年前後には、平城の死没と、淳和即位にともなう淳和母藤原旅子《たびこ》と淳和妃高志への贈后により、三つの国忌が加わる一方、称徳の西大寺国忌や崇道(早良《さわら》)の大安寺国忌が省除されている。このような大規模な再編期こそ、光仁等の国忌の東寺への移動時期の可能性が最も高い。

これら新しい国忌のうち、平城の国忌が西寺で開かれたことは確実であり、のちの例からみて藤原旅子と高志の国忌も、東寺か西寺で開かれたと想定される。それまでの国忌が、故人と密接な関係にある寺院で開催されていたのとは大きく変化した。春日(施貴)の元興寺国忌と藤原乙牟漏《おとむろ》の興福寺国忌が南都に残されたものの、光仁以下の天皇や皇后等の国忌は、天皇はもちろん藤原氏でも東寺・西寺で開かれたのである。つまり、東寺・西寺とは、個別の縁故を離れ、天皇や皇后の地位と関わる点で前代の寺院と隔絶するのである。

ところで、延暦一〇年国忌省除以後、日本は唐を模倣し、皇帝の宗廟制と一体で運用された国忌制度を受容している。その結果、宗廟の遷替と同じく、新たな国忌の増加は、旧来の国忌の停止をともなうこととなった。平安京に、ただ二つの寺院の東寺・西寺が置かれたのは、平城京の東大寺・西大寺の影響と言えるのかもしれない。しかし、このように両寺に国忌をほぼ集めた点に注目するならば、唐皇帝の宗廟制度の変則的受容という面を評価すべきである。淳和即位より、山陵への即位奉幣が始まったことも、[43] 一連の動向と考えられる。淳和による代宗を模倣した仏教導入は、唐皇帝の宗廟制にならった祖先祭祀の受容とも連動しているのである。

次に、東寺・西寺の住僧の性格である。淳和即位と同時に真言宗寺院となった東寺だが、造営の進捗状況も影響し、仁明即位後の承和年間に本格的な活動を始め、真言宗の制度整備がなされた。承和二年の空海死没前後には、東寺封戸（官家功徳分）を供僧《くそう》料に充てることにより、二四人の東寺供僧が任命された。彼らは、おもに南都を本寺（僧侶の公的な所属寺院）とする僧侶であり、本寺を東寺に改めている（『東宝記』僧宝上草稿本 同四年四月五日僧綱牒）。ただし、その後の本寺変更実施は明確でなく(44)、原則「一尊法を受学し、次第功業有る僧」を補任する方針であったため（『類聚三代格』弘仁一四年一〇月一〇日官符）、こののちもほぼ南都諸大寺を本寺とする僧侶から補任していた。

西寺も造営が一段落したのちの承和七年には、二〇臈《ろう》（僧侶として夏安居《げあんご》を経た年）以上の熟学の僧であることなどを条件に住まわせており、東寺と同様、原則南都諸大寺の僧侶を選抜したと考えられる（『続日本後紀』同年六月庚午条）。東寺・西寺は、顕・密を政策的に分担し、南都諸大寺の優秀な僧侶を選抜して住まわせていたのである。

最後に、東寺・西寺には、最後の大寺という面もある。東寺・西寺創建ののちは、たとえ特権を有した天皇の本願寺院であっても、寺院制度上は、神護寺や嘉祥寺などの定額寺や、延暦寺の定心院や四王院などの院に止まった。これらは、貞観年間（八五九―八七七）に明確になるいわゆる御願寺《ごがんじ》である。大寺の増加停止は、御願寺を生み出す契機でもあった。

平安京周辺に眼を転じると、天皇と関わりが深く、宮中の年中行事と関わる寺院として、先述の常住寺のほか、弘仁一一年に嵯峨創建という賀茂神宮寺の聖神寺が加わった(45)。また、承和三年には、平安京を中心に畿内やその近国の著名な七つの山（比叡山・比良山・伊吹山・神峰山・愛宕山・金峰山・葛城山）に、寺院・堂舎が築かれ、薬師悔過を行う七高山《しちこうざん》阿闍梨《あじゃり》がおかれた(46)。唐の五岳や五臺山で確認できる鎮国道場に擬えた山林寺院の唐風化策なのである（定賓撰『四分比丘《びく》戒本疏』、『顕戒論縁起』、『入唐求法巡礼行記』開成五年五月一七日条）。

3　良吏政治と修行僧

良吏政治とは、弘仁年間後半から天長年間にかけて、日本や新羅など東北アジア地域で起きた旱魃・飢饉《ききん》や、王臣家と富豪層の伸長を背景に、国家と社会が直面する危機を乗り越えるため、現実主義的な政策遂行を特色とした政治改革を指す(47)。その代表的施策が、天長元年に良吏を諸国の守《かみ》・介《すけ》に任じる方針を示したことである。

追塩千尋等(48)が述べるように、良吏と呼ばれた国司は、九世紀前半には、税収の安定的確保を目的に、僧尼を利用しながら、人々の救済活動も行っていた。弘仁末から天長初めに大宰大弐《だざいのだいに》であった小野岑守《おののみねもり》は、大宰府に公私の用事で集まる西海道の人々が、飢えや病で倒れた時のため、私的に続命院《ぞくみょういん》を建立した。帰京後、継続的運営を求め、大宰府と大宰府観世音寺による管理が認められたのである(『続日本後紀』承和二年一二月癸酉条)。天長・承和年間には、悲田処《ひでんしょ》(武蔵国)や済苦院《さいくいん》(出羽国)、救急院(相模国)等同様の施設がみられる。これらは、税物《ぜいもつ》運搬のための交通路整備とも関わっており、淳和側近の清原夏野《きよはらのなつの》の場合、私の封物《ふうもつ》によって魚住船瀬《うおずみのふなせ》(播磨国)造営を志している。

また、行基信仰を背景に、僧尼たちも橋や渡船、船瀬、池、溝などの造営・修築や、布施屋の設置など社会事業を積極的に行っていた。弘仁末から承和年間を中心に、国や官人等は僧尼等の活動を利用し、それらの事業にあたらせたほか、貞観・元慶年間(八五九―八八五)までは、諸国の僧尼によって造営・修築された施設も、国がその維持・管理にあたることがあった(49)。貞観五年の神泉苑御霊会で講師を務めた慧達《えたつ》も、同一二年に河内国の堤防修理を視察している。最澄等が怨霊慰撫と関わっていたように(50)、怨霊と関わることもまた人々を教導することを得意とした修行僧の役割であったと考えられる。ところで、追塩千尋や鈴木景二(51)が論じたように、これらの活動の背景には、南都諸大寺や延暦寺などで活動する僧侶の公私に渡る都鄙間の交通がある。彼らのなかには、行基と同様、宗に属し、山林修行と俗人教化を得意としていた者がいた。

注目すべきは、国も彼らが活躍できる宮中や諸国の法会を整備し、修行僧の育成を行っていた点である。(52) 宮中仏《ぶつ》名会《みょうえ》などの歳末悔過では、修行僧が導師となり、教化が行われた。仏名会導師の道昌は、淳和に対し天皇の殺生の罪の重さを告げたが、その道昌こそ平安京北西の大井河堰の修造にあたった人物であり、「行基菩薩」に擬えられている(『日本三代実録』貞観一七年二月九日条)。狭山池(河内国)や万濃池(讃岐国)に各々関わった勤操《ごんぞう》や空海も歳末悔過に加わっていた。和邇船瀬(近江国)を造営した静安《じょうあん》も仏名会の導師であり、それら船瀬の修造にあたったその弟子たちは、静安没後の承和一三年には諸国仏名会の開催を申請し、認められている。国庁で行われたこの諸国仏名会では、堕地獄などの仏教的恐怖に訴えて納税の必要を説くなど(『菅家《かんけ》文草《ぶんそう》』巻第四)、国家機能の維持を原則としていた点に、(53) 船瀬修築などとの共通性をうかがうことができよう。

この静安は、法相宗の僧侶で、近江国比良山の修行僧である。比良山の妙法寺と最勝寺には、承和九年、宗に限られた年分度者に対して、法華経と最勝王経の諳誦の者各一名を加えている。このころの修行僧育成の方針は、貞観年間まで僧位のうちの修行位がみられるだけでなく、承和五年には諸大寺でも「智徳」のほか、「修行」「学生」の僧帳作成が命じられたことからも確認できる(『類聚三代格』同五年一〇月一三日官符)。

天皇を中心とする宮中仏事と諸国仏事での修行僧の活躍や、国が進めた修行僧の育成は、国家による僧尼の社会活動への利用と一体であった。(54) 吉岡康暢は、弘仁・天長年間からの国分寺・定額寺と諸国僧侶の活用を論じるが、それもまた同様の傾向なのである。

このような僧侶と天皇・官人が一体となって推進する仏教的社会事業を象徴するのが天長五年に成立した京諸国文殊会である。勤操等が私的に始めた当初は、供養すれば文殊菩薩が「貧窮孤独苦悩の衆生」として現れるなどとする『仏説文殊師利般涅槃経』に依拠し、弘仁末・天長初の飢饉と疫病を背景に、畿内の村々で貧者への炊出しを行ってきた法会である。勤操の死没を契機に、僧綱が京や諸国における国司・講読師や郡司・定額寺三綱《さんごう》(事務を司る役僧)など僧俗挙げての開催を申請し許可されたのである(55)(『類聚三代格』天長五年二月二五日官符)。

郡ごとにひとつの村邑で開催する法会や「堂塔・経教の破損等を修理」する負担は大きく、勧農や困窮時に利用される救急稲の大規模な充当だけでは限界を迎え、のちにはこれに加え文殊会料も設定された。このように、諸国正税を大幅に割いた国家を挙げての施策であった。同時に国司、郡司、百姓等からの加施を認めたが、のちの平安京の例では「御子達、上達部《かんだちめ》ヨリハジメテモ、チノツカサノ人々ニ銭をイダサシム」(『三宝絵』下)や廻文により事前に諸家に催し、「王卿已下の節録を割き留めて」(『小野宮年中行事』)おくなど、加施はほぼ強制であった。文殊会を演出するため、国家財源、つまり天皇だけでなく、官人・百姓が自主的に参加する知識の形態が必要であったのである。

施しを受ける貧者の位置づけも重要である。各地の檀越《だんおつ》による「貧人」への施しを功徳と説く僧侶の存在が指摘されるなど(56)、京諸国文殊会開催の前提として、仏教的施しはすでに広く存在していた可能性がある。のちの平安京では、彼らは「乞者」(『三宝絵』下)や「肩居《かたい》」「乞食」(『山槐記』応保元年七月八日条)と記される。開催場所の東寺・西寺には、貧窮者や病者を収容する悲田院が隣接した(57)。一般飢疫民を対象とし始める賑給《しんごう》の変質と連動するとともに、国家の弱者救済機能がより縮小し、仏教が隆盛する貞観年間ころに、平安京の朱雀門前や鴨川河原で、后等が主催する仏事に連動した貧しい者への施し(58)に継承される面もあったのである。

ところで、法会では、教化を行う「教主」として「精進練行の法師」が呼ばれている。勤操自身も法華八講を開き、空海とともに宮中歳末悔過を行うなど教化を得意としていた。勤操没後の僧綱も、復任した護命《ごみょう》のほか、空海や豊安《ぶあん》、修円など行を得意とする僧侶が中心である。また、教化を得意とする行基を文殊菩薩の化身とする信仰が、文殊会と結合していると指摘されてきた。この点は、諸国文殊会料が摂津国に設定されなかった理由が、すでに行基開墾の惸独田《けいどくでん》が国の管理下にあったためと推測されること(59)からも補完される。

勤操等の文殊会は、文殊の聖地五臺山で行われていた「僧俗、男女、大小、尊卑、貧富」の別なく行われる無遮《むしゃ》大会《たいえ》を模倣している(『入唐求法巡礼行記』開成五年七月二日条)。五臺山信仰と行基を文殊の化身とする考えの結合は、すでに『日本霊異記』上巻第五縁で確認される。開催の契機には、仏典や五臺山巡礼をしたという入唐僧行賀の情報(60)のほかにも、可能性としては元和一五年(八二〇)に一度五臺山に至った霊仙の情報も考えられる。

京諸国文殊会は、救済事業としてどれほど意味があったのかは不明だが、五臺山文殊会を真似た仏教的救済事業を核として、天皇・官人・僧侶が一体となった全国的施策であることが重要である。これまでみてきたように、天長年間からおおむね承和年間までの施策は、安史の乱後の唐皇帝や唐の仏教文化にならい、王法のもとで活動する仏教という原則のもと、天皇の身体から、その祖先祭祀、あるいは支配領域に及ぶまで、仏教が浸透した点に特色がある。

三　清和の仏教信奉

1　法会の体系の転換と寺院

先に、延暦末年には、法会の体系と諸国講読師補任を接合させた昇進ルートが形成されていた点を示した。天長から斉衡年間(八二四―八五七)も、諸国講読師への補任が僧侶の利権獲得の中心であった。たとえば、天長七年(八三〇)に創設された薬師寺最勝会の立義が、「諸国講読師の試」とされたことや、ある時期から「試業・複・維摩立義」を経て読師に、さらに「夏講・供講」を経て講師となるように運用されていた階業制度を斉衡二年(八五五)に格《きゃく》として明確化する必要に迫られたことなどに示される。

これに対して、貞観年間(八五九―八七七)に大きな変化がもたらされた。土谷恵(61)は、僧綱機能の縮小再編とともに、貞観六年には、僧綱職(僧正・僧都・律師)に僧位(法印大和尚位・法眼《ほうげん》和上位・法橋《ほっきょう》上人位)を対応させ、中央僧官である僧綱も、昇進ルート上に位置づけたと論じる。興福寺維摩会と薬師寺最勝会、宮中正月金光明最勝会の各講師を経た三会《さんね》已講《いこう》を僧綱に任命する制度も、この時本格的運用が始まり、已講労による昇進が明確となった。密教僧でも、天皇の身体を護持した僧侶に対する護持労が現れており、僧綱として高い地位を得る者も珍しくなかった。

僧侶統制としては、諸国講読師補任も一〇世紀半ばころまではおおむね有効であったが[62]、この結果その中心は僧綱補任に移り、僧綱の増加も引き起こした。それまで僧綱に補任されなかった天台宗の僧侶も、遍昭が貞観一一年に法眼和尚位、元慶三年(八七九)には権僧正となるなど、僧綱位・僧綱職に与ることとなる。

ところで、平安京周辺を中心に、天皇・皇后や藤原氏等によって建立された新興寺院が増加し、平安期を通じた変化を如実に示す存在となった。上記の昇進制度の変化の影響を受け、貞観年間を境に、法会によって新興寺院に直接統合されるようになったのである[63]。貞観元年より前に、顕教の法会の体系に連なった寺院は、七大寺のほか、新薬師寺、弘福寺《ぐふくじ》、崇福寺など旧来の寺院であった(『類聚三代格』貞観元年四月一八日官符)。貞観元年以降、新興寺院に限っていえば、安祥寺や海印寺、大覚寺、元慶寺《がんぎょうじ》、仁和寺、円成寺、浄福寺、東光寺などが加わっている。密教寺院でも、たとえば東寺灌頂会に参加する寺院には、禅林寺、醍醐寺、貞観寺、勧修寺、金剛峰寺、円成寺、神護寺、仁和寺円堂院、遍照寺が挙げられる(『教王護国寺文書』第一 長元三年一一月九日東寺灌頂会讃衆廻請)。

顕・密の各法会により統合された新興寺院に所属する僧侶は、季御読経《きのみどきょう》にも呼ばれた。季御読経は、貞観元年から年四回、のちに二回、宮中で開催された大般若経転読を中心とする法会である。宮中正月金光明最勝会が、おもに宗を単位に請僧《しょうそう》を行ったのに対し、季御読経は、おもに七大寺や東寺・西寺、延暦寺、新興寺院など寺院単位で行った。季御読経は、天平元年(七二九)に年一回開催され始めたという(『年中行事秘抄』二月所引「官曹事類」)が、天皇の護持とともに、新興寺院群の保護・統制と連動していた点で重要なのである。

これら新興寺院の住僧の本寺と居住の形態も重要である。東寺・西寺の住僧がおもに南都諸大寺から選抜されたことは先に確認した。新興寺院も、七大寺・延暦寺を本寺としていたのである。七大寺・延暦寺こそ特権的僧侶の所属すべき場所であり、彼らが東寺・西寺や平安京周辺の新興寺院で活躍し、また平安京で開催される公私の法会に参加するという形態が、平安京の僧侶や寺院の構造であった。

新興寺院に認められた特権も徐々に変化していく。九世紀前半には、天皇の誕生日や忌日と関わる年分度者や供僧が置かれたが、貞観年間以降、これに加え、先に示した法会の体系への参加の許可や、諸国講読師補任の権利、僧綱・諸国講読師による管理停止の特典も与えられた(64)。これらはおおむね一〇世紀末を最後にみられなくなる。

密教寺院の場合、密教の師である阿闍梨の設置が特典となっていった。九世紀前半から、東寺の阿闍梨が原則として公的な役職となったほか、法琳寺の太元阿闍梨や延暦寺の惣持院阿闍梨から、一〇世紀後半に置かれた愛宕山神宮寺の四季文殊阿闍梨に至るまで、唐から新たに受法した場合に、阿闍梨が新設された。ところが、九世紀後半から一〇世紀前半の天台宗の場合、惣持院阿闍梨が山門(円仁派)と寺門(円珍派)に分離する一方、年分度者受戒を理由にした元慶寺や、藤原忠平建立・朱雀御願の法性寺にも阿闍梨が置かれるなど増加傾向を示し始めていた。一〇世紀後半を最後に、唐からの新規の修法請来による阿闍梨設置がなくなると、天台宗だけでなく、真言宗でも阿闍梨設置は、御願寺等に付属して恩賞や権利確保を目的としたものへ変質したのである(65)。このころ阿闍梨が、三会已講、内供奉十禅師とともに、僧綱昇進への最後の階梯と位置づけられ、一括して有職《うしき》と呼ばれている。

一〇世紀後半は、仏教制度上の転換期である。右記のほかにも定額寺制が実態を失い、定額寺に代わって御願寺が公的な寺院制度として登場した。これらの動きは、天皇御願による新たな統制形態の出現を告げている。

2 清和と東大寺大仏修理供養会

嘉祥三年(八五〇)に在位中に没した仁明は、死没前に臨終出家を行った。彼が死を迎えた清涼殿で開かれた七七日の忌日《きじつ》御斎会では、金光明経と地蔵経とともに、新造地蔵菩薩が安置されている。このころから臨終出家がみられるが、天皇の初例はこの仁明であり、地蔵菩薩像の安置も唐の影響を受けた来世的地蔵菩薩信仰を示す早い例である。(66) 会場となった清涼殿の建物や地蔵菩薩像は、その後山陵の側に建立された嘉祥寺に施入され、祟りの前史をもたない天皇の墓寺の初例となった。(67) 仁明の山陵には卒塔婆があり、追善のため陀羅尼が安置されている。このように、天皇として没した者の霊魂には、以前にも増して仏教による救済が求められたのである。

仁明没後、数日にして生まれた惟仁《これひと》(清和)は、文徳即位ののち、わずか八カ月の年齢で立太子する。その誕生の時から日夜近侍して離れなかったのが、空海の弟であり弟子でもある真雅であり、立太子後にその護持に加わったのが宗叡であった。宗叡が僧綱に補任される時、のちの護持僧と同様、「太上天皇の幼少に御坐《おんま》す時より護持し仕え奉る事」等を理由とする(『日本三代実録』元慶三年一〇月二三日条)。この点からみて、なおさかのぼる可能性はあるものの、彼らは護持僧の確実な初例である。(68) 天皇の寝所の側近くに控えて、神を勧請し、祈禱を行う夜居《よい》を行っていたと考えられる。なお、唐では、仏像や経典の置かれた長生殿内道場に、長安の諸寺に所属する二一人の「持念を解する僧」に順次交替で持念させ、日夜絶えないようにしたとある(『入唐求法巡礼行記』会昌四年三月条)。これが護持僧の起源であろう。

清和のために祈禱する嘉祥寺西院(貞観寺)には真雅が、別の「御願寺」には宗叡が関わっており、護持僧の住む寺院は、しばしば天皇の御願寺となり、特権を与えられた。護持僧である確証は得ないが、皇太子のころから祈禱していた天台宗の恵亮等にも、延暦寺西塔宝幢院に年分度者や供料が与えられている(『日本三代実録』貞観元年八月二八日条)。このころの天皇の身体には、生と死の両面から仏教が浸透していたのである。

こうした清和の治世を象徴する出来事として、貞観三年に開催される東大寺大仏修理供養会が挙げられる。東大寺大仏は、開眼から約百年が経った文徳期の斉衡二年に、頭部が墜落した。修理はすぐに始まったが、文徳死没ののち、清和に引き継がれることとなる。

清和即位ののち、宇佐八幡神を山城国に勧請し、石清水八幡宮を創建したのは、修理供養会に向けて、天平勝宝の故事にならったと指摘される[69]。清和が円仁から、聖武・孝謙以来、天皇としては久しぶりに、菩薩戒を受けたのも同様であろう。願文《がんもん》の世界で金輪聖王として讃えられた清和は、護持僧の真雅と、自らの東宮大夫であった藤原良相《よしみ》によって、殺生罪業観から、鷹狩りを止めさせるなど、仏教的な功徳も積んでいた(『日本三代実録』貞観九年一〇月一〇日条、元慶三年正月三日条)。大仏修理供養会に私財を寄進した人物のうち、真雅と藤原良相だけが記録に名を記されたのは、彼らこそ清和への仏教信奉を勧める中核的な存在であったことを窺わせる。

大仏修理供養会として、東大寺では無遮大会が開かれ、国分寺・国分尼寺や大宰府観音世寺でも、正税を用いた法会が開かれており、会集の人々には十善戒が授けられた。清和は法会に出席しなかったものの、諸国の「無知の少民」とともに盧舎那仏を念じており、国家安穏や歴代天皇の冥福とともに、清和とその周辺の人物の安穏が祈願されている[70](『東大寺要録』巻第三 貞観三年正月二一日官符)。

九世紀最大規模と推測される盛大な法会の後に現れたのは、政争や疫病に起因する怨霊の跋扈、新羅海賊の襲撃と災害を契機とする神国思想への注目であった。その一方で、九世紀に始まる天皇の身体護持と、その喪葬における仏教の一層の浸透は、その後も強化されていった。このような仏教の影響は、聖なる肉体を持つことを求められる天皇と、個人として生に苦悩する天皇を徐々に分離していったのである[71]。その点、康保四年(九六七)に喪葬が行われた村上は、両者がかろうじて分離することなく維持され、天皇として没した最後の人物となった[72]。それは、天皇が即自的に王であった時代の終わりを告げるものであった。

3　求法と巡礼

玄奘のインド行にみられるように、求法に聖蹟巡礼がともなうことは珍しくない。最澄以来、天台山を目指した入唐僧は、天台教学の求法とともに宗祖の聖蹟を巡礼した。このような宗と関わる巡礼は、天台山以外でも見られる。承和九年(会昌二年・八四二)に渡海した真言宗の恵運《えうん》は、唐商人に入唐を依頼するにあたり、求法や五臺山巡礼などとともに、長安の「薦福・興善曼荼羅道場」の「巡礼」を目的に挙げた(『安祥寺資財帳』)。仁寿三年(大中七年・八五三)に渡海した円珍も、天台山のほか、大興善寺で不空の墓塔を礼拝し、千福寺多宝塔で慧思と智顗の「真影」を拝見したのち長安の諸寺を巡っている(『園城寺《おんじょうじ》文書』貞観八年五月二九日太政官牒)。

宝亀の入唐僧戒明は、江南で弥勒の分身という傅大士《ふだいし》の影《えい》を礼拝したほか、観音の化身とされる宝誌宅を礼拝して「志公十一面観世音菩薩真身」を請来し、大安寺南塔院中堂に安置している(『延暦僧録』智名僧沙門釈戒明伝)。同じく観音の化身とされた僧伽《そうぎゃ》も含め、以降の入唐僧たちは、しきりに彼らの詩や像を請来し、その聖蹟への巡礼も行ったのである。[73] その僧伽が埋葬された泗州普光王寺や、仏舎利を納める法門寺、『華厳経』の清涼山に比定され文殊の住処とされた五臺山、あるいは終南山五臺は、宗とは関わりなく、各地から送供する人や巡礼する者が集まり、広い信仰を集めていた(『入唐求法巡礼行記』会昌四年三月条)。なかでも五臺山は、唐周辺諸国の信仰も集めており、日本もやがてその波に飲み込まれていく。[74] 唐は、新規の経典翻訳事業が縮小しつつあるなか、聖地として成長した五臺山が唐の求心力を保つ一翼を担っていたのである。

入唐僧の五臺山巡礼の早い記録には、疑念の残る玄昉(『七大寺巡礼私記』所引「僧正五臺山記」)のほか、行賀や霊仙がある(『宋史』巻四九一日本国伝)。彼らは在唐期間の長い留学僧であり、入唐の目的に五臺山巡礼があったとは考えがたい。唐に残留した円仁も、五臺山の知識はあったが、山東の赤山法華院の新羅僧聖林の助言により、天台教学を学べることを知って初めて五臺山行きに関心を寄せている。(75)遣唐使として入唐した僧侶は、日本の国策に沿った求法、すなわち教学や経典を求めることを目的としたため、長安や天台山を目指したのである。

その点、これまでも多くの研究が注目してきたように、五臺山巡礼をおもな目的として、橘嘉智子《かちこ》が入唐させた恵蕚《えがく》は画期的である。(76)五臺山巡礼だけでなく、僧伽等への繡文《しゅうもん》の袈裟の奉納も行っている（『日本文徳天皇実録』嘉祥三年五月壬午条）。円珍や真如、奝然《ちょうねん》などと同様、それは泗州普光王寺への奉納の可能性がある。恵蕚はさらに、仏頂尊勝陀羅尼石幢《せきどう》を運び安祥寺に安置したほか、いわゆる純禅である馬祖禅の義空を請来し、唐で白居易の詩が流行するなか、彼の存命中に『白氏文集』を伝えている。いずれも最新の唐文化であり、それらは、橘嘉智子とその周辺に集まったと考えられる。正式の遣唐使ではないことに象徴されるように、五臺山巡礼を目的とした入唐の開始は、九世紀唐文化の広範な導入(77)の一環なのである。

このほか五臺山巡礼を志したのは、恵蕚と入唐して五臺山に留まった橘嘉智子と血縁関係にある円覚や、実行が確実でない恵運のほか、真如と一緒に入唐した宗叡、渡唐に失敗した斉詮、後唐に派遣された寛建一行、入宋し外交使節として利用される奝然(78)などがいる。

なかでも、大仏修理供養会が終わったのちの咸通三年（貞観四年・八六二）に渡唐した宗叡は、五臺山の大華厳寺で「本朝御願」の千僧供養を行っている（『日本三代実録』元慶八年三月二六日条）。川尻秋生はこれを清和の「御願」と考え、天皇自らの発願《ほつがん》による唐での大規模な法会開催は例がないと述べた(79)。

「本朝」の語に留意するならば、貞観一九年に、斉詮が「主上及び諸の公卿」の結縁《けちえん》を得て、求法と五臺山の文殊供養のため、唐に向かった(80)ような知識の形態が考えられる。また、それまで日本の僧俗が唐で開催した仏事や奉納品を確認してみたい。長屋王の千の袈裟（『唐大和上東征伝』）や、最澄が天台山へもたらした皇太子安殿発願写経、光定の勧めで淳和后正子が調え、円仁と円載が天台山国清寺にもたらした衲袈裟《のうげさ》、先述の橘嘉智子が調え、恵蕚がもたらした僧伽等への繍文の袈裟と五臺山への「宝幢《ほうどう》及び鏡奩《きょうれん》の具」がある。円珍は、藤原良房、ないし皇太子惟仁が天台山の智顗の影に贈った供料を届けたほか、惟仁のために長安で「御願大曼荼羅」も図絵している。(81) このように、宗叡渡唐以前に、法会の大小に関わらず、天皇が唐で仏事を主催したり、寺院に奉納したりする例はみられない。渤海の国王が日本で仏事を挙げなかったように、それは忌避されたと考えられる。もちろん、その主体は真雅や藤原良相、良房であろうが、清和は天皇として初めて海を越え五臺山信仰の波に飛び込んだのである。

この背景には、先に論じた清和の信仰とその周辺の仏教環境が想起されるが、貞観年間に、仏陀波利がインドから五臺山にもたらしたという『仏頂尊勝陀羅尼経』に関わる仏事が注目される。貞観二年には、『不空三蔵表制集』掲載の代宗の命にならって、以後国の祈りのため、諸国僧尼に毎日二一遍の仏頂尊勝陀羅尼読誦と、年末の報告を命じ、翌年には仏陀波利の故実を踏まえ、梵本の仏頂尊勝陀羅尼を諸国国分寺と定額寺の塔に安置させている。(82) また円仁も、多くの入唐僧とともに、仏頂尊勝陀羅尼に関わる経典を多数請来しただけでなく、巡礼した五臺山の土を用いて、延暦寺に文殊影嚮楼《ようごうろう》建設を始めていた。清和の周辺には、すでに五臺山信仰が広がっていたのである。

清和は退位・出家後、五臺山巡礼をした護持僧宗叡に連れられ「名山・仏寺を巡覧」する頭陀行《ずだぎょう》を行った。貞観寺を出発し、あの供養会を行った東大寺に向かった。そののち、大和国の香山・神野《こうの》・法輪・現光・竜門・和堂・大滝の諸寺から、摂津国勝尾寺を経て、終焉の地とした丹波国水尾山寺《みずのおさんじ》に到着したのである。このような巡礼や、太上天皇が出家後寺院を居所とすること、没後に仏教的火葬を行うことなどは、その後の先例となった。

唐の衰退傾向とともに、日本の入唐僧の目的も、承和年間には、求法から巡礼へと変化を始めた。国策として日本の仏教興隆を目指した時期は終わりに近づき、大陸の信仰世界が求心力を増していったのである。敬虔な仏教信者へと成長した清和も、天皇そのものの変化を前に、もはや聖武のように官人を率いて仏教への全面的な帰依を表明することはなく、むしろ自ら巡礼に巻き込まれていった。内政では、諸国に対して新たな施策をほとんど打ち出すことができず、僧綱までも僧侶統制の道具に転化させることで国家の求心力を維持しようとした。これらは律令制度の衰退を示すとともに、平安期を通して展開する新たな施策のはじまりという面もある。

おわりに

「現神《あきつかみ》」とされた天皇も、孝謙・称徳のころには、「皇位天授の思想」や、伊勢神宮を皇祖として重視する即位奉幣・祥瑞出現など、唐皇帝のように天や皇祖を意識しつつあった。桓武は、この孝謙・称徳期の思想を一面で継承し、父光仁を配享した昊天祭祀を実施し、皇祖神を祀る伊勢神宮を重視している。ただし、天皇を支えた天皇霊や、仏教、神祇などの霊的権威を払拭した点で、前代とは断絶していた。これらは自身の正統性を主張する必要があった桓武が、より唐皇帝的権威を身にまとうためであった。ところで、淳和も祖先祭祀の再編を行った。唐の宗廟制度を変則的に受容し、平安京を舞台に光仁を中心にした国忌再編を行い、山陵への即位奉幣も始めたのである。

これに限らず、桓武期の施策と、淳和・仁明の施策は、方法は異なるが、取り組んだ課題には共通点がみられる。一切経を基盤とした諸宗の統合を試みたことや、それを支えるために遣唐使を派遣し、国策としての求法を行ったことなどである。地方僧官を僧侶統制の中心に据えた点も、桓武の施策を淳和・仁明は継承している。

他方で、仁明期ころには、次の時代の萌芽もみられる(83)。密教や浄土思想の進展により、天皇の身体護持と追善のため、いわゆる護持僧や御願寺が明確なものとなった。承和六年(八三九)に最後の遣唐使が新羅商人の船を利用して帰国すると、入れ替わるように、新羅商人の船を利用して最初の五臺山巡礼目的の渡海が行われたのである。

これらの影響を受け、清和期に大きな変化が起きる。その象徴的存在は、護持僧に守られ、自ら殺生禁断を守り、五臺山へ思いを寄せる清和であった。天皇として仏教を統御・興隆する存在から、個人として仏教を信奉する存在へと重心を移しつつあり、それは天皇それ自身の在り方をも変質させたのである。内政では、中央僧官、僧綱までも僧侶統制の道具に利用し、平安京周辺に天皇・皇后や藤原氏等が建立した新興寺院をその統制下に再編した。天皇や貴族たちは、諸国に広がる諸課題に有効な対応をとれなくなる一方で、平安京とその周辺の有力者を統合する方策をとったのである。この施策は、分権化の進む平安期中後期には、比較的有効であった。

最後にふれるべきは、宇多である。在位(八八七―八九七)中から遣唐使派遣を計画するなど復古的な面がみられた。退位後、正式に出家し法皇となると、醍醐とともに仏教興隆を行っている。益信から灌頂を受け、真言宗の興隆のほか、王族と関わる薬師寺の興隆や、各宗に経疏目録の撰上を命じて「五宗録」を提出させるなど[84]、天長・承和の復興を目論んだのである。真言や法相を学ぶ寛建一行の後唐への求法と巡礼も公認し、支援していた。復古という点では成功したとはいいがたいが、清和よりも一歩すすめ、正式に出家して寺院を居所とした点や、真言宗の法脈に自ら加わった点などは、次の時代へ影響を与えたのである。

一〇世紀後半には、抽象化する天皇権威と、個としての天皇との分離が一層明確になり、また仏教を含む国家制度の転換も決定的となった。ここに桓武期や淳和・仁明期に構想された天皇や国家の在り方は、終わりを迎えるのである。また、会昌の廃仏や唐の滅亡などの混乱により、中国で多くの経典が失われたことで、日本の僧侶が求法よりも、一層巡礼を重視するようになり、あわせて日本の人々が抱く世界認識の転換を引き起こすこととなった。

(1) 井上光貞『日本古代の国家と仏教』岩波書店、一九七一年、薗田香融「平安仏教」『岩波講座日本歴史4 古代4』岩波書店、一九六二年、同「平安仏教の成立」家永三郎著者代表『日本仏教史 古代篇』法藏館、一九六七年。
(2) 平雅行『日本中世の社会と仏教』塙書房、一九九二年。

(3) 黒田俊雄『日本中世の国家と宗教』岩波書店、一九七五年。

(4) 上島享「中世国家と仏教」『日本中世社会の形成と王権』名古屋大学出版会、二〇一〇年改稿(初出一九九二年)。

(5) 横内裕人「自己認識としての顕密体制と「東アジア」」『日本中世の仏教と東アジア』塙書房、二〇〇八年(初出二〇〇六年)。

(6) 上川通夫『日本中世仏教形成史論』校倉書房、二〇〇七年。

(7) 石井正敏「入宋巡礼僧」荒野泰典・石井正敏・村井章介編『アジアのなかの日本史V 自意識と相互理解』東京大学出版会、一九九三年、上川通夫「入唐求法僧と入宋巡礼僧」荒野泰典・石井正敏・村井章介編『日本の対外関係3 通交・通商圏の拡大』吉川弘文館、二〇一〇年。

(8) 瀧川政次郎「革命思想と長岡遷都」『法制史論叢第2冊 京制並に都城制の研究』角川書店、一九六七年、高取正男『神道の成立』平凡社ライブラリー、一九九三年(初出一九七九年)、佐藤泰弘「桓武朝の復古と革新」『向日市埋蔵文化財センター年報 都城』一二、二〇〇〇年、吉川真司『天皇の歴史02 聖武天皇と仏都平城京』講談社、二〇一一年。

(9) 註1薗田文献、川崎庸之「空海の生涯と思想」『川崎庸之歴史著作選集2 日本仏教の展開』東京大学出版会、一九八二年(初出一九七五年)。

(10) 吉岡康暢「承和期における転用国分寺について」下出積與博士還暦記念会編『日本における国家と宗教』大蔵出版、一九七八年、追塩千尋「平安初期の地方救療施設について」『国分寺の中世的展開』吉川弘文館、一九九六年(初出一九八七年)。

(11) 本郷真紹「光仁・桓武朝の国家と仏教——早良親王と大安寺・東大寺」『律令国家仏教の研究』法藏館、二〇〇五年(初出一九九一年)。

(12) 高田淳「早良親王と長岡遷都——遷都事情の再検討」林陸朗先生還暦記念会編『日本古代の政治と制度』続群書類従完成会、一九八五年。

(13) 堀裕「智の政治史的考察——奈良平安前期の国家・寺院・学僧」『南都仏教』第八〇号、二〇〇一年。以下、本論文を典拠にする箇所があるが、すべてを注記することはしない。

(14) 中井真孝「平城期の仏教政策」『日本古代仏教制度史の研究』法藏館、一九九一年(初出一九七七年)。
(15) 小倉慈司「八・九世紀における地方神社行政の展開」『史学雑誌』第一〇三編第三号、一九九四年。
(16) 北山茂夫「藤原種継事件の前後」『日本古代政治史の研究』岩波書店、一九五九年(初出一九五八年)、笹山晴生「平安初期の政治改革」『平安の朝廷——その光と影』吉川弘文館、一九九三年(初出一九七六年)。
(17) 薗田香融「最澄とその思想」『日本思想大系4 最澄』岩波書店、一九七四年、高木訷元「高雄の天台法会と最澄——平安仏教形成の端緒」『高木訷元著作集4 空海思想の書誌的研究』法藏館、一九九〇年(初出一九八七年)、王勇『聖徳太子時空超越——歴史を動かした慧思後身説』大修館書店、一九九四年。
(18) 松本信道「『大仏頂経』の真偽論争と南都六宗の動向」『駒沢史学』第三三号、一九八五年。
(19) 松本信道「徳清の入唐について」『駒沢大学文学部研究紀要』第六八号、二〇一〇年。
(20) 註17王文献。
(21) 註12高田文献、註8吉川文献。
(22) 註8佐藤文献。
(23) 古閑正浩「長岡京の造瓦組織と造営過程」『考古学雑誌』第九五巻第二号、二〇一一年。
(24) 西本昌弘「平安京野寺(常住寺)の諸問題」角田文衛監修『仁明朝史の研究——承和転換期とその周辺』思文閣出版、二〇一一年。
(25) 堀裕「東大寺大仏と宮——大仏供起源考」『日本史研究』五六九号、二〇一〇年。
(26) 村尾次郎『桓武天皇』吉川弘文館、一九六三年、舟ヶ崎正孝「梵釈寺の創建事情からみた国家仏教の変容」『国家仏教変容過程の研究——官僧体制史上からの考察』雄山閣出版、一九八五年(初出一九六六年)。
(27) 西口順子「梵釈寺と等定」『平安時代の寺院と民衆』法藏館、二〇〇四年(初出一九七九年)。
(28) 寺川真知夫「神身離脱を願う神の伝承——外来伝承を視野に入れて」『仏教文学』第一八号、一九九四年、吉田一彦「多度神宮寺と神仏習合——中国の神仏習合思想の受容をめぐって」梅林喬編『古代王権と交流4 伊勢湾と古代の東海』名著出版、一九九六年。

(29) 吉田一彦「御斎会の研究」『日本古代社会と仏教』吉川弘文館、一九九五年(初出一九九三年)、吉川真司「大極殿儀式と時期区分論」『国立歴史民俗博物館研究報告』第一三四集、二〇〇七年。
(30) 長岡京では大極殿での開催が想定されるが、平城宮に残された旧大極殿開催の可能性も残る。その場合、延暦一〇年の平城宮諸門移動が下限となるであろう。
(31) 阿部龍一「平安初期天皇の政権交替と灌頂儀礼」サムエル・C・モース・根本誠二編『奈良・南都仏教の伝統と革新』勉誠出版、二〇一〇年。
(32) 苫米地誠一「真言密教における護国」『平安期真言密教の研究 第一部 初期真言密教教学の形成』ノンブル社、二〇〇八年(初出二〇〇〇年)。
(33) 堀裕「平安京における寺院・法会の構造」(日本語・韓国語)『仏教文化研究』第一二集、二〇一一年、西本昌弘「空海請来不空・般若新訳経の書写と公認――一代一度仁王会の成立とも関係して」原田正俊編『日本古代中世の仏教と東アジア』関西大学出版部、二〇一四年。
(34) 尾上寛仲「年分度者に見られる課試制度(上・下)」『日本仏教』第八・九号、一九六〇年、堀裕「平安期の御願寺と天皇――九・十世紀を中心に」『史林』第九一巻第一号、二〇〇八年。
(35) 註1薗田文献、平岡定海「真言密教の南都寺院への進出」『日本寺院史の研究』吉川弘文館、一九八一年(初出一九六四年)。
(36) 藤善眞澄『隋唐時代の仏教と社会――弾圧の狭間にて』白帝社、二〇〇四年。
(37) 藤善眞澄「密教と護国思想」『中国仏教史研究――隋唐仏教への視角』法藏館、二〇一三年(初出一九九九年)、吉川真司「天平文化論」『岩波講座日本歴史第3巻 古代3』岩波書店、二〇一四年。
(38) 註31阿部文献。
(39) 本郷真紹「宝亀年間に於ける僧綱の変容」註11『律令国家仏教の研究』所収(初出一九八五年)。
(40) 曽根正人「平安初期南都仏教と護国体制」『古代仏教界と王朝社会』吉川弘文館、二〇〇〇年(初出一九八四年)。
(41) 塚本善隆「唐中期以来の長安の功徳使」『塚本善隆著作集3 中国中世仏教史論攷』大東出版社、一九七五年(初出一九三

三年)、所(菊池)京子「俗別当の成立——とくに〝官人〟俗別当について」『平安朝「所・後院・俗別当」の研究』勉誠出版、二〇〇四年(初出一九六八年)。

(42) 堀裕「平安初期の天皇権威と国忌」『史林』第八七巻第六号、二〇〇四年。

(43) 服藤早苗「山陵祭祀より見た家の成立過程——天皇家の成立をめぐって」『家成立史の研究——祖先祭祀・女・子ども』校倉書房、一九九一年(初出一九八七年)。なお、仁明の即位奉幣から八幡神と香椎廟がその対象に加わる。

(44) 註13堀文献では、東寺と西寺の供僧の本寺は、承和四年の僧綱牒の直後から南都諸大寺としたが、確認できるのは一〇世紀後半に下る(『東寺要集』第一)。また供僧になる以前に東寺を本寺とする僧侶が少数確認できる(「東寺百合文書」追加之部三二・甲号外四の二)。ただし、新たに供僧に補任される僧侶は原則南都諸大寺僧であり、論旨に変更はない。

(45) 註24西本文献。

(46) 長岡龍作「神護寺薬師如来像の位相——平安時代初期の山と薬師」『美術研究』第三五九号、一九九四年。

(47) 門脇禎二「律令体制の変貌」「天長期の政治史的位置」『日本古代政治史論』塙書房、一九八一年(初出一九六二・六四年)、佐藤宗諄『平安前期政治史序説』東京大学出版会、一九七七年。

(48) 註10追塩文献、金山まど加「相模国救急院に関する一考察」『早実研究紀要』三九号、二〇〇五年。

(49) 米田雄介「行基と古代仏教政策——とくに勧農との関連から」『歴史学研究』第三七四号、一九七一年、中井真孝「菩薩行と社会事業——古代から中世へ」『行基と古代仏教』永田文昌堂、一九九一年(初出一九八八年)。なお、弘仁九年に最澄が撰した「天台法華宗年分学生式」(六条式)では、諸国講師となった天台宗僧に対し、手当てを割き、池・溝の修理や橋・船の造営などを行うことを求めている。

(50) 桜木潤「最澄撰「三部長講会式」にみえる御霊」『史泉』第九六号、二〇〇二年。

(51) 註10追塩文献、鈴木景二「都鄙間交通と在地秩序——奈良・平安初期の仏教を素材として」『日本史研究』三七九号、一九九四年。

(52) 堀裕「「化他」の時代——天長・承和期の社会政策と仏教」註24『仁明朝史の研究——承和転換期とその周辺』所収。

(53) 竹居明男「日本における仏名会の盛行」牧田諦亮監修『七寺古逸経典研究叢書第三巻 中国撰述経典(其之三)』大東出版

社、一九九五年改訂増補(初出一九八〇・八一年)。
(54) 註10吉岡文献。
(55) 堀池春峰「南都仏教と文殊信仰」『南都仏教史の研究 下 諸寺篇』法藏館、一九八二年(初出一九六九年)。
(56) 吉野秋二「非人身分成立の歴史的前提」『日本古代社会編成の研究』塙書房、二〇一〇年(初出一九九九年)、藤本誠「日本古代の「堂」と村落の仏教」『日本歴史』第七七七号、二〇一三年。
(57) 西山良平「平安京施薬院・悲田院考」栄原永遠男・西山良平・吉川真司編『律令国家史論集』塙書房、二〇一〇年。
(58) 註56吉野文献。
(59) 註52堀文献。
(60) 吉田靖雄「文殊信仰の展開」『日本霊異記』の行基と文殊菩薩」『日本古代の菩薩と民衆』吉川弘文館、一九八八年(初出一九七七・七八年)。
(61) 土谷恵「平安前期僧綱制の展開」『史艸』第二四号、一九八三年。
(62) 平雅行「中世移行期の国家と仏教」註2『日本中世の社会と仏教』所収(初出一九八七年)。
(63) 註61土谷文献。
(64) 竹内理三「御願寺の成立」『竹内理三著作集5 貴族政治の展開』角川書店、一九九九年(初出一九五八年)。
(65) 堀裕「「門徒」にみる平安期社会集団と国家」『日本史研究』三九八号、一九九五年。
(66) 平雅行「浄土教研究の課題」註2『日本中世の社会と仏教』所収(初出一九八八年)、速水侑『地蔵信仰』塙新書、一九七五年。
(67) 西山良平「〈陵寺〉の誕生――嘉祥寺再考」大山喬平教授退官記念会編『日本国家の史的特質 古代・中世』思文閣出版、一九九七年。
(68) 堀裕「護持僧と天皇」註67『日本国家の史的特質 古代・中世』所収。なお、光定を文徳の護持僧とする指摘もある(彦由三枝子「天安二年大政変と東大寺大仏修理」『政治経済史学』第二〇〇号、一九八三年)。
(69) 註68彦由文献。

(70)註68彦由文献。
(71)佐藤弘夫「中世の天皇と仏教」『神・仏・王権の中世』法藏館、一九九八年(初出一九九四年)。
(72)堀裕「天皇の死の歴史的位置――「如在之儀」を中心に」『史林』第八一巻第一号、一九九八年。
(73)牧田諦亮「中国における民俗仏教成立の過程」『中国仏教史研究 第二』大東出版社、一九八四年(初出一九五四・五六年)。
(74)手島崇裕「東アジア再編期の日中関係における仏教の位置・役割について――特に入宋僧奝然をめぐる考察から」『平安時代の対外関係と仏教』校倉書房、二〇一四年。
(75)佐藤長門「入唐僧の情報ネットワーク――日本古代における文化移植の一様相」鈴木靖民編『円仁と石刻の史料学――法王寺釈迦舎利蔵誌』高志書院、二〇一一年。
(76)註7石井文献、田中史生「入唐僧恵蕚に関する基礎的考察」同編『入唐僧恵蕚と東アジア 附恵蕚関連史料集』勉誠出版、二〇一四年(初出二〇一一年)、森公章「九世紀の入唐僧――遣唐僧と入宋僧をつなぐもの」『成尋と参天台五臺山記の研究』吉川弘文館、二〇一三年(初出二〇一二年)。
(77)榎本淳一「「国風文化」の成立」『唐王朝と古代日本』吉川弘文館、二〇〇八年(初出一九九七年)。
(78)上川通夫「奝然入宋の歴史的意義」註6『日本中世仏教形成史論』所収(初出二〇〇二年)。
(79)川尻秋生「入唐僧宗叡と請来典籍の行方」『早稲田大学會津八一記念博物館 研究紀要』第一三号、二〇一二年。
(80)橋本進吉「安然和尚事蹟考」『橋本進吉博士著作集第12冊 伝記・典籍研究』岩波書店、一九七二年(初出一九一八年)。
(81)佐伯有清「円珍と藤原良房と良相」『智証大師伝の研究』吉川弘文館、一九八九年。
(82)上川通夫「尊勝陀羅尼の受容とその転回」中野玄三・加須屋誠・上川通夫編『方法としての仏教文化史――ヒト・モノ・イメージの歴史学』勉誠出版、二〇一〇年。
(83)吉川真司「平安京」同編『日本の時代史5 平安京』吉川弘文館、二〇〇二年。吉川はとくに承和年間後半を重視する。
(84)中林隆之「南都六宗から平安諸宗へ――「五宗録」からみた平安前期の王権・国家と仏教」『経典目録よりみた古代国家の宗教編成策に関する多面的研究』(科学研究費補助金研究成果報告書)二〇一三年。

〈執筆者紹介〉

吉江　崇（よしえ たかし）　1973年生　京都教育大学准教授

橋本義則（はしもと よしのり）　1954年生　山口大学教授

寺内　浩（てらうち ひろし）　1955年生　愛媛大学教授

吉永匡史（よしなが まさふみ）　1980年生　金沢大学准教授

三谷芳幸（みたに よしゆき）　1967年生　文部科学省教科書調査官

三上喜孝（みかみ よしたか）　1969年生　国立歴史民俗博物館准教授

今津勝紀（いまづ かつのり）　1963年生　岡山大学教授

堀　裕（ほり ゆたか）　1969年生　東北大学准教授

岩波講座　日本歴史　第4巻　第14回配本（全22巻）

古代4

2015年1月28日　第1刷発行

発行者　岡本　厚

発行所　株式会社　岩波書店　〒101-8002 東京都千代田区一ツ橋2-5-5
電話案内 03-5210-4000　http://www.iwanami.co.jp/

印刷・精興社　製本・牧製本　製函・加藤製函

ISBN 978-4-00-011324-3

岩波講座

日本歴史

全22巻

編集委員
大津　透
桜井英治
藤井讓治
吉田　裕
李　成市

＊第1巻　原始・古代1
＊第2巻　古代2
＊第3巻　古代3
＊第4巻　古代4
第5巻　古代5
＊第6巻　中世1
＊第7巻　中世2
＊第8巻　中世3
◆第9巻　中世4
＊第10巻　近世1
＊第11巻　近世2
＊第12巻　近世3
第13巻　近世4
第14巻　近世5
＊第15巻　近現代1
＊第16巻　近現代2
＊第17巻　近現代3
第18巻　近現代4
第19巻　近現代5
＊第20巻　地域論（テーマ巻1）
第21巻　史料論（テーマ巻2）
第22巻　歴史学の現在（テーマ巻3）

＊は既刊　◆は次回配本
A5判・上製函入

岩波講座
日本歴史
月報14

第4巻　二〇一五年一月　岩波書店

藤原良房と国風文化

笹山晴生

摂関政治という新しい政治形態を開いた藤原良房は、九世紀に始まる国風文化の形成にも、一人のキーパーソンとして大きな役割を演じたと考えられる。

承和九年(八四二)のいわゆる承和の変は、良房が政治的権力を確立していく上での大きな一歩となったが、変後の仁明朝後半期には、文化的にも新しい動きが現われる。

その第一は、漢詩文盛行の中で起こった和歌復興の動きである。承和十二年、百十三歳の尾張浜主《おわりのはまぬし》は大極殿の竜尾壇上で和風長寿楽を舞い、仁明天皇の前で「翁《おきな》とて侘《わ》びやは居らむ草も木も栄ゆる時に出でて舞ひてむ」と詠じた。尾張氏は天武朝以来国風《くにぶり》の奏上などで宮廷に奉仕してきた氏であるが、ここでの浜主の「翁とて侘びやは居らむ」という思いとは、唐風文化の花開く世に、おのれもその伝える芸能をもって加わりたいという、伝統的旧氏族の思いを代表したものだったであろう。

嘉祥二年(八四九)、仁明天皇四十の賀にあたり、奈良興福寺の大法師らが上京して三一〇句に及ぶ長大な和歌を奏上したことも、よく知られている。『続日本後紀』は和歌の全文を載せ、「それ倭歌の体、比興を先となす。人情を感動せしむること、最もここに在り」と、漢詩文に対して人間の感情に重きを置く和歌の優位を主張している。『続日本後紀』編纂の中心人物は藤原良房であり、興福寺の大法師らは良房の家を宿所としていた。良房がこの時期の和歌再興の動きに共感し、それを支持する立場にあったことは明白である。仁明天皇没後の仁寿元年(八五一)三月、良房の染殿第《そめどのてい》で催された天皇を偲ぶ桜花の集いでは、公卿大夫らは或《あるい》は詩を賦して懐を述べ、或は歌に和して逝くを歎いた(『文徳実録』)。ここに「賦詩」と「和歌」とが対等に扱われていることも、注目されるところである(川崎庸之「文学史上の貞観期について」『川崎庸之歴史著作選集3』東京大学出版会、一九八二年、初出一九六五年)。

和歌は唐風文化の試練を受けて新たな展開を見せ、やがて在原業平や遍照ら、いわゆる六歌仙の時代を迎えることになる。しかし和歌が宮廷にその地位を確立するのは光孝朝以後のことであり、良房全盛期の清和朝のことではない。川崎庸之氏は、清和朝の和歌は、仁明天皇の死後出家した良岑宗貞《よしみねのむねさだ》(遍照)らのように、宮廷とは離れた「わび人」によって担われていたと推測している(同上)。目崎徳衛氏はこのような理解には否定的であるが(「在原業平の歌人的形成」「僧侶および歌人としての遍照」いずれも『平安文化史論』所収、桜楓社、一九六八年)、いずれにしても清和朝においては、幼主たる清和天皇にも、またパトロンである良房自身にも、宮廷歌壇をリードするだけの求心力には欠けるところがあったと見られよう。

承和の変後の仁明朝後半期は、呪術的世界の復権という点においても注目される。儒教的合理主義の立場から怨霊思想を否定した嵯峨上皇は、承和九年(八四二)の死にあたり遺詔して薄葬を命じ、「世間の事、物怪《もののけ》あるごとに祟りを先霊に帰す。これ甚だ謂《いわ》れなし」と述べたが、この遺誡への対応をめぐって官人の間では困惑が生じた。「卜筮《ぼくぜい》を信ずること無く、俗事に拘ること勿れ」との語が、神祇官の職務としての卜筮の結果を用いるべきか否かの議論を呼んだのである。

承和十年、上皇周忌の斎会《さいえ》の期日をめぐって議論が生じた。嵯峨の本来の忌日は七月十五日であるが、その日は太皇太后橘嘉智子《たちばなのかちこ》と天皇の本命日に当たり、凶事を避けるべきなので、前日の七月十四日に斎会を行うとしたところ、嵯峨の皇子である中納言源信《みなもとのまこと》・参議源弘《ひろむ》らが上皇の遺誡の趣旨に反すると異議を唱えた。仁明天皇はこれを決しかね、大納言藤原良房に勅して公卿と議定させた。その結果、遺誡に言うところの「俗事」とは「郷曲《きょうきょく》忌むところの細事」であり、「朝家《ちょうか》行ひ来たる旧章《きゅうしょう》」を指すものではないとして、前日の十四日に行うことに決したのであった。

翌承和十一年八月、先霊の祟りを重んずべきか否かの問題をめぐっての決着が図られる。大納言藤原良房は、文章《もんじょう》博士春《はる》澄善縄《すみのよしただ》・大内記菅原是善らに対し、上皇の遺誡を改めるべきか否かを諮問した。博士らはこれに対し、君子は考うるに義をもってすべきであり、君父の命も宜しきを計りて取捨すべしと答申し、これに従うことに決したのである。

この事件は、藤原良房が朝廷の旧慣を盾とし、嵯峨上皇の遺志を否定して上皇の影響力の排除に成功したもので、良房の大権掌握の上で大きな意味をもつ事件であったと理解されている(遠藤慶太「『続日本後紀』と承和の変」『平安勅撰史書研究』皇學館大学出版部、二〇〇六年、初出二〇〇〇年。吉川真司編『平安京』(日本の時代史5)、吉川弘文館、二〇〇二年)。この事件は同時に、政治思想や官人意識の上でも大きな転換を示すものであった。呪術や祈禱といった行為の否定から容認へ、「怪力乱神を語らず」という儒教的合理主義からの後退がこれ以後急速に進んでいく、そのきっかけになったと考えられるのである。

嵯峨天皇の時代における唐風化の進行は、官人の意識の上にも大きな変革を及ぼし、社会に広く存在していた呪術的な意識を希薄化させ、各種の呪術的な風習を消滅させる結果をも生んだ(笹山晴生「唐風文化と国風文化」『岩波講座日本通史5 古代4』一九九五年)。しかしそうした急進的な唐風化は、官人層の間にかなりの反発を生んだとも思われる。伏流として存在していたそのような反動が嵯峨上皇の死とともに噴出したのであり、そのような古い呪術的意識の復権の動きを主導する役割を演じたのが藤原良房であったと考えられる。

呪術復権の動きを推進した一人は、文章博士として良房の信任厚い春澄善縄であった。善縄は『三代実録』の伝にあるように超自然的な霊威を極端に恐れる人物で、仁明天皇に『荘子』を講じるなど老荘思想に傾倒し、仁明天皇もその影響を受け、医術・服薬のことにも深い関心を抱いていた。

超自然的な霊威への依存は、良房政権のもとでいよいよ強まった。密教の加持祈禱が盛行し、良房は円珍の渡唐にあたり、皇太子惟仁《これひと》親王(清和天皇)の安泰を祈願すべく莫大な資金を援助した(佐伯有清『智証大師伝の研究』吉川弘文館、一九八九年)。そして清和朝の貞観五年(八六三)五月には、疫病流行への祈禱に対する報賽のため、御霊会が神泉苑で国家の手によって盛大に執行されるに至る。それは、嵯峨天皇が「恠異《かいい》のこと、聖人語らず」と語ってからほぼ半世紀後のことであった。

「孝」の思想が強調されたことも、この時期の特徴である。嵯峨上皇による宮廷支配の強まるなかで、家父長制的秩序が君臣秩序に優越する傾向が生まれた。これは、摂関による宮廷支配を合理化する思想としても有効であった。嘉祥三年(八五〇)正月、仁明天皇が冷然院に朝覲行幸《ちょうきんぎょうこう》し、北面して母太皇太后橘嘉智子を拝したことについて、『続日本後紀』は、「天子の尊、北面して地に跪く。孝敬の道、天子より庶人に達すとは、誠なるかな」と、天皇の行動を賛美している。本来南面すべき天命思想のもとでの天子のありかたよりも、ここでは父母に対する「孝敬の道」が優先され、それが賛美されているのである。踰年改元が一般化し、孝経の講説が盛行し、清和朝の貞観二年(八六〇)には、それまでの古文孝経に代えて唐玄宗勅撰の『御注孝経』が採用された。『続日本後紀』や『文徳実録』には孝子・孝女の表旌に関する記事も多い。嘉祥二年の仁明天皇四十の算賀、貞観五年の藤原良房六十の算賀など算賀の盛行も、長寿を願いそれを賛美する、老荘思想との関わりの深い事象である。

良房の文化的活動の中心となったのは、左京の染殿第であった。染殿第は平安京の東北の隅に位置し、鴨川に近い風光明媚の地で、早くから桜の美しさをもって知られていた。

清和天皇が十五歳で元服した直後の貞観六年(八六四)二月、良房はこの染殿第に天皇を迎え、盛大な桜花の宴を催した。多くの官人の見守る前で天皇は弓を射、また東の垣の外では山城国の郡司百姓らが耕田の礼を行った。染殿第への行幸は二年後にも行われ、ここでも天皇の弓射、耕田のさまの天覧のほか、京内貧窮者への新銭と飯の頒給、近京四十二寺での金剛般若経・般若心経の転読が行われた。これらの行事を通じて、良房は成人した天皇の存在を広く人々に印象づけ、天皇と王公・官人との一体感を醸成し、その求心力を高めようと図ったものと思われる。

清和天皇の貞観年間（八五九―八七七）には、貞観寺などの御《ご》願《がん》寺の造立、全国諸社への神階奉授、石清水八幡宮の勧請《かんじょう》、貞観儀式の制定など、文化的に注目される事象が多い。良房の事績にはとかく謎がつきまとうが、これらの事象と良房との関わりについては、なお検討していくべきことが少なくないと思われる。

（ささやま　はるお　東京大学名誉教授）

生江臣東人と景観史

金田章裕

遅鈍ならびに老衰

奈良の正倉院事務所で東南院文書の調査に同道する機会があった。数人で手分けをする形で、それぞれの机に巻子《かんす》を広げて作業を進めていたが、筆者もまた紙面の字面を順に追っていて、急に一点に目が留まった。「東人《あずまひと》、身遅鈍弁に老衰」と記し、文書の末尾に東人自身が署名しているのである。たまたま筆者が前に広げていたのは、天平神護二年（七六六）十月十九日付の「越前国足羽《あすわ》郡大領生江臣《いくえのおみ》東人解《げ》」であった。

生江臣東人とは、奈良時代荘園の研究者にとってはかなり知られた人物である。筆者が目にした文書も『大日本古文書』編年文書の第五巻と、家わけ『東南院文書之二』の双方にすでに収載されている。

この解は御使《おんつかい》の勘問に対して、東人が次の五カ条にわたって答えたものである。

一、東人の所進墾田壱百町の溝《うなて》の事
一、墾田壱百十八町
一、栗川（庄）田（につき）、寺使と百姓相訴うる事
一、宇治知麻呂の事
一、雑務を論ぜんが為、田使《でんし》僧《そう》等召す所、不参二度の事

はじめの二カ条は、東人が功績として挙げているものであり、次の二カ条についてはいずれも、知らないとして退けている。

「遅鈍弁に老衰」にかかわるのは最後の条で、続けて呼び出しにもかかわらず二度も出頭しなかった理由を述べている。一回は、「神社の春の祭礼に酔い伏し、装束に堪えられなかった」、今一度は「病臥して未だ療《なお》っていなかった」ので、「その旨使いを差しあげた」と記している。従って自分は「遅鈍ならびに老衰」であり、「ことごとに詳しく記して使の裁きを待ちたい」と事実上の引退の申し出をしているのである。正直に言えば筆者は、他人ごとではない「祭礼酔伏」の語に目を奪われたのである。

道守村開田地図

第一条で東人が所進したとする一〇〇町の墾田とは、東大寺領道守荘《ちもりのしょう》の中核となった墾田であった。道守村は、天平神護二年の開田地図（正倉院宝物）を残している。その巨大な地図（一四四×一九八センチ）は麻布に描かれており、長年の風化のため色彩が変化し、また損傷部分もあるが、全体の景観および、寺領の細部にわたる様子を克明に伝えている。

道守村の東は「船越山」などの山々に囲まれ、「黒前《くろさき》山」が西へと少し突き出した形で描かれている。山々には樹木が描かれており、植生の存在を示している。西には著しく屈曲した「味間《あじま》川」、北には緩やかに湾曲する「生江川」が流れ、味間川西岸の南部には「難糟《かたかす》山」が描かれている。さらに黒前山南麓には「柏沼」が、中央部から南方には「下味岡」と「上味岡」が北から南へ並ぶ様子が描かれている。

これらの表現は道守村を取り巻く自然景観を表現したものであり、明治時代の旧版地形図でもその所在を確認できる。ここでは細部に言及しないが、例えば味間川に相当する日野川の屈曲は地形図ではそれほど著しくなく、生江川に相当する足羽川は逆に湾曲を強めていることが知られる。八世紀以来、河川自体の営力によって、曲流の進行と極端な曲流の短絡という、河道の自然変化を物語っている例である。

これらに対し中央部一帯には、人工的ないし人手の加わった、さまざまな文化景観が描かれている。その典型的な要素の一つが用水溝で、東南隅から流下して「寒江」に入り、分流しつつ北流する溝や、これとは別に南側中央部から入り、やはり分流して上・下味岡の両側を北流する「寺溝」などと注記された溝である。

このほか典型的な文化景観の要素としては、二カ所の荘所がある。西南隅の味間川沿いに六棟、東北隅の生江川に近い溝と道の交点付近に五棟の建築物群が描かれているものである。道もまた、溝とともに典型的な文化景観の要素である。

最も広範に及ぶ文化景観の要素は「田」である。損滅して不明の部分を除いても、「寺田」のみで八〇町余に及ぶ。一三七町余の「野」地は未開地であり、自然景観のままであったものであろう。

同年の越前国司解によれば、道守村では、「改正田」が計一四町八段《たん》余に達したことを記している。改正とは田籍の訂正であり、「百姓《ひゃくせい》口分」田六段余、「百姓墾田」二町三段余、「没官《もっかん》田」一一町八段余などがその対象であり、改正して東大寺田とされた。ほかに、「相替《あいがえ》」によるもの二町三段余、「買得《ばいとく》」が一〇町一段余、生江臣東人の新たな「所進墾田」が七町一段余であった。

道守村では、史料に見られる「(寺)田中、犬牙《けんが》の墾田」といった表現のように、各種の田地が複雑に入り組んでいた。これらの手続きによって、東大寺が急速に荘園領域の一円支配を進め、管理を強化しようとしていた状況が窺える。ただし道守村の田地の中核が、東人の開墾によるものであったことには違いない。開田地図中には「田辺来女《たなべのくるめ》」の墾田が、「柏沼」周辺を中心に多数標記されていることも特徴である。

溝の開削者

東人は先に掲げた第一条に、墾田一〇〇町のほか「私功力」によって、「長さ二千五百許丈(広さ六尺、深さ四尺以下三尺以上)」の溝を東大寺に「進上」したことを述べている。道守村開田地図には、「寺溝」などと注記された溝が何本も描かれていることはすでに述べた。この中には東南隅に、「応堀溝長一千七百(以下欠損)」と記された長大な溝もあった。東人の開削した溝であった可能性はきわめて高い。東大寺自身が「水通ぜず、荒地少なからず」と述べているように、東大寺による開発はそれほど進んでいなかったとみるべきであろう。また、八世紀の東大寺領の溝は、広さ四尺から二丈、深さ二尺から五尺であるから、東人の開削したものも類似の規模であったことになる。

図中には、前述の長大な溝が流入する「寒江」北方から、田辺来女の墾田の集中地に向けて水路が描かれている。この来女という女性は、平城京右京四条一坊の上毛野公奥麻呂《かみつけののきみおくまろ》の戸口として名前が知られる。奥麻呂は、天平宝字三年(七五九)の糞置《くそおき》村開田地図に「少目《しょうさかん》　上毛野公」とある人物と考えられている。とすれば、在任中に墾田を得ることができた可能性は高い。

従って来女の墾田とは、もともと奥麻呂の開発によるものであった可能性が高い。しかも管理を強化した東大寺領下で、同じ「寒江」下流から取水する溝を利用して開拓をするということが新たに生じたとは考え難い。恐らく奥麻呂が先行するか、彼と東人が相前後して、同じ用水系から引水して開発を進めたものであろう。

しかし、天平宝字八年に藤原仲麻呂政権が崩壊すると、仲麻呂の息薩雄《さつお》が守(長官)であった越前国司の一員として奥麻呂が連座し、来女の墾田も没官地となって東大寺領に編入された。その理由を東大寺は「地形一院にして、溝堰《こうせき》を同じく用いる」としている。確かに道守村開田地図は山と川に囲まれた一まとまりの地を表現しており、地図作製の時点では寺領ではない来女の墾田をはじめ、改正田の対象となった百姓口分田や墾田などを標記しているのである。

この点は第二条にかかわるもので、東人の所進の墾田が百姓の墾田と混在していたことはすでに述べた。

いずれにしろ東人は、東大寺領道守村一帯における、墾田の開発、溝の開削といった、当時の文化景観の形成に大きくかかわっていたことになる。

景観史のアクター

ところで筆者は、景観史という視角の重要性を提起している。景観は自然景観および文化景観のきわめて多様な要素からなる。景観史とは、景観が変化する様相を把握することを軸とする考え方である。そのためには、これらの景観要素の精密な分析とそれぞれの時期における厳密な復原を基礎とすることはもちろん、それらの変遷にかかわる多様な状況との文脈に十分考慮することが不可欠である。

しかしこの視角にとって、文化景観のさまざまな要素の形成や改変にかかわった人々の具体像がよくわからないことが多いのが問題である。つまり、景観史の主体者あるいはアクターが不明なことが多いのである。

史料が豊かな近代の場合、このことはそれほど顕在化しない。筆者は最近、イングランド起源の「タウンシップ」という土地計画の概念と実態が、世界各地へ伝播したり、変容したりするプロセスの追跡を試みた（『タウンシップ――土地計画の伝播と変容』ナカニシヤ出版、二〇一五年）。このプロセスがさまざまな形で展開した近代の英領植民地や日本の北海道などの場合、それぞれの地域で何人かの個人が主要なアクターとして大きく浮かび上がってきた。英領植民地では、母国イングランドでの変容や、総督や測量長官といった政策決定ならびに実施責任者を追跡し易いこともあった。

しかし古代日本ともなるとそれほど単純ではない。生江臣東人のように、用水路の開削や開拓などの、いわば景観形成に直接かかわった人物の具体像が知られるのは、きわめて稀有に近い例である。

生江臣東人の生涯

東人は天平勝宝元年（七四九）五月、初めて造東大寺司《ぞうとうだいじし》史生《ししょう》として史上に名を留める。すでに大初位上《だいそいのじょう》という位階も得ていて、同寺の野占使《やせんし》となった。同年七月には桑原《くわばら》荘の経営にもかかわっており、翌年二月までに稲三一三〇束を東大寺に納めた。また足羽郡の郡司大領ともなり、天平神護二年（七六六）には正六位上に進んでいた。

さて墾田の開発は、天平一五年（七四三）の墾田永年私財法によって大きく進展したものと考えられる。同法は墾田の所有枠を、初位以下庶人までは一〇町等と定めていた。したがって東人のもともとの法定上限枠は一〇町であった。一族は足羽郡の豪族としてしばしば名がみえるから、郡領分の枠三〇町を加算したとしても、寄進した一〇〇町には遥かに及ばない。

そこで何時の段階で、東人が一〇〇町も寄進できるほどの墾田を拓いたのかが問題となる。もとより、道守村が東大寺領に占定された時に寄進していた可能性もある。先には、奥麻呂の在任中に両者が相前後して墾田を開いたと推定した。その奥麻呂は、天平宝字三年（七五九）に「少目　暇《いとま》」とあって休暇中であるが、開拓をそれ以前と考えると、彼の墾田形成は東大寺の道守村選定以後の七五〇年代である可能性が高くなる。

先に挙げた解において、自ら「老衰」としている天平神護二年に東人が何歳であったかは不明である。仮に五〇歳代とすれば、墾田形成は四〇歳代ころの壮年期であったことになる。仮定に過ぎないが、先の解の二カ条に述べる功を挙げるにふさわしい時期ではある。

憶測を重ねてみたい。東大寺が道守村の野地を占定した七四

○年代末、足羽郡の郡領を務める地元有力豪族の生江臣東人は、造東大寺司史生としてこの野占に参加した。「寺野」として囲い込まれた野地の付近一帯には、若干の口分田もあったが、地元豪族や国府役人によっても開拓が進められていた。その中で規模が大きかったのは、七五〇年代に進展した東人の一〇〇町に及ぶ墾田であった。開削した用水溝も長短合わせて二五〇〇丈に達した。隣接して奥麻呂の開拓も行われており、離任後は田辺来女の名義とされた。

東人は溝を伴った墾田一〇〇町を東大寺に寄進して出世をし、やがて正六位上に位階を上げ、足羽郡大領ともなった。このような経緯をたどった道守村には、「寺野」と、東人の寄進墾田による「寺田」はもとより、隣接の来女の墾田のみならず、百姓の墾田や口分田が混在していた。

東大寺自体による開拓はあまり進展しなかったが、七六六年には寺領の整理を進めて一円支配を目指した。寺地とみられる場所の墾田等を改正して寺田とすることだけでなく、新たに買い取ったり、交換したりして領域支配を強めようとした。この過程で、詳細で巨大な開田地図を作成した。その開田地図には、山や川に囲まれた、まとまりの良い領域の自然景観と用水溝や田が詳細に記載され、荘所も描かれるなど、人々の活動によってできた文化景観も表現された。

東人は遅くとも七四九年以来、造寺司官人として、また地元有力豪族・郡司として、この過程に大きくかかわったのである。先の解は七六六年、彼が老衰を自覚して自ら景観史の舞台をおりようとしたことを物語っているのである。

（きんだ　あきひろ　京都大学名誉教授）

編集部より

☆『岩波講座　日本歴史』第4巻古代4をお届けいたします。

☆内容案内等で本巻に収録予定とお知らせしておりました「律令国家と夷狄」は古代5に掲載いたします。変更につきましてお詫び申し上げます。

☆次回配本は、第9巻中世4（二〇一五年二月発売予定）です。